Was denkt die Maus?

Kinder- und Jugendkultur, -literatur und -medien
Theorie – Geschichte – Didaktik

Herausgegeben von Hans-Heino Ewers, Christine Garbe,
Bernhard Rank und Rüdiger Steinlein

Band 5

PETER LANG

Frankfurt am Main · Berlin · Bern · New York · Paris · Wien

Heinz-Jürgen Kliewer

Was denkt die Maus?

Gesammelte Aufsätze
zur Kinderlyrik

PETER LANG
Europäischer Verlag der Wissenschaften

Die Deutsche Bibliothek - CIP-Einheitsaufnahme

Kliewer, Heinz-Jürgen:

Was denkt die Maus? : gesammelte Aufsätze zur Kinderlyrik /
Heinz-Jürgen Kliewer. - Frankfurt am Main ; Berlin ; Bern ;
New York ; Paris ; Wien : Lang, 1999
    (Kinder- und Jugendkultur, -literatur und -medien ; Bd. 5)
    ISBN 3-631-34338-8

Gedruckt auf alterungsbeständigem,
säurefreiem Papier.

ISSN 1435-4721
ISBN 3-631-34338-8

© Peter Lang GmbH
Europäischer Verlag der Wissenschaften
Frankfurt am Main 1999
Alle Rechte vorbehalten.

Printed in Germany 1 2 3 4 6 7

Inhaltsverzeichnis

Was denkt die Maus am Donnerstag?

Was denkt die Maus am Donnerstag,
am Donnerstag,
am Donnerstag?

Dasselbe wie an jedem Tag,
an jedem Tag,
an jedem Tag.

Was denkt die Maus an jedem Tag,
am Dienstag, Mittwoch, Donnerstag
und jeden Tag,
und jeden Tag?

O hätte ich ein Wurstebrot
mit ganz viel Wurst
und wenig Brot!
O fände ich, zu meinem Glück,
ein riesengroßes Schinkenstück!
Das gäbe Saft,
das gäbe Kraft!
Da wär ich bald nicht mehr mäuschenklein,
da würd ich bald groß wie ein Ochse sein.
Doch wäre ich erst so groß wie ein Stier,
dann würde ein tapferer Held aus mir.
Das wäre herrlich,
das wäre recht –
und der Katze,
der Katze
ginge es schlecht!

(Josef Guggenmos)

Einleitung

Als Josef Guggenmos 1968 für seinen Gedichtband *Was denkt die Maus am Donnerstag?* die Prämie zum Deutschen Jugendbuchpreis erhielt, nicht den Preis selber, und – was häufig übersehen wird – auf der Ehrenliste zum Europäischen Jugendbuchpreis "Città di Caorle" stand, da war ich noch nicht mit Kinderlyrik beschäftigt, sondern nach der Dissertation über die Schachzabelbücher des Konrad von Ammenhausen mit dem (Wieder)einarbeiten in die Deutschdidaktik der damaligen "Volksschule". Es begannen jedoch bald die Vorarbeiten d.h. die Unterrichtsversuche zu *Elemente und Formen der Lyrik. Ein Curriculum für die Primarstufe* (1974); die beiden dazugehörigen Schülerhefte unter dem Titel *Ein Gedicht – was ist das?* waren von Ursula Kliewer illustriert, die auch in Textauswahl und Analysen ihre Ideen und Vorschläge eingebracht hatte. Konnte man bei Richard und Paula Dehmel (vgl. den Beitrag *Kinderkunst*) nach ihrer Scheidung die Eigenanteile am gemeinsam publizierten *Fitzebutze* durch philologische Recherchen herausfinden, so wird das bei den vorliegenden Aufsätzen ebensowenig möglich sein wie bei der Anthologie *Die Wundertüte. Alte und neue Gedichte für Kinder* (1989) oder bei der Sendung des Süddeutschen Rundfunks *Wenn der Bär spazieren geht. Kindergedichte von Frantz Wittkamp* (1993)

Ein deutlicher Beginn der erneuten Zuwendung zum Kindergedicht läßt sich mit der Anthologie datieren, die ich dem Reclam Verlag über mehrere Jahre hin vergeblich angeboten hatte, und vor allem mit der Einladung durch Hans-Heino Ewers zur Stuttgarter Tagung, der 2. Jahrestagung der Arbeitsgemeinschaft Kinder- und Jugendliteraurforschung 1989 . Auch der Vorschlag, die an teils schwer zugänglichen Orten erschienenen Aufsätze zur Kinderlyrik zu sammeln, wurde auf einer Jahrestagung gemacht: Winfred Kaminski überraschte mich damit in Riezlern, als es um Formen- und Funktionswandel der Kinder- und Jugendliteratur nach 1945 ging ("Überlegungen zur Epochengliederung ..."; die Chronologie im Anhang endet deshalb 1993). Ihm verdanke ich auch die gründliche Rezension zur *Wundertüte*, die insofern von besonderem Interesse ist, weil sie anhand des Manuskripts geschrieben wurde, das im Quellenverzeichnis noch die mit großer Mühe erhobenen Ersterscheinungsdaten der Gedichte enthielt; leider wurden sie später durch Hinweise auf Gesamtausgaben eliminiert, weil sich nicht für alle Texte die Angaben beibringen ließen. Dem Absatz (über 20.000) hat das offenbar keinen Schaden zugefügt, weil eine Leseausgabe auf archivarische Forschungsergebnisse verzichten kann.

Dem Verkauf war es sicher nicht abträglich, daß nur noch in dieser Anthologie die Kinderlyrik der DDR, wenn auch nur mit wenigen Beispielen präsent ist. Seit mehreren Jahren liegt das Manuskript einer gemeinsam mit Steffen Peltsch und Claudia Rouvel zusammengetragenen "Blütenlese" dieser vollständig vom Markt verschwundenen Tradition in der Schublade und wartet auf die Veröffentlichung.

Aus der jahrelangen Beschäftigung mit der Kinderlyrik sind natürlich auch eine Reihe von Rezensionen hervorgegangen, meist im "Eselsohr" erschienen, die hier ebensowenig Aufnahme gefunden haben wie die Interviews mit Hans-Joachim Gelberg und Frantz Wittkamp in der Zeitschrift "Fundevogel" und die Laudatio für Wittkamp, der 1995 den Österreichischen Staatspreis für Kinderlyrik erhielt. Die Aufsätze werden in der ursprünglichen Form abgedruckt, wodurch sich Abweichungen im Layout ergeben; auch die unveröffentlichten bleiben in der Originalversion. Besonders der Beitrag über Dehmel, der 1986 bei der Tagung der IRSCL (=International Research Society for Childrens Literature) in Köln vorgetragen wurde, hätte der Einarbeitung jüngerer Forschungsergebnisse bedurft, aber das ist schließlich bei fast allen der Fall.

Die weiteren Schritte gehen in zwei Richtungen: im Zusammenhang mit Forschungen zur interkulturellen Literaturdidaktik stehen Überlegungen, für Hans Baumanns Anthologie *Ein Reigen um die Welt* (1965) einen würdigen Nachfolger zu erarbeiten, in dem die Kinderlyrik anderer Länder zugänglich gemacht wird. Beim geplanten interdisziplinären Graduiertenkolleg der Universität Koblenz/ Landau zum Thema "Repräsentation in Text, Bild und Musik" werden u.a. Beziehungen zwischen Kindergedichten und Illustrationen untersucht.

Mit einem Dank an all jene, die mich zum Nachdenken und Schreiben aufgefordert haben, und mit dem Wunsch, daß die Aufsätze Zustimmung und Widerspruch erfahren und damit weitere Forschungen anstoßen, hoffe ich, den KinderlyrikautorInnen Aufmerksamkeit zu schaffen und bei den LehrerInnen Interesse zu wecken für die so schöne wie schwierige Aufgabe, Kindern einen Zugang zur Lyrik zu erschließen.

Landau, im Januar 1999

Stimmungen nicht gefragt?

Überlegungen zum Weihnachtsgedicht in der Grundschule

„Alle Jahre wieder" ... „saust der Preßlufthammer nieder" (Müller 1973), diesen Vers hat ein Lehrer wohl eher im Ohr als das Weihnachtslied, wenn er die gegenwärtige Diskussion um Lernziele und Lerninhalte der Primarstufe verfolgt. Konsequent sollen die Interessen des Kindes berücksichtigt werden, vor allem dürfen Konfliktzonen aus seiner sozialen Umwelt nicht ausgespart werden: Erfahrungen mit übermächtigen Eltern und Lehrern, mit Geschwistern und Spielgefährten. Die Arbeit mit Texten steht unter der Kardinalfrage, inwieweit sie Schüler mit Qualifikationen zur Bewältigung gegenwärtiger und zukünftiger Lebenssituationen ausstattet. Stärker als es vielleicht in der Phase einer stark literarästhetisch orientierten Lesedidaktik der Fall war, soll wieder der Leser und sein eigener Fragehorizont in die Lernzielbestimmung eingehen. Texte sind so auszuwählen, daß „sie geeignet sind, Lebenssituationen des Kindes durchschaubar zu machen und Anregungen zu alternativem Handeln aufzuzeigen" (Buck/Wolff 1974/150). Als Gegengewicht und Ergänzung zu diesen rationalistischen Tendenzen, die sich für Kinder zum Realitätszwang verdichten können, sollen die nicht minder rational gesteuerten kreativen Kräfte mobilisiert werden, dürfen im Rahmen der literarischen Erziehung Nonsense-Verse etwa oder Sprachspielereien Realität wenigstens sprachlich in Frage stellen. Rationales, kritisches Lesen darf die Phantasie nicht ausschließen; selbst wenn der sozialkritische Aspekt des Märchens, der deutlichsten Ausprägung des Phantastischen, nicht zu bestreiten ist (Wollenweber 1972), bleibt die Frage offen, ob eine solche Deutung dem Kind nicht notwendige Rückzugsräume aus der Realität entzieht. Es ist durchaus nicht erwiesen, inwieweit die Nostalgie-Welle, die Flucht in die Sentimentalität, ins Triviale lediglich Auswuchs eines bestimmten gesellschaftspolitischen Systems ist, Charakteristikum einer bestimmten Schicht, oder nicht eher der Versuch, sich einen privaten Bereich zu erhalten. Die Schule ist heute eifrig bemüht, durch objektivierte Leistungskontrollen, curriculare Verplanung, Eingriffe in das Erziehungsgefüge des Elternhauses, durch das gezielte Analysieren – Schüler sagen „Vermiesen" – der außerschulischen Lektüre- und Fernsehgewohnheiten die Freiräume des Kindes einzuschränken. „Der Lehrer, der Fiktionen zerstört und realistisch unterrichtet, muß alle entscheidenden Prinzipien der Schule umkehren", und vielleicht nicht nur der Schule, wie Martin Berg bei der Untersuchung des Zusammenhanges von sozialem Lernen und Sprachförderung in der Grundschule feststellt. (Berg zit. nach Hussong 1973/151).

Sichten 1: Zahl der Texte

Für die eigene Einstellung zum Weihnachtsgedicht ist es sicher unerheblich, welches Gewicht ihm in heutigen Lesebüchern beigemessen wird. Dennoch können Urteile bekräftigt werden, wenn das eigene Lesebuch – das immer das schlechteste ist – im Kontext der anderen erscheint. Eine genaue Analyse müßte den Anteil der Lyrik am gesamten Textbestand ermitteln, der im Vergleich zu früheren Lesewerken mehr und mehr zurückgeht, sodann das Verhältnis der Weihnachts- und Wintergedichte zu den übrigen. Wir können uns mit Trends begnügen, die sich aus der folgenden Übersicht ablesen lassen. Es wurden außerdem die Weihnachsspiele aufgenommen, die in fast jedem 3. Lesebuch zu finden sind, wenn auch nicht ausschließlich in gereimter Form. (Die Nr. bezieht sich auf die Übersicht der Lesebücher im Literaturverzeichnis; die 1. Ziffer zählt die Weihnachtsgedichte, die 2. die Jahrezeitengedichte, als Winter-, Schneege-dichte u. ä.)

Nr.				Nr.				Nr.			
Nr. 1	2	-	Sp	Nr. 13	-	2	Sp	Nr. 25	-	-	-
Nr. 2	1	3	-	Nr. 14	5	2	Sp	Nr. 26	6	6	-
Nr. 3	1	3	Sp	Nr. 15	3	1	Sp	Nr. 27	9	5	Sp
Nr. 4	6	13	-	Nr. 16	2	1	-	Nr. 28	3	1	-
Nr. 5	2	3	-	Nr. 17	6	4	-	Nr. 29	1	-	-
Nr. 6	2	3	-	Nr. 18	3	4	-	Nr. 30	2	-	-
Nr. 7	3	2	-	Nr. 19	1	1	-	Nr. 31	2	8	-
Nr. 8	1	3	-	Nr. 20	3	2	-	Nr. 32	3	-	2Sp
Nr. 9	3	3	-	Nr. 21	2	2	-	Nr. 33	1	2	Sp
Nr. 10	1	-	-	Nr. 22	1	2	-	Nr. 34	3	-	Sp
Nr. 11	1	-	-	Nr. 23	-	2	-	Nr. 35	2	-	Sp
Nr. 12	2	-	-	Nr. 24	-	-	Sp				

Sehr hoch ist die Zahl in den pfälzischen (Nr. 26, 27) und bayerischen (Nr. 17, 31) Lesebüchern, besonders auffallend im 'Deutschen Lesebuch' für das 2. Schuljahr (Nr. 4); es lag in 3. Auflage von 1967 vor, bietet aber noch ein anschauliches Beispiel eines „alten" Lesebuchs. Die Textauswahl ist ein Niederschlag der literaturdidaktischen Konzeptionen der ausgehenden 60er Jahre. Sie zeigt in der relativ großen Zahl der Parallelabdrucke entweder einen Mangel an geeigneten Gedichten zu diesem Themenbereich, vielleicht aber auch nur eine gewisse Unsicherheit in der Beurteilung. 13 der 55 Texte erscheinen in mehreren Lesewerken: 5mal Heines 'Die Heil'gen Drei Könige', Mörikes 'Die Heilige Nacht' (auch unter dem Titel 'Weihnachten') und 'Weihnacht' von Guggenmos; 4mal 'Ihr Hirten' von R. A. Schröder und 'Nüsseknacken' von Sergel; 3mal Storms 'Knecht Ruprecht' oder 'Sankt Nikolaus' in verschiedenen Fassungen (mit Rute und ohne!) von Boelitz; schließlich je 2mal weitere 6 Beispiele. Man kann nicht behaupten, daß die Lesebuchherausgeber mit der Forderung nach literarästhetischer Qualität nun in der Erwachsenenliteratur – auch unter klingenden Namen – das gefunden haben, was sie in der Kinderlyrik nicht finden zu können meinten. Ein Drittel aller Texte stammt aus einer zweiten Quelle, die wegen ihres Alters die Gütekriterien zu erfüllen scheint, ohne daß die ausgewählten Beispiele überprüft wurden: das Volksgut und das Kirchenlied. Das biogenetische Gesetz muß immer noch herhalten, wo andere Urteile fehlen.

Sichten 2: Inhalte

Auch hier ist keine systematische Untersuchung nach dem Verfahren der sozialwissenschaftlichen Inhaltsanalyse beabsichtigt, die den Rahmen des Überblicks sprengen würde. Im Zentrum des Themenfeldes steht die christliche Weihnachtsbotschaft nach der neutestamentlichen Überlieferung: die Krippengedichte, das Kindelwiegen, Marienlob, die Hirten- und Drei-Königs-Gedichte. In weiteren zwei Gruppen lassen sich die übrigen Texte näher oder ferner zu diesem Kern anordnen: Advent, Legenden um Nikolaus und Knecht Ruprecht, die ihren legendären Ursprung jedoch kaum noch erkennen lassen, um St. Barbara. Der Weihnachtsmann ist, wenigstens was die Gedichte angeht, völlig aus den Lesebüchern verschwunden bis auf einen niederdeutschen Vierzeiler (in Nr. 28).

Im Unterschied zu den Hirtengedichten aus der Quempas-Tradition, die häufig das Geschehen nur berichten und ausmalen, versuchen die Krippengedichte die Christgeburt aus der historischen Isolation zu lösen, indem sie mit verschiedenen Mitteln das Kind ansprechen. Entweder wird es aufgefordert, sich in die Situation im Stall von Bethlehem zu versetzen nach dem Muster des Liedes „Ihr Kinderlein kommet" (in Nr. 26) oder die Legende wird in die Gegenwart projiziert. Zum ersten Typus gehören 'Verkündigung' (in Nr. 27) und noch deutlicher 'Weihnacht' von Guggenmos (in Nr. 27 u. ö.) mit den Schlußzeilen „Es dürfen auch nahen/ich und du". In der zweiten Gruppe lassen sich wenigstens drei verschiedene Ausprägungen voneinander abheben.

Das in den Lesebüchern der Hauptschule beliebte 'Kaschubische Weihnachtslied' von Bergengruen möchte das Kind mit Speis und Trank verwöhnen; Weinheber wünscht im letzten Stück seines 'Kleinen Kalenders':

> *Gevatter, schlachte du ein Schwein,*
> *back Honigbrot, fahr auf den Wein.*
> *Und heiz die Stube nach Gebühr,*
> *daß uns das Kindlein ja nicht frier.*

Der eigene Festtagsschmaus wird als symbolisches Geschenk überreicht; als 'Meine Gabe' ist das Kind bereit, sein Herz herzugeben; von tatsächlichen Gaben ist nirgends die Rede! Die Unverbindlichkeit dieser „Geschenke" werden auch Grundschüler erkennen. Ursula Wölfel gelangt einen Schritt weiter, wenn sie konkretisiert, was der Weg zum Stall bedeutet (in Nr. 35).

> *Mach nur dein Herz ein wenig licht*
> *ein wenig gut dein Denken,*
> *mach deinen Stolz ein wenig klein,*
> *und fröhlich mach dein Hoffen -*

Das ist zwar immer noch poetisch stark überhöht, aber von hier aus lassen sich Impulse bis ins Handeln hinein geben.

Die andere Möglichkeit der Aktualisierung arbeitet ebenfalls mit der Du-Ansprache, d. h. mit einem starken Identifikationsangebot. Der Kontrast von Weihnachtsfreude und dem Leid und Elend der Wirklichkeit bestimmt u. a. Wölfels 'Wacht auf, ihr Menschen' (in Nr. 34). Ebenfalls auf dem Kontrast von christlicher Verheißung und Gegenwart basiert das einzige kritische Weihnachtsgedicht in einer Grundschul-Anthologie: „Du bist zu früh gegangen" von Dagmar Beiersdorf (in Nr. 41) Christus ist vergessen, Lametta und bunte Kugeln haben die Botschaft verdeckt.

Die dritte Gruppe, die sich noch in Lesebüchern findet und die einzige sein dürfte, die bald wieder zurückkehrt, allerdings unter anderer didaktischer Zielsetzung, läßt das Christkind mit einem riesigen Sack durch den verschneiten Wald oder über die Straßen wandeln (in Nr. 4, 16). Die Trivialliteratur-Diskussion in der Grundschule hätte hier einen günstigen Ansatzpunkt, ohne daß man sich mit dem Ergebnis „Das gibt es ja gar nicht" zufrieden geben dürfte. Es ist eben nicht damit getan, den „Grundschullesebüchern, die das Storm-Gedicht 'Von drauß' vom Walde, da komm ich her ..' noch bringen, entschieden Widerpart zu bieten" (Steinwede 1973/3). Traditionen lassen sich nicht dadurch beseitigen, daß man nicht mehr von ihnen spricht, daß man das Weihnachtsgedicht zwischen Deutsch- und Religionsunterricht hin und her schiebt.

Auswählen

„Die Realität in einem Kindergedicht hängt nicht von seinem Thema ab. Gedichte bedürfen vor allem der Redlichkeit, im Detail wie im Ganzen" (Gelberg 1972/225). Da sie in vielen Weihnachtsgedichten fehlt, entsteht leicht der Eindruck, es läge doch am Thema. Kann es etwas anderes als Hirtenschalmeien,

Engelshaar und tief verschneiten Winterwald mit Reimgeklingel geben, um die Weihnachtsfreude darzustellen oder die Rute des Weihnachtsmannes, die als Endpunkt einer Erziehungskampagne aufgepflanzt wird?Läßt sich Redlichkeit auch in Texten für die Grundschule finden wie etwa bei Erich Fried?:

> *Eine Streu von Stroh*
> *Eine Wand von Wind*
> *Eine Woge als Wiege*
> *Ein Kind*
>
> *Ein Schwamm voll Essig*
> *Eine Kammer voll Gas*
> *Eine Waage am Wege*
> *Eine Grube im Gras*
>
> *Eine Gasse voll Dirnen*
> *Eine Gosse voll Wut*
> *Eine Stirne voll Dornen*
> *Eine Mutter voll Blut*
>
> *Eine Streu von Stroh*
> *Eine Wand von Wind*
> *Eine Woge als Wiege*
> *Ein Kind*

Es sieht so aus, als sei nur noch die kritische Reflexion des Weihnachtsgeschehens unserer Zeit angemessen, als würde auch das traditionelle Kirchenlied unglaubwürdig, das in seiner Lob- und Anbetungshaltung der tatsächlichen Einstellung des Sängers wie ein unpassendes Kleid übergehängt ist, als würde jedes Gedicht sich durch langjährigen Gebrauch verbrauchen, trivial werden. Zwar müssen Kinder die Diskrepanz zwischen der Botschaft „Friede auf Erden!" und der Friedlosigkeit der Welt, vor allem ihrer eigenen Umwelt sehen lernen, zwischen dem Lametta ihrer Umgebung und dem Ursprung von Bethlehem und Golgatha („Eine Streu von Stroh ... Eine Stirne voll Dornen"), zwar sollen sie die Möglichkeit erhalten, auch die „schönen" Weihnachtsgedichte kritisch zu lesen, aber sie sollen auch das Recht behalten, für ihr Gefühl, ihre Vorfreude, ihre Erwartungen Bezirke zu finden, in die sie sich flüchten dürfen. Weder das literarästhetische Werturteil noch die Frage nach der inhaltlichen Intention können klären, welche Gedichte ausgewählt werden und zu welchem Zweck; allein der

Lehrer entscheidet, wieweit er „eigene Bedürfnisse" der Schüler beachtet und mit seinen persönlichen Interessen zur Basis der Lernzielplanung machen will.

Problematisieren

Die Schule macht – vielleicht aus schlechten Erfahrungen – einen großen Bogen um alles, was Emotion, Gefühl, Stimmung heißt. „Lernfortschritte" sind auf diesem Sektor höchstens negativ feststellbar als Aggression, Verrohung, Verkitschung. Wen wundert das Unbehagen vieler Lehrer am Thema 'Weihnachten'? Mit Hauptschülern kann er wenigstens kritisch und polemisch über die Verflachung und Kommerzialisierung eines ursprünglich christlichen Festes diskutieren (vgl. Bruinier 1970). Er wird die deutsche Innerlichkeit „aufspießen" können, Weihnachten als Fest der Versöhnung, als typisches Trivialmuster entlarven oder das soziale Elend im ausgehenden 19. Jahrhundert an dem „ein ärmlich Spielzeug" verkaufenden Kind in Storms 'Weihnachtsabend' zeigen. Damit hat er auch jene Schüler verunsichert d. h. zum Überdenken ihrer Einstellung angeregt, in deren Familien das Austauschen der Geschenke und die Weihnachtsgans noch sinnerfüllte Zeichen geblieben sind. Dem Lehrer der Grundschule wird empfohlen: „Die Schüler sollten aber auch solche Texte, die Aussagen über menschliche Verhaltensweisen machen, als Mittel zur Bewußtwerdung eigener Bedürfnisse und Reflexionen eigener Verhaltensweisen schätzen und gebrauchen lernen. Dieses Lernziel ist schwerpunktmäßig (trotz Überschneidungen zu den Lernbereichen Politische Bildung und Religionsunterricht) im Lernbereich Umgang mit Texten anstreben" (Buck/Wolff 1974/8). dennoch enthält ihr Lesebuch 'Texte und Fragen' (Nr. 25), von dem bisher nur die Bände für das 2. und 3. Schuljahr erschienen sind, kein Weihnachtsgedicht, wenn die Herausgeber nicht dieses typische Beispiel aus der Nonsense-Landschaft der modernen Kinderlyrik für eines halten, über das sich Erwachsene (und vielleicht auch Kinder) köstlich amüsieren werden.

Frohe Festtage

Wenn die Weihnachtsmänner -
wie Weihnachten
die Hausfrauen sagen -
umgepreßte Osterhasen
sind;
dann sind
Ostern

die Osterhasen
umgepreßte
Weinachtsmännerosterhasen
und in Wirklichkeit
Weihnachten
die Weihnachtsmännerosterhasenweihnachtsmänner
umgepreßte
Osterhasenweihnachtsmännerosterhasenweihnachtsmänner.
O weh!
Der Osterhase hat einen Weihnachtsmann in den Ohren;
dem Weihnachtsmann wird das Fell über den Sack gezogen.

(Hubert Fichte)

Weihnachten ist nur einmal im Jahr, kann man argumentieren, mit ihren „Ängsten, Leistungsproblemen in der Schule, Konflikten, Vorurteilen usw." (Buck/Wolff 1974/8) müssen Kinder jeden Tag leben. Wenn Lernziele durch Analyse von Situationsfeldern gewonnen werden sollen, kann man an dem stark emotional bedingten Verhalten des Kindes in der Weihnachtszeit nicht vorbeisehen. Auch der Einwand, nur Stümper verwechselten das Lehrbuch mit der Lehrplanung, ist praxisfremd, da er die Steuerungsfunktion von Lesebüchern unterschätzt, die doch gerade als Mittel zur Innovation im Deutschunterricht genutzt wird.

Ausweichen

Da es der Lehrer nie *allen* Eltern wird recht machen können, sei es, daß sie traditionsgemäß das Weihnachtsgedicht im Deutschunterricht verlangen, sei es, daß sie es für ein Relikt der Konfessionsschule halten, kann er das ganze leidige Thema 'Weihnachten' dem Religionsunterricht überlassen.

Neue Lesebücher und Anthologien nehmen ihm eine andere Rückzugsmöglichkeit, falls er aus persönlicher Überzeugung Weihnachtstexte nicht mit seiner Klasse lesen möchte oder die Einstellung, und sei es auch nur einiger Kinder, respektiert und eine Diskussion des Problems scheut oder für eine Überforderung hält: Das Winter- Schnee- und Eis-Gedicht. In früheren Lesewerken fand die überstrapazierte Symbiose von kindlichem Erleben und Leben der Natur im Ablauf der Jahreszeiten ihren Niederschlag in einer Fülle von Geschichten und Gedichten über Tiere und Pflanzen, das Wetter, Saat und Ernte. Favoriten in den ausgehenden 60er Jahren waren Brechts „Die Vögel warten im Winter vor dem

Fenster", wo, wie man oft irrtümlich annimmt, nur das traditionelle Thema 'Tiere in Not' mit einem Autorennamen aufgeputzt wird, der für Progressivität steht, Morgensterns „Wenn es Winter wird" und schließlich „Will sehen, was ich weiß, vom Büblein auf dem Eis" von Güll, einem Lesebuchklassiker aus der 1. Hälfte des vergangenen Jahrhunderts. Daneben finden sich ganz wenige neue Versuche von Guggenmos, Busta, Rechlin, Krüss und Menzel über das Rodeln, den Schneemann, die Weihnachtsbäckerei und wieder: „Ein bißchen Brot/Sagen die Spatzen."

Fragwürdig wird dieser Rückzug ins Umwelt-Gedicht erst, wenn Ersatzmythen auftauchen wie bei Cesar Bresgen, dessen „So singen wir den Winter an" aus der Sammlung „Liebliche Weihnacht, Wunder des Leuchtens" aus einer Zeit stammt, als das Julfest gefeiert wurde (in Nr. 14).

> *Das Licht wird hell und geht ins Haus*
> *und scheint in alle Herzen.*
> *Wir hol'n den Baum vom Wald heraus*
> *mit seinen tausend Kerzen.*
> *Hell soll das Licht uns leuchten!*

Nach dem gleichen Muster hat Jens Gerlach das menschliche Bedürfnis nach Erlösung gestaltet. Sein Gedicht 'Weihnacht' steht zwischen dem vertrauten 'O Tannenbaum' und Eichendorffs 'Weihnachten' in der DDR-Anthologie 'Ans Fenster kommt und seht ...' (Nr. 35). Das Lied vom Frieden „singt durch die Straßenzeilen/Und läßt die Menschen/Kurze Zeit verweilen." Auf der gleichen Seite steht neben dem uns vertrauten „o du gnadenreiche Zeit" die Schlußstrophe von Max Zimmerings 'Weihnacht':

> *Du Friedensnacht, gib allen Mut,*
> *Zu kämpfen, daß der Friede währt,*
> *Daß nicht das Untier Krieg – vom Blut*
> *Und von der Kraft des Volkes zehrt.*

Nicht in der Gruppe der meist sehr bekannten Wintergedichte, vielleicht um den Weihnachtsfrieden der Leser nicht zu stören, steht Erich Weinerts 'Mit dem kleinen Max durch den Weihnachtszauber'. Unter dem idyllischen Kapitel – Motto „Mahle, Mühle mahle" zeigt er seinem Sohn die Ungerechtigkeit der Welt am Beispiel der Weihnachtsauslagen, die nur für die Reichen ausgebreitet sind, aber

Kopf hoch, Junge, das kann nicht so bleiben!
Und Millionen sehen das schon ein:
Eh wir all die Reichen nicht vertreiben,
Wird es in der Welt nicht anders sein!
Und das Glück der Welt und ihre Gaben
Stehn vor euch in aller Herrlichkeit!
Und ihr werdet alle davon haben!
Junge, das wird eine andre Zeit.

Dieser Aufruf zum Klassenkampf hat gegenüber den Texten von Bresgen, Gerlach und Zimmering den großen Vorteil, daß die Absichten des Autors nicht durch möglichst allgemeine und poetisch scheinende Floskeln verdeckt werden.

Von der Lebenssituation des Schülers ausgehen

Liegt es daran, daß der Religionsunterricht früher und vielleicht noch heftiger attackiert wurde als der Deutschunterricht, daß er konsequenter die Forderung stellt: „Die Schüler sind nicht für den 'Stoff', sondern die Unterrichtsinhalte sind für die Schüler da." (Halbfas 1974/4). Auf diesem Hintergrund treffen sich auch die Intentionen beider Fächer, etwa in dem Lernziel zum Thema 'Weihnachten' (1. Schuljahr) „Behutsame Korrektur von Fehlvorstellungen" (Wibbing 1973/22). Während dieses Problem bisher nicht konkretisiert wurde, liegen eine Reihe von Unterrichtsmodellen vor, die auch dem Deutschlehrer wertvolle Anregungen geben können:
1. *Morgen, Kinder, wird's was geben, eine kritische Arbeitsmappe in der Reihe: Unterrichtsmappe Religion Primarstufe. – Lahr: Kaufmann/Freiburg: Christopherus 1973 (die Mappe enthält das 'Logbuch des Michael Ackermann vom 1. bis 25. Dezember', einen didaktischen Kommentar von Dieter Steinwede und 4 Fotoposters).*
2. *Ute Heinemann: Weihnachten, 1. Schenken und Geschenke, 2. Die Weihnachtsgeschichte des Lukas. – Benziger/Schroedel 1971 (Religion heute – Primarstufe Heft 4) Projektbeschreibung in Informationen zum Religionsunterricht 2/69 und 4/71.*
3. *Hermann Koch: Weihnachten im Religionsunterricht der Grund-, Haupt- und Realschule. – Steinkopf 1972 (Projekte und Modelle zum Dialog mit der jungen Generation).*
4. *Th. Bruinier: Alle Jahre wieder. – Benziger/Schroedel 1970 (Religion heute – Heft I/4). Projektbeschreibung in: Informationen zum Religionsunterricht 3+4/1970.*

5. *Sigrid Berg (Hg.): Weihnachten. Materialien und Entwürfe. – Calwer/Kösel 1973 (Religionspädagogische Praxis 14).*
6. *Sigrid Berg: Medienpaket 'Weihnachten'. 12 Dias, 17-cm-Schallplatte, Poster mit 6 Fotos. – Christophorus/Burckhardthaus 1974.*
(Die Titel 4-6 betreffen die Hauptschule, können aber auch für die Grundschule Anregungen bieten.)

Auch die Didaktik des RU scheint, obwohl es für sie noch notwendiger wäre als für den DU, affektive Begleitprozesse in allen Lernvorgängen nicht genügend zu berücksichtigen. Man operiert wieder am Schüler vorbei, wenn man behauptet, Literatur sei „ein der Lebenspraxis beigeordneter Simulationsraum", in dem praktische Erfahrungen und Routinen überschritten würden (Wellershoff) oder sie entfalte eine „Spiel- und Experimentiersituation" (Iser). (Vgl. Röckel 1973/75 ff.) Es wird übersehen, daß diese Funktionen nur der „hohen" Dichtung zugesprochen werden, nicht der tatsächlichen Privatlektüre der Kinder, die meistens andere Wirkungen auslöst, nämlich Urteile stabilisierende. Nicht die Texte mit einem kritischen Frageansatz wie die von Beiersdorf oder Wölfel sind problematisch, sondern die „Klassiker", die als Stimulans für die Weihnachtsstimmung dienen, vermittelt über Radio, Schallplatte und Fernsehen, genutzt in Familien- und Vereinsfeiern, in jenen Adventsstunden in der Klassengemeinschaft, die am allerwenigsten mit einem höhnischen Gelächter abgetan werden können. Vielleicht finden Kinder hier Harmonie und Geborgenheit, die sie zu Hause vermissen; sie lernen die Fähigkeit zum Feiern, die ihre Eltern oft nicht mehr besitzen, wenn sie erschöpft und übernervös von den Vorbereitungen in den Heiligen Abend fallen.

Abschließende Überlegungen zur Auswahl und Behandlung von Weihnachtsgedichten

1. Keine Inhalte und Formen sind von vornherein auszuschließen. Eine Literaturwissenschaft, die sich stärker als bisher der Rezeptionsforschung zuwendet, und eine Literaturdidaktik, die konsequenter von der Situation des Lesers her fragt, können traditionelle Wertnormen pädagogischer oder ästhetischer Art nicht mehr zur Basis ihrer Gegenstandsabgrenzung machen. Daraus folgt nicht, daß der Schüler zum undifferenzierten Konsum erzogen werden soll. Bei der Frage nach Absicht und Funktion von Texten muß er zu *eigenen* begründeten Urteilen geführt werden. Die Inhalte sind zwar unwichtiger als die didaktische Konzeption des Lehrers, der Negativbeispiele „gegen den Strich" lesen lassen kann. Dennoch ist es bisher niemand eingefallen, die Lesebücher der 50er Jahre wieder aufzulegen. Das Problem der Auswahl und Anordnung

von Weihnachtsgedichten ist trotz der genannten „Wertöffnung" nicht überflüssig, sondern schwieriger geworden.

2. Die Gedichte selbst oder Begleittexte müssen das zentrale Thema, den christlichen Ursprung des Festes, durchscheinen lassen. Nur vor diesem Hintergrund können Abweichungen und besondere Ausprägungen in Gebräuchen und Texten erkannt werden. Gedichte etwa, in denen nur vom Warten auf die Bescherung oder von den Geschenken die Rede ist, verlangen nach diesem Kontext, ohne daß vom Lehrer eine Identifikation mit ihm verlangt werden kann. Die Einsicht in das Symbolhafte der Handlung ist unerläßlich, nicht das Bekenntnis; die kommentierende und eventuell zur Kritik auffordernde Hilfestellung ist notwendig, wo der Text den Bezug zum Thema Weihnachten für Kinder nicht klar genug erkennen läßt, sei die Beziehung abbildend oder abweichend. Aktualisierungen in Weihnachtsgedichten stehen in der Gefahr, christliche Motive lediglich als poetische Mittel einzusetzen. Brauchbarer sind Texte, die das historische Geschehen so stark präzisieren, daß Kinder die Übertragung in ihre Umwelt deutend leisten können. (vgl. etwa 'Verkündigung' von Guggenmos und die Analyse bei Kliewer 1974/116).

3. Aktualität im Gedicht äußert sich in der Regel kritisch, wenn wir uns auf jene Beispiele christlicher Thematik beschränken (vgl. Fried) und die „Heilig Abend"-Gedichte außer acht lassen, die lediglich kindliche Umwelt idealtypisch beschreiben. Kritik am kapitalistischen Vorweihnachtsrummel und am Christentum selbst hatte Weinert geäußert; noch höhnischer zielt in die gleiche Richtung René Peter (in Nr. 41).

Advent

Nebellichter tasten
kalt über gelbe Fassaden
Stoffpuppen locken:
Kaufe früher
schenke froh

Hoch oben ein Stern:
Ratsherren-Bräu

Wird man Kindern außer der Auflösung des zweideutigen Schlusses auch nur annähernd ein Erfassen des Satirischen vermitteln können? Wesentlich ernsthafter als Peters geistreiche Pointe ist das Auseinanderfalten von Anspruch und Realität des Christentums in dem erwähnten 'du bis zu früh gegangen' von Dagmar Beiersdorf. Der Lehrer sollte jedoch auch in diesem Fall die möglichen negativen Folgen bei der unterrichtlichen Behandlung kritischer Texte kennen: das sich selbst ausschließende Verurteilen anderer und das heuchlerische Bekennertum.

4. Für das traditionelle Weihnachtsgedicht spricht seine Tradition, die es wenigstens hier und da in den Familien noch hat. Es sind die einzigen Schultexte, die zu Hause nicht allein für den fälligen Leistungsnachweis geübt werden. Während Lieder (und vor allem Schlager) in vielen Situationen Ausdruck der Geselligkeit geblieben sind, hat der Textvortrag diese Funktion fast gänzlich verloren. Wo der Lehrer helfen möchte, Feste in der Familie zu gestalten, sie von ihrer Langeweile zu befreien, da wird er Kinder zum Singen und Sprechen anregen (und Eltern bitten, es zu ermöglichen).

Müssen es aber dann unbedingt die „alten Schmarren" sein? Die Reaktion der Eltern und vielleicht Großeltern „Das haben wir auch schon gelernt" drückt ihre Freude aus, die das Kind als Dank für seine Bemühungen entgegennimmt. Da Feste, zumal das Weihnachtsfest als Lösung einer Phase des Wartens und Vorbereitens das Gefühl besonders intensiven Erlebens der Gegenwart hervorrufen, andererseits aber gerade wegen dieser Gelöstheit Erinnerungen freien Raum geben, wird der Bogen zur eigenen Kindheit und zu eigenen Festerlebnissen geschlagen. Mit jedem unbekannten oder gar kritischen, provozierenden Gedicht stellt sich das Kind außerhalb dieses stark emotional besetzten Traditionszusammenhanges. Es verursacht eine Belastung der Atmosphäre, führt zu Verstimmungen, zu Konflikten, wenn es gar versucht, die vom Lehrer initiierte, aber von ihm nicht in gleicher Souveränität gehandhabte Kritik an den Lieblingen der anderen anzusetzen.

Neben diesem Eintreten für die Tradition (wenn auch nicht für eine „Pflege des nationalen Erbes"), das in der Literaturdidaktik, meist unter historischen und lesersoziologischen Aspekten, zwei Phasen der Ausrottung von Texten ablöst, erst aller 'wertlosen', dann aller klassischen und überhaupt alten, spricht noch etwas anderes für das traditionelle Weihnachtsgedicht. Es ironisiert nicht, es reflektiert nicht, es bietet sich an als Bestätigung vorhandener Stimmungen oder als Stimulans dafür. Sobald die Schule das menschliche Bedürfnis nach Emotionen ernst nimmt und ihre Zielsetzung der totalen „Verkopfung" des Schülers korrigiert, wird sie einige weitere Vorurteile über Bord werfen müssen. Dazu gehört auch die Meinung, Gefühle habe man verschämt zu verschweigen oder wenigstens jederzeit mit der Ratio zu kontrollieren.

5. Auf Gedichte, die in Schule und Familie tradiert worden sind, sollte man aus den genannten Gründen bei der Textauswahl nicht verzichten. Auf keinen Fall dürfen sie als Zielscheibe der Polemik aufgebaut werden; Schüler schie-

ßen eifrig mit. Sie müßten eher einsehen, welche Funktion sie in ihrem Gefühlshaushalt haben, um sich ihnen dann ohne schlechtes Gewissen überlassen zu können. Zu diesem Zweck ist die Verbreitung neuen Kitsches und neuer Fluchtliteratur nicht erforderlich.

6. Bei der Behandlung von Weihnachtsgedichten sind auch schon in der Grundschule Textsequenzen sehr hilfreich. Im 1. und 2. Schuljahr können das freilich nicht mehrere Gedichte sein; auch Bilder, Erlebnisse und Beobachtungen der Kinder und Erzählungen des Lehrers dienen als veranschaulichender oder kontrastierender Hintergrund in einer Folge von „Weihnachts"-Stunden. Erst wenn den Kindern deutlich geworden ist, das die Curriculumteile aufeinander bezogen sind, sich gegenseitig bestätigen oder ausschließen, kann von einer Sequenz gesprochen werden. Möglichst früh sollten sie Aussagen der Texte und eigene Erfahrungen konfrontieren. Bei größerer Lesefertigkeit bieten sich Textvergleiche an: mehrere Hirten- oder Krippengedichte stehen nebeneinander, Gedichte und Erzählungen (Legenden, Umweltgeschichten), Gedichte und Sachinformationen. Schließlich lassen sich kleine Sequenzen für den Heilig Abend zusammenstellen und für eine Klassenfeier.

7. Eine besondere Schwierigkeit erwartet den Lehrer, wenn es gilt, den Kitsch zwar zu benennen, aber nicht zu verurteilen. Abgesehen davon, daß für den einzelnen Lehrer die Grenzen verschieden liegen, ist das Problem nicht nur ein methodisches. Macht es schon große Mühe, besonders den sehr realistisch argumentierenden Viertkläßlern die Differenz von Wirklichkeit und Wahrheit in poetischen Texten klarzumachen, die Berechtigung von Personalisierungen, Typisierungen, Phantasie und Verbildlichung, so trifft er in Weihnachtsgedichten häufig auf sehr wirkliche, aber unwahre Texte und auf Personalisierungen, die nicht poetisch motiviert sind, sondern im christlichen „Personal" vorliegen. Die Frage nach *seiner* Wirklichkeit und Wirkkraft muß getrennt werden von der Aufgabe, die Wahrheit der Gedichtaussage an der Realität des Schülers zu überprüfen. Aber nochmals: selbst ein negatives Ergebnis führt nicht zur Textverurteilung, sondern zur Funktionsbegründung.

8. Texte helfen trauern und freuen. Texte helfen, Gefühle zu vergegenwärtigen. Unter diesem Aspekt können Weihnachtsgedichte betrachtet und beurteilt werden. Kinder kennen, vielleicht sogar aus persönlicher Erfahrung, Situationen, wo Stimmungen durch Hören, Mitsingen oder Singen von Liedern und Schlagern manifest werden. „Abschalten", neue Kräfte sammeln, erholen sind ein kurzfristiges Ausschalten der Sorgen und Probleme. Konkret könnte dieser Zusammenhang von Kindern so formuliert werden: wir singen schöne Lieder, wir sprechen schöne Gedichte, weil wir es uns schön machen wollen, obwohl wir wissen, daß es andere nicht so schön haben (und wir in bestimmten Bereichen auch nicht). Ob passives Mitleiden dann auch in Verhaltensän-

derung übergehen kann, hängt u. a. davon ab, wie konkret das Kind das weihnachtliche Friedensangebot und die Friedensaufforderung auf sich bezieht. Es wird nur handeln können, wenn es zu fragen gelernt hat: wo bin ich für Unfrieden verantwortlich? Erkenne ich ihn und seine Ursachen in meiner unmittelbaren Umgebung? Wie kann ich mit Texten auf Trauer und Freude einwirken?

9. Neben diesen Verhaltensbeobachtungen: was machen Texte mit mir? Was kann ich mit Texten machen? steht natürlich die spezifische Frage für den Deutschunterricht: wodurch machen sie das? An 'Weihnacht in der großen Stadt' von James Krüss (in Nr. 41) lassen sich z. B. unter dem Aspekt „Ist das so bei uns?" die Tendenzen zur Idyllisierung zeigen. Bestimmte Muster und Fangwörter oder -vorstellungen haben die gleiche Funktion wie in der Werbung. Schnee und Sterne, Gassen und Marktplatz bilden ein literarisch tradiertes Geflecht von Stimmungsreizen.

10. Mit solchen strukturellen Untersuchungen wird sich der Deutschlehrer wieder in seinem Metier fühlen. Sie hängen jedoch in der Luft, wenn sie nicht im Kontext der dargestellten grundsätzlicheren Fragen gesehen werden. Eine muß schließlich noch aufgeworfen werden; für den Lehrer wird es die erste sein, die Frage nach seiner Selbstverwirklichung. Ist es mir und auch dem Schüler gegenüber verantwortbar, daß ich gegen meine religiösen, literarästhetischen, erzieherischen Einstellungen Weihnachtsgedichte im Unterricht behandle? Das Problem taucht hier mit besonderer Brisanz auf, zeigte sich aber seinerzeit beim Einbruch der modernen Dichtung in den Literaturunterricht, wiederholt sich beim Linguistik-Boom und spitzt sich im Zusammenhang mit den Berufsverboten zu. Wer sich lediglich auf die „Freiheit der Lehre" zurückzieht, macht es sich zu leicht. Er muß Lehrpläne und Richtlinien für überflüssig halten, Ansprüche der Schüler und Eltern für nichtig. Man erwartet von ihm ein hohes Maß von Beweglichkeit, die einmal gewonnene Einsichten unter veränderten Verhältnissen und Erkenntnissen zu korrigieren vermag; das ist nicht zu verwechseln mit Opportunismus. Man erwartet von ihm, daß er Konflikten nicht ausweicht, sondern sich ihnen stellt. Auch das Zerschlagen von Traditionen ist nichts anderes als ein Ausweichen.

Wo der Weg zwischen Bewahren und Kritisieren, zwischen Emotionen und Reflexionen, zwischen affektiven und kognitiven Lernzielen hindurchgeht, ist nicht bekannt und wird zu wenig diskutiert; Weihnachten gibt dem Lehrer eine sehr gute Möglichkeit, ihn für sich zu suchen.

I. Lesebücher für die Grundschule

1. auswahl 2 (Kamp ca. 1969)
2. auswahl 3 (Kamp ca. 1969)
3. auswahl 4 (Kamp ca. 1969)
4. Deutsches Lesebuch 2 (Diesterweg ³1967)
5. Deutsches Lesebuch 3 (Diesterweg 1968)
6. Deutsches Lesebuch 4 (Diesterweg 1968)
7. Geschichten, Berichte, Gedichte 2 (Hirschgraben 1968)
8. Geschichten, Berichte, Gedichte 3 (Hirschgraben 1968)
9. Geschichten, Berichte, Gedichte 4 (Hirschgraben 1969)
10. Haus der Kinder 2 (Finken 1974)
11. Klett Lesebuch 2 (Klett 1967)
12. Klett Lesebuch 3 (Klett 1967)
13. Klett Lesebuch 4 (Klett 1967)
14. Lesebuch 65/2 (Schroedel 1965)
15. Lesebuch 65/4 (Schroedel 1965)
16. Mein Lesebuch 2 (Bayerischer Schulbuch-Verlag ²1970)
17. Mein Lesebuch 3/4 (Bayerischer Schulbuch-Verlag ²1970)
18. schwarz auf weiß 2 (Schroedel 1967)
19. schwarz auf weiß 3 (Schroedel 1967)
20. schwarz auf weiß 4 (Schroedel 1967)
21. Texte für die Primarstufe 2 (Schroedel 1972)
22. Texte für die Primarstufe 3 (Schroedel 1973)
23. Texte für die Primarstufe 4 (Schroedel 1973)
24. Texte und Fragen 2 (Diesterweg 1974)
25. Unser Lesebuch 2 (Jaeger 1967)
26. Unser Lesebuch 3/4 (Zechner 1967)
27. Westermann Lesebuch 2 (Westermann 1968)
28. Westermann Lesebuch 3 (Westermann 1968)
29. Westermann Lesebuch 4 (Westermann 1968)
30. Wir lesen 2 (Kösel-Oldenbourg o. J.)
31. Wir lesen 3/4 (Kösel-Oldenbourg o. J.)
32. Wunder Welt 2 (Schwann 1968)
33. Wunder Welt 3 (Schwann 1968)
34. Wunder Welt 4 (Schwann 1968)

II. Gedicht-Anthologien für die Grundschule

35. Ans Fenster kommt und seht ... Gedichte für Kinder, ausgesucht und zusammengestellt von Edith George und Regina Hänsel. – Berlin: Kinderbuchverlag o. J.
36. Blütenreigen. Gedichte und Reime für Schule und Haus, hgg. von Heinz Kumetat. – Frankfurt: Diesterweg 6. Aufl. 1967
37. Das Jahr hindurch. Frühling, Sommer, Herbst und Winter und festliche Tage, hrsg. von Heinz Lemmermann. – München: Goldmann 1969 (Goldmanns gelbe Taschenbücher 2406)
38. Gedichte für die Grundschule, hrsg. von Hans Schorer. – Frankfurt: Diesterweg 1969
39. Gedichte für Kinder, hrsg. von Fritz Bachmann u. a. – Frankfurt: Hirschgraben 6. Aufl. 1965
40. Klang, Reim, Rhythmus. Gedichte für die Grundschule, hrsg. von Fritz Bachmann u. a. – Frankfurt: Hirschgraben 1972
41. So viele Tage, wie das Jahr hat, hrsg. von James Krüss. – Gütersloh: Mohn 1959

III. Benutzte Literatur

Bruinier, Thomas: Alle Jahre wieder ... Unterrichtsprojekt für die Sekundarstufe I. – Informationen zum Religionsunterricht 3+4/1970, S. 27-32
Buck, Siegfried und Wenzel Wolff: Texte und Fragen. Lese- und Arbeitsbuch für die Primarstufe, 2. Schuljahr – Informationen für den Lehrer (Vorabdruck aus dem Lehrerband). – Frankfurt: Diesterweg 1974
Gelberg, Hans-Joachim: Das neue Kindergedicht, in: Die Stadt der Kinder. Gedichte für Kinder in 13 Bezirken, hrsg. von H. J. Gelberg. – München: Deutscher Taschenbuch-Verlag 1972 (dtv junior 7073) S. 218-226
Halbfas, Hubertus: Religionsbücher für die Grundschule. Eine Untersuchung ihrer didaktischen Konzeption. – Informationen zum Religionsunterricht 2/1974, S. 1-5
Hussong, Martin: Theorie und Praxis des kritischen Lesens. – Düsseldorf: Schwann 1973
Kliewer, Heinz-Jürgen: Elemente und Formen der Lyrik. Ein Curriculum für die Primarstufe. – Hohengehren 1974
Müller, Jörg: Alle Jahre wieder saust der Preßlufthammer nieder, oder: die Veränderung der Landschaft. 7 farbige Bilderbogen. – Aarau: Sauerländer 1973

Röckel, Gerhard: Die Arbeit mit Texten im Religionsunterricht. – Stuttgart: Calwer 1973 (Religionspädagogische Praxis 10)

Steinwede, Dieter: Didaktischer Kommentar zu: Morgen, Kinder, wird's was geben. – Lahr: Kaufmann 1973 (Unterrichtsmappe Religion Primarstufe)

Wibbing, Siegfried (Hg.): Religionsunterricht Grundschule. Materialien, Texte, Modelle. – Frankfurt: Hirschgraben 1973

Wollenweber, Bernd: Thesen zum Märchen, in: Ideologiekritik im Deutschunterricht. Analysen und Modelle, hrsg. von Heinz Ide u. a. – Frankfurt: Diesterweg 1972 (Diskussion Deutsch, Sonderband) S. 103 bis 107

„Die Wundertüte. Alte und neue Gedichte für Kinder".
(Nachwort)

Josef Guggenmos ist gekommen: dicht gedrängt sitzen die Kinder in der Bücherei, nicht um zuzuhören, sondern um ihm seine Gedichte vorzusprechen. Zum Glück kann er mit ein paar neuen zu Wort kommen, die noch nicht in den Lesebüchern stehen.

Genauso war es in Moskau: 2000 festlich gekleidete Kinder feiern wie jedes Jahr im geschichtsträchtigen Säulensaal, dem heutigen Haus der Gewerkschaften, den Geburtstag Hans Christian Andersens. Aus allen Republiken sind zur Eröffnung der Kinderbuchwoche die Kinderbuchautoren angereist. Der greise Michalkow, bei uns nur durch seine Erzählungen bekannt, tritt ans Mikrofon und – der Saal rezitiert seine Gedichte.

Das sind Ausnahmefälle; dennoch, ohne die Schule und den Kindergarten lebte das Kindergedicht nicht. Zum Gedächtnistraining und Notengeben wird es leider immer noch pervertiert, teilweise wieder im ministeriell verordneten Kanon, aber Kinder erleben auch Freude am Klang, am poetischen Bild, am sprachlichen Einfall, es dient nicht zuletzt als Hinführung oder erste Barriere auf dem Weg ins „Reich der Dichtung". In der Kinderbücherei bleiben die Gedichtbände stehen wie in der Bibliothek auch, es sei denn – und das kommt sehr häufig vor – die Verse begegnen in der Bilderbuchabteilung. Nicht immer bleibt die Qualität der Texte hinter der der Bilder zurück! Kästner hat 1931 mit Walter Trier *Das verhexte Telefon* geschaffen, Elisabeth Borchers und Dietlind Blech haben mit *Und oben schwimmt die Sonne davon* die alte Tradition der Kalendergedichte wieder aufgenommen, Halbey hat für seinen großformatigen *Pampelmusensalat* mit Günther Stiller einen kongenialen Illustrator gefunden, um außer dem *Struwwelpeter* nur ein paar Beispiele zu nennen.

Lange vor Schule und Kindergarten sind Kinder Gedichten begegnet, in Fingerspielen und Kniereiterliedchen, in Abzählversen und Spielliedern, haben, soweit sie in „literarischer Umwelt" aufwachsen, Reime aus der uralten Tradition kennengelernt, wie sie Arnim und Brentano in *Des Knaben Wunderhorn* (1808) herausgegeben haben, Enzensberger mit seinem *Allerleirauh* (1961) und Ruth Dirx, zuletzt mit den Bildern von Renate Seelig (1987). Vergessen wir nicht den lustvollen Umgang der Kinder mit dem subliterarischen Versgut, das nicht in Kristallüstersäle paßt, sondern auf der Straße getauscht wird, geheimgehalten vor Eltern und Lehrern, wie es Peter Rühmkorf unter dem Titel *Über das Volksvermögen* (1969) gesammelt und analysiert hat.

Soll man die alte Diskussion wieder aufnehmen, ob Gedichte für Kinder Gebrauchslyrik sind, nur weil die Zielgruppe genannt wird? Sind Gedichte für Erwachsene schon deshalb dem Makel des Gebrauchs entzogen, weil es sich von selbst versteht, daß sie für niemand anderes geschrieben sein können, weil sie den Adressatenbezug nicht an der Stirn tragen? Hinter solchen Fragestellungen verbirgt sich die Idee vom autonomen Kunstwerk, von der Lyrik als seiner höchsten und reinsten Ausprägung – „Gebrauch" wirkt wie Blasphemie. Autonom heißt dabei: ohn' Woher und ohn' Wohin, losgelöst von Autorbiographie und Entstehungszeit einerseits, von Wirkungsgeschichte und aktueller Rezeption andererseits. Und autonom meint auch: zeitlos gültig, seinen Wert in sich tragend. Nicht Lyrik und (minderwertige) Gebrauchslyrik stehen gegeneinander, sondern verschiedene methodische Zugriffe. Dieses Denkmuster läßt sich nicht nur an Gedichten für Kinder widerlegen, aber sie eignen sich dazu in besonderem Maße.

Gedichte für Kinder bilden einen vergleichsweise überschaubaren Textcorpus, wenigstens soweit das vorwiegende Gebrauchsfeld betrachtet wird, die häusliche Erziehung, Kindergarten und Schule. Dabei kann zunächst die ungeklärte (und letztendlich auch nicht verbindlich zu klärende) Definition, die Abgrenzung von Kinderreim, Kinderlied, Kindergedicht unberücksichtigt bleiben, die Unterscheidung nach „*für* Kinder geschrieben" oder „*für* Kinder geeignet" sowie die Versuche, dies begrifflich festzuschreiben. Nimmt man noch die wenigen, in der letzten Zeit zunehmenden Beispiele hinzu, in denen „Gedichte *von* Kindern" publiziert werden oder gar Gedichte, mit denen in nostalgischer oder anderer Absicht die Kindheit besungen oder reflektiert wird nach dem Motto „Bin ich denn nicht auch ein Kind gewesen?" (Eichendorff), dann wird es vollends unmöglich, das Dickicht zu durchdringen.

Viele Beispiele der letzten Sorte finden sich in dem *Hausbuch der schönsten deutschen Kindergedichte* (1980), das Herbert Heckmann und Michael Krüger zunächst unter dem Titel *Kommt, Kinder, wischt die Augen aus, es gibt hier was zu sehen* (1974) herausgegeben hatten. Martin Opitz beginnt sein „An ein kleines Mädchen": „Die Mädchen und die Frauen, / Die lob' ich für und für. / Die Blumen auf den Auen / Sind nicht von solcher Zier. / Die Sonne, wenn sie strahlet / Vom Morgenlande her, / Hat schöner nie gemalet / Die Länder und das Meer."

Gar Rückerts „Kindertotenlieder" zu Kindergedichten zu machen, heißt, sich sowohl über die Intention des Autors als auch über die Rezeptionsgeschichte hinwegzusetzen. Daß sie noch nie in Lesebüchern oder Anthologien für Kinder begegneten, ist allein kein Grund, sie doch in ein „Hausbuch" aufzunehmen; daß Rückert mit ihnen Trauer über den Tod seiner drei und fünf Jahre alten Kinder verarbeitet, das hingegen entzieht sie, in gedanklicher und sprachlicher Hinsicht, kindlichem Interesse und Verständnis.

Mit diesem Urteil betreten wir den Schauplatz einer nicht endenden Kontroverse: mit dem Gestus der „Befreiung des Kindes" treten Herausgeber an, oft selber Schriftsteller, schelten die Erzieher „Zuchtmeister der Literatur", weil sie auch andere als ästhetische Kriterien bei der Auswahl der Gedichte für nötig erachten – und sie finden in der Regel lautstarken Beifall bei allen, die Erziehung als Repression erfahren haben. Wer wollte ausschließen, daß Zehnjährige sich mit Celan-Gedichten auseinandersetzen können, wie es Ende der 60er Jahre modellhaft geschehen ist, daß sie im Kindertheater den Mythen der Antike und den Dramen der Klassik begegnen, aber doch immer nur, wenn Lehrer, Eltern, Regisseure erhebliche Vermittlungsarbeit leisten.

Anders verhält es sich dagegen mit Rückerts „Fünf Märchen zum Einschlafen für mein Schwesterlein", mit denen er die Fünfjährige im Dezember 1813 beschenken wollte. Sie gelten, fünf Jahre nach *Des Knaben Wunderhorn,* zusammen mit den dort gesammelten Kinderliedern und -reimen als Abkehr vom aufklärerischen Erziehungspoem, ohne daß freilich der Trend zur versifizierten Tugendlehre endgültig gebrochen worden wäre. Zwar drohen auch dem Büblein und dem Bäumlein Strafen für abwegiges Verhalten, die in grausamer Märchenmanier vorgeführt werden: das Männlein gerät in die Gans, unters Messer der Köchin, in die Pfanne, aber die Ausflüge ins Neuland, ins Unbekannte sind so phantasievoll, die Rückkehr in die Wirklichkeit ist so behutsam, daß die „Märlein" bis heute einzeln oder vollständig in verschiedenen Bilderbuchfassungen oder Lesebüchern und Anthologien überlebt haben (vgl. „Vom Bäumlein, das andere Blätter hat gewollt"). Eine Sonderstellung nehmen die „Märlein" auch insofern ein, als sie nicht erst nachträglich zu Kindergedichten „erklärt" worden sind wie die (in unserer Anthologie voraufgehenden) Texte von Claudius bis Brentano, mit Ausnahme des „Fritze" von Matthias Claudius vielleicht und Overbecks „Fritzchen an den Mai".

Selten ist wohl bei der Aneignung so tief in den urspünglichen Textbestand eingegriffen worden wie beim „Herbstlied" von Salis-Seewis: teilweise hat nur eine von sieben Strophen der Ernteidylle überlebt, vielleicht auch durch die zeitgenössische Vertonung Johann Friedrich Reichardts (1752-1814).

Mit den Texten von Claudius und Goethe haben wir zwei Varianten aus der Frühzeit des Kindergedichts, dem ausgehenden 18. und beginnenden 19. Jahrhundert, die bis in die Gegenwart zu finden sind. Beim einen ließen sich ohne Schwierigkeiten weitere Beispiele finden, die Wahl fällt schwer; die Frage stellt sich nicht, ob Claudius seine Gedichte *für* Kinder geschrieben hat oder nicht: durch ständige Rezeption sind sie zu Kindergedichten geworden. Sie können als Exempel dienen für das immer wieder formulierte Qualitätsmerkmal: wenn Du für Kinder schreiben willst, mußt Du für Erwachsene schreiben – nur besser; oder: ein guter Text für Kinder muß auch ein guter Text für Erwachsene sein, einen Unterschied gibt es gar nicht. Goethe dagegen ist alles andere als ein Kinderautor, und dennoch finden sich immer wieder einzelne Gedichte in Anthologien – eine Demonstration, daß der große Meister alles kann, sogar für Kinder schreiben? Kein Lesebuch konnte früher ohne „Die wandelnde Glocke" auskommen, die das säumige Kind sonntags in die Kirche trieb. Sogar für ein rigides, duckmäuserisches Christentum ließ sich Goethe vereinnahmen. „Gefunden" ist einerseits für Kinder verständlich, obwohl es nicht für sie geschrieben wurde, entspricht also dem Claudius-Typus, unterscheidet sich aber andererseits von ihm; es ist auf mehreren Bedeutungsebenen lesbar, als Naturgedicht, als Liebesgedicht, als autobiographisches Dokument. Noch schwerer ist es den Lesebuchmachern gefallen, den anderen „großen" Klassiker den Kindern nahezubringen. „Mit dem Pfeil, dem Bogen" lernten sie Schiller kennen, und mehr war auch bei intensivster Suche nicht zu finden. Wie Goethe und Schiller sind Heine („Die Heil'gen Drei Könige") und Fontane („Herr von Ribbeck"), aber auch später Britting („Goldene Welt") und Endrikat („Die Wühlmaus") nur mit vereinzelten Gedichten in der Kinderliteratur tradiert worden.

Das bildungsbeflissene Aufklärungszeitalter hat mit seinen Fabeln und Lehrgedichten, letztere oft in der Form der Vater-Sohn-Dialoge, weit ins 19. Jahrhundert hinein auch den Lyrikkanon bestimmt, mit den Hey-Speckter'schen Fabeln (erstmals 1833) noch die Lesebücher bis in die 20er und 30er Jahre unseres Jahrhunderts. Der penetrante Ton, mehr noch die betulichen Reglementierungen und Moralvorstellungen widersprechen unseren heutigen Erziehungszielen. Deshalb sind neben den Texten von Salis-Seewis, Claudius und Overbeck aus dem Umkreis des Göttinger Hain nur zwei Beispiele aus dem 18. Jahrhundert aufgenommen. Nicht mit ungelegten Eiern zu spekulieren, rät Michaelis mit seinem „Milchtopf" – über die Jahrhunderte hinweg aktuell wie Schatzgräberei und Erbschaftsstreit, die Bürger, der Ahnherr der deutschen Kunstballade, in „Die Schatzgräber" auf humorvolle Weise mit überraschender Pointe aufs Korn nimmt. Beide „Lehrgedichte" heben sich in ihrer selbstironischen Art von den hölzernen und bierernsten Unterweisungen der Zeitgenossen ab, vielleicht vergleichbar mit dem Augenzwinkern, mit dem 200 Jahre später Guggenmos sich von den lehrhaften Verkehrserziehungsgedichten abwendet mit seinem „Wenn ein Auto kommt".

Hinsichtlich der chronologischen Einordnung bieten die anonymen Texte besondere Schwierigkeiten: Sie wurden an den Anfang gestellt, obwohl nicht von allen sicher ist, ob sie von ihrer Entstehungszeit her dorthin gehören. In Anthologien gelten einige als „Volksgut", andere laufen unter „unbekanntem Verfasser", die einen stammen aus *Des Knaben Wunderhorn* („Das bucklige Männlein"), aus Simrocks *Das Deutsche Kinderbuch* (1848, „Des Abends, wenn ich früh aufsteh") oder aus *Allerleirauh* (1961, „Auf einem Gummi-Gummi-Berg",

„Es tanzt ein Bi-Ba-Butzemann", „Morgens früh um sechs"). Andere kommen aus dem berühmten *Zupfgeigenhansl* von 1908 („Die schöne, junge Lilofee" – mit der Angabe „Gegend von Joachimstal, 1813" – und „Zu Regensburg auf der Kirchturmspitz"), und aus Horst Kunzes „Sammlung von herrenlosen Scherzdichtungen, älteren und neueren Kindereien ...", die er 1943 im Heimeran Verlag unter dem Titel *Dunkel war's, der Mond schien helle* herausgegeben hat. Nicht nur mit diesem titelgebenden Text erlebt man Abenteuerliches, wenn man auf die Suche nach Quellen und Erstdrucken geht. Das textkritische Zeitalter hat für die Kinderliteratur noch nicht begonnen, eine Anthologie schreibt von der anderen ab. Man stutzt zunächst nicht einmal, wenn der obige Nonsense-Text in Carrolls *Alice im Wunderland* stehen soll. In der Tat ist er in einer Nacherzählung der *Alice* an die Stelle eines schwer übersetzbaren Gedichts gesetzt worden. Ein anderes Beispiel: In Kunzes Sammlung wird „Eine Kuh, die saß im Schwalbennest" als „Volksmund" nach einer Zeitschrift von 1895 zitiert; 25 Jahre später gibt derselbe Kunze in seinem *Schatzbehalter* (wohl richtig) Gustav Falke als Autor an. Weshalb sollte nicht auch „Himpelchen und Pimpelchen" seine Anonymität verlieren wie in dem bis in die Nachkriegszeit verlegten *Sonnigen Jugendland* (1922) von Paul Faulbaum. Da die jüngeren Texte ebenfalls Volksgut geworden sind, der Brauch diesen Ehrennamen jedoch nur den älteren zubilligt, habe ich mich für die neutrale Angabe „Anonym" entschieden.

Kurz vor der Jahrhundertwende geboren, ist August Heinrich Hoffmann von Fallersleben, der mit dem „Deutschlandlied" eher zufällig zu nationalen Ehren gekommen ist, der älteste einer ganzen Reihe von Klassikern des Kindergedichts, die nicht nur im 19. Jahrhundert den Ton angegeben haben, sondern noch zwei Jahrzehnte nach dem 2. Weltkrieg Lesebücher und Gedichtsammlungen für die Schule bestimmten. In den beiden selbst klassisch gewordenen Anthologien, die ihre Wirkung im außerschulischen Bereich entfalten – in *So viele Tage, wie das Jahr hat*, 1959 von James Krüss herausgegeben, und in *Ans Fenster kommt und seht*, 1964 in der DDR erschienen – fielen die wenigen Neuansätze der Zeit nach 1900 nicht ins Gewicht. Generationen von Kindern lernten die Welt kennen, wie Reinick und Güll, Löwenstein und Dieffenbach, Trojan und Seidel, Blüthgen und Falke sie in die Köpfe pflanzten. Es dauerte achtzig Jahre, bis Richard Dehmels „Frecher Bengel" (von Krüss nur im Nachwort seiner Anthologie vollständig abgedruckt) zum ersten Mal, in der Schule freilich ungehört, aufbegehrte gegen die Erziehungsmoral vom dummen, aber braven Hänschen (vgl. Löwensteins „Traurige Geschichte vom dummen Hänschen" oder Lohmeyers „Wie Heini gratulierte"); vom *Wunderhorn* bis 1893 gibt es nur eine durchgehende Melodie: das Leben im Dorf, in und mit der Natur. Keine belehrenden Fabeln stören den Einklang, sondern das friedliche Miteinander der Tiere spiegelt das Ideal der Kleinfamilie. Geschrei machen nur die Hühner, Streit gibt es nur zwischen dem Spitz und den Gänsen (vgl. Reinicks „Das Dorf" und „Was gehn den Spitz die Gänse an") oder zwischen dem Huhn und dem Karpfen (in dem gleichnamigen Gedicht von Seidel), aber der poetische Umweg über die Tiere führt zu der Einsicht: es ist dumm, sich zu streiten. Am Ende haben „die fünf Hühnerchen / einander wieder lieb" (S.76). Es ist ein Jubel der Harmonie, wenn die Tiere zu musizieren anfangen, wie in Dieffenbachs „Dorfmusik" und „Waldkonzert". Selbst Katz und Maus tanzen miteinander in Mörikes „Mausfallen-Sprüchlein". Die Schlittenfahrt bei Falke, ein halbes Jahrhundert später, endet dann allerdings gar nicht mehr so friedlich: die Maus wird gefressen, weil sie nicht stillgesessen hat.

Die Kinder scheinen fast wunschlos glücklich: auf Bäume zu klettern oder aufs Eis zu gehen, wird das Büblein gar nicht versuchen, denn es kennt das böse Ende (vgl. Gülls „Kletterbüblein" und „Vom Büblein auf dem Eis"). Bei dem bescheidenen Wunsch nach einem Apfel hilft der Wind (Reinick, „Vom schlafenden Apfel"); so bleiben nur die Träume vom Fliegen, auf der Schaukel (Seidel, „Die Schaukel") oder gar auf einem Drachen (Blüthgen, „Ach, wer doch das könnte"). Wie erdverbunden und gefesselt die Phantasie dabei bleibt, das verrät ein Vergleich mit den „Närrischen Träumen" von Gustav Falke, der um die Jahrhundertwende sich vorzustellen wagt, der Mond im Meer zu sein. Wie ein Blick in eine Puppenstube kommen einem die Gedichte des 19. Jahrhunderts vor: alles kann man anfassen, nichts Unbekanntes oder Fremdes bedroht die Gemütsruhe. Nicht Kinder werden krank und sterben, sondern eine „Kinderszene" läßt Mörike aufführen: es ist die Puppe, die starkes Fieber hat. Dem Tod begegnete das Kind in seinem Alltag wohl häufiger als in seiner Poesie; selbst Fontanes „Herr von Ribbeck" mit seinen eher versöhnlichen Tönen ist erst in neuerer Zeit für Kinder ›erobert‹ worden. Es scheint immer Sonntag zu sein, die Arbeit wird von den „Heinzelmännchen" verrichtet. Ein „Sonniges Jugendland", so erinnerten sich Erwachsene nostalgisch an ihre Kindheit, und so verklärten sie für ihre Kinder die Realität, wobei freilich bedacht werden muß, daß für sie selbst Poesie die Aufgabe hatte (und weitgehend heute noch hat), die Realität des Alltags zu verklären. Es bedurfte keiner großen Anstrengung, von der Heimatkunstbewegung der 80er Jahre über die Idyllisierung des Bauerntums in der NS-Zeit bis in die Nachkriegszeit die Stadt, die Bereiche der Wirtschaft und Politik nicht nur vor den Blicken der Kinder verborgen zu halten wie das Böse schlechthin. Industrialisierung und tiefgreifende gesellschaftliche Veränderungen sind lange spurlos an den Kindergedichten vorbeigegangen: die übermächtige Tradition des 19. Jahrhunderts hat bis in die 60er Jahre gewirkt – und beginnt heute erneut, die Zäune um die Kinder aufzurichten nach dem Motto: „Kein Klang der aufgeregten Zeit / Drang noch in diese Einsamkeit." (Storm). Nur ein einziger Text in unserer Auswahl liegt wie ein Fremdkörper in der damaligen Kinderliteraturlandschaft, ein nicht deutscher: „Der Zipferlake" aus Lewis Carrolls *Alice hinter den Spiegeln* (1872) , der erst hundert Jahre später vielleicht in Halbeys „Kleine Turnübung" einen Nachfolger gefunden hat; er konnte erst 1963, nach der Übersetzung durch Christian Enzensberger, seine Wirkungsgeschichte in der deutschen Kinderliteratur beginnen. Eine deutsche Variante des poetischen Unfugs (was nicht dasselbe ist wie Nonsense!) produzierten die Häupter des „Allgemeinen Deutschen Reimvereins", Trojan, Lohmeyer und Heinrich Seidel, aber nur für den *Kladderadatsch*, Kindern wollten die zu ihrer Zeit bekannten Kindergedichtautoren ihre Biertischspäße nicht zumuten.

Wenn denn Richard Dehmels „Frecher Bengel" ein „Manifest des emanzipierten Kindes" war, wie Krüss meinte, dann war es ein wirkungsloses. Der Text steht versteckt in dem Band *Aber die Liebe* (1893), gleichsam ein Bild für Dehmels Schwanken zwischen sozialrevolutionärem Engagement auf der einen und seinem Hang zur weltentrückten Mystik auf der andren Seite. Als Anti-Struwwelpeter war der mit seiner Frau Paula gemeinsam verfaßte *Fitzebutze* (1900) gedacht, mit dem sie das „Jahrhundert des Kindes" eröffnen halfen. Mit der „Kindermundart" folgten sie der Devise „Kunst vom Kinde aus" und erregten damit sowie mit dem Blasphemieverdacht (vgl. „Wie Fitzebutze seinen alten Hut verliert") mehr Ärgernis als mit der Anti-Pädagogik, was selbst bei Berücksichtigung der anderen Ausgangslage leicht ersichtlich wird, wenn man den neuen Versuch eines *Anti-Struwwelpeter* von Friedrich Karl Waechter (1970) danebenhält oder auch nur die in der öffentlichen Tradition tabuisierten Kindergedichte von Ringelnatz, die ab 1912 erschienen. Nach der Scheidung des Ehepaars Dehmel wird in späteren Sammlungen der beiden die Erbmasse des *Fitzebutze* säuberlich verteilt; nur 7 der 25 Gedichte werden weiter unter gemeinsamer Autorschaft publiziert. Allein Paula Dehmel schreibt weiter Gedichte für Kinder; sie fehlen in keinem Lesebuch und zeichnen sich nicht durch neue Themen aus, sondern durch ihren volkstümlichen, der Zeit entsprechenden Ton, zum Teil durch sprachliche und rhythmische Ideen. Im Vergleich zu Morgensterns „Das große Lalula" aus seinen *Galgenliedern* (1905), das unter Lehrern und Didaktikern immer wieder zum Streitfall wird, bleiben es brave Wortspiele und Klangmalereien, die Kindern heute noch Spaß machen. Ebenfalls nicht einhellig ist das Urteil über Morgensterns eigentliche Kindergedichte, die vor allem durch Elsa Eisgrubers Bilderbuch *Liebe Sonne, liebe Erde* (1943) bis heute auf dem Markt sind (eventuell auch durch das anhaltende Interesse der Anthroposophen an dem Autor).

Während die wichtigen Anthologien der ersten Jahrhunderthälfte – *Steht auf, ihr lieben Kinderlein*, ausgewählt von Gustav Falke und Jakob Loewenberg (1906) und *Sonniges Jugendland* von Paul Faulbaum (1922) – in erster Linie die

„poetae minores", d. h. die alten und neuen Lesebuchgrößen sammeln, also etwa für die Zeitgenossen Adolf Holst und Alwin Freudenberg, Albert Sergel und Emil Weber, bleiben zwei Autoren mit ihren Kindergedichten völlig unbekannt: Joachim Ringelnatz und Bert Brecht. Beide haben sich übrigens mit dem Kabarett eingelassen – wie ein paar Jahrzehnte später Erich Kästner. Es wird nicht allein der Geruch der Großstadt gewesen sein, der ihren Texten den Weg in die braven Lesebücher versperrte. Selbst die heute so beliebten Ringelnatz-Texte „Die Ameisen", „Im Park" und „Arm Kräutchen", entstanden zwischen 1912 und 1931, störten wohl mit ihrer Skurrilität nicht die Denkwelt der Kinder, sondern die der Erzieher, konnten den am 19. Jahrhundert orientierten ästhetischen Normen nicht genügen. Daß die im Vergleich zu andern seiner Gedichte harmlose Volksliedverballhornung mit dem „schlüpfrigen" Schluß und die Gebetsparodie („Kindergebetchen") nicht ins Konzept paßten, ist gut verständlich. Nach langen Jahren der Verbannung aus der westdeutschen Kulturlandschaft entdeckte man von Brecht „Die Vögel warten im Winter vor dem Fenster", das seiner politischen Dimension leicht beraubt und deshalb zum Lesebuchklassiker mit Alibifunktion werden konnte. Erst 1970, im Kontext der antiautoritären Bewegung, paßte ein Text aus seinen „Kinderliedern" von 1937 in das öffentliche Bewußtsein: „Was ein Kind gesagt bekommt". Das gilt natürlich auch für Kästners bitterböses sozialkritisches „Weihnachtslied, chemisch gereinigt", das aus seinem ersten Gedichtband *Herz auf Taille* (1928) stammt, der gleichzeitig mit seinem ersten Kinderbuch *Emil und die Detektive* erschien – sicher ursprünglich für Erwachsene geschrieben nach dem alten, immer wieder benutzten Muster der Kontrafaktur, wobei einem bekannten (Kirchen-)Lied ein neuer Text unterlegt wird. Kästner hat im übrigen außer dem Bilderbuchtext „Das verhexte Telefon" (1931) fast keine Gedichte für Kinder geschrieben: ein merkwürdiges Phänomen! Zunächst als Bilderbuch des bekannten Trickfilmkünstlers Jan Lenica ist auch „Die Lokomotive" des Polen Julian Tuwim bekannt geworden; schon 1938 veröffentlicht, ist es aber erst 1957 in der Nachdichtung von James Krüss (mit anderen Illustrationen) gleichzeitig in der DDR und der BRD erschienen. Abschließend läßt sich über die Zeit bis 1945, genauer bis ans Ende der 50er Jahre feststellen: die wenigen Neuansätze finden keine Nachfolge; sie werden von der Zielgruppe gar nicht wahrgenommen, sondern kommen erst in den 60er Jahren zur Geltung. Lesebücher und Anthologien werden beherrscht von den Gülls und Heys des 19. Jahrhunderts sowie ihren Epigonen, die heute, bis auf wenige Ausnahmen, vergessen bleiben sollten.

1968 erhielt Josef Guggenmos für seine Sammlung *Was denkt die Maus am Donnerstag?* die Prämie zum Deutschen Jugendbuchpreis, ein besonderes Ereignis, denn nur noch einmal in dessen über dreißigjähriger Geschichte sind Kindergedichte öffentlich geehrt worden, 1981 wurde Jürgen Spohns *Drunter &*

drüber mit dem Deutschen Jugendliteraturpreis ausgezeichnet. Für Guggenmos bedeutete dies, 10 Jahre nach seinem ersten Gedichtband für Kinder, dem *Immerwährenden Kalender*, und einigen weiteren Bänden, den Durchbruch in die Schulen. Ein österreichischer Verleger hatte ihm die Startchance gegeben; ebenfalls aus Österreich kam 1959 Christine Bustas *Die Sternenmühle*, heute im 65. Tausend noch auf dem Markt: ein für Kinderlyrik erstaunlicher Erfolg.

Das älteste Guggenmos-Gedicht unserer Sammlung, „Auf dieser Erde", stammt aus seinem frühen Zyklus für Erwachsene *Gugummer geht über den See* (1957). Die Holzschnitte hatte Günter Bruno Fuchs geschaffen; der Band ist im Mitteldeutschen Verlag in Halle erschienen und ein weiteres Beispiel dafür, wie während des „Kalten Krieges" neben Krüss auch andere Autoren in der DDR publizieren konnten. Mit Guggenmos und Busta setzt am Ende der 50er Jahre eine Hochblüte des Kindergedichts ein; 1959 erscheint die von Krüss herausgegebene erste große Anthologie nach dem Krieg *So viele Tage, wie das Jahr hat*, von ungewöhnlichem äußerem Format, das übrigens fünf Jahre später von dem DDR-Pendant *Ans Fenster kommt und seht* fast haargenau übernommen wurde. Und noch ein Merkmal guter Zusammenarbeit zwischen den beiden Teilen Deutschlands: beide Bände hat Eberhard Binder-Staßfurt gestaltet, einer der bekanntesten Kinderbuchillustratoren der DDR. Über die Klassiker des 19. Jahrhunderts bestand weitgehend Einverständnis in beiden „Blütenlesen"; die DDR-Anthologie enthält neun Krüss Gedichte, aber keinen einzigen Text von Guggenmos. Krüss bekommt einige Hacks-Gedichte, die erst sechs Jahre später in der DDR in den *Flohmarkt* kommen.

In den zehn Jahren bis zum nächsten Meilenstein, Gelbergs *Die Stadt der Kinder* (1969), gibt ein gutes Dutzend von Gedichtbänden Zeugnis von der lebhaften Experimentierfreude der Autoren. Was hat sich geändert bei Guggenmos und Krüss, der 1961 nach Erzählungen und Bilderbuchtexten mit dem *Wohltemperierten Leierkasten* seinen ersten eigenen Gedichtband vorlegte, bei Peter Hacks, Elisabeth Borchers und Hans Adolf Halbey, die 1965 zum ersten Mal Gedichtbände für Kinder veröffentlichten, bei Max Kruse und Michael Ende, die heute durch Geschichten vom Urmel oder durch *Momo* jedem Kind bekannt sind? Gelberg blickt 1969 zurück und fragt: „Gedichte für Kinder – müssen sie eigentlich so altmodisch sein?" Sie waren es und sie bleiben es auch heute, wo immer noch die Moral an ihnen klebt wie Fliegenleim und wo ihr „Gehalt an Realität", ihre „Redlichkeit" nicht ernst genommen werden. Dabei hat Realität nichts mit dem Abschildern zu tun; das Bild des „Novembers" bei Elisabeth Borchers vermittelt eine andere Wirklichkeit als die Heinrich Seidels: realistisch schreiben (auch für Kinder) bedeutet 1965 etwas anderes als vor hundert Jahren. Eine extreme Distanz zum ›Beschreiben‹ findet sich in der Tradition von Carroll und Morgenstern im Nonsense, ohne daß er weniger ›wahr‹ die Realität einzufangen vermöchte. Unter den bei Kindern so beliebten Spielformen ist der Nonsense die heikelste: schon die deutsche Übersetzung mit „Unsinn" zeigt die Nähe zum „Blödsinn", der häufig nicht einmal dem Qualitätsmerkmal des „höheren Unsinns" genügt. Gar zu leicht läuft sich eine gute Idee in Geschwätzigkeit tot. Gelberg bringt die Leistung Guggenmos' auf den gültigen Nenner, „das Geschwätz aus dem Kindergedicht vertrieben zu haben". Seine Gedichte zeichnen sich aus, kann man ergänzen, durch sprachliche Prägnanz, äußerste Knappheit (nur Wittkamp erreicht ihn darin wieder mit seinem Band *Ich glaube, daß du ein Vogel bist*, 1987) bzw. einen aufgelockerten, prosanahen Zeilenbau (vgl. besonders „Kater, Maus und Fußballspiel" und „Geschichte vom Wind"), der das extreme Gegenteil der klappernden Schemata des typischen, leicht lernbaren Schulgedichts darstellt, durch eine sehr differenzierte Reimgestaltung (vgl. „Auf dieser Erde"), durch skurrilen Humor und nicht zuletzt durch eine unaufdringliche, augenzwinkernde Vermenschlichung von Tieren, Pflanzen und Dingen, frei von jeglichem einengenden „Du sollst".

Fröhlichkeit gab es auch früher in Kindergedichten, aber man suche Parallelen zum „Spatzensalat" oder zu „Der Pfingstspatz", zu den Sprachspielen von Halbey oder Jandl, der „Teppichlitanei", „Im Warenhaus" oder „Kinderkram", wo kunstvoller, als es auf den ersten Blick erscheint, Wortmaterial eines bestimmten Gegenstandsbereichs melodisch und rhythmisch „gefaßt" wird. Das Kind erfährt: alles darf gedacht werden, Phantasie ist erlaubt und wird ernst genommen. *Wo der Gehweg endet*, ist für den Amerikaner Shel Silverstein, wie sein Buchtitel andeutet, noch lange nicht das Ende der Fahnenstange. Aber auch hier droht „das lustige Nichts" (Gelberg), Dutzende von neuen Gedichten, die kaum ein müdes Lächeln hervorrufen, Kindern aber doch Spaß machen sollen! Selten verbinden sich Humor und ernsthafte Belehrung so nahtlos wie z. B. in dem Antikriegsgedicht von Peter Hacks „Ladislaus und Komkarlinchen".

In wenigen Gedichten, sie stammen vor allem aus jüngster Zeit, werden Kinder direkt zum Nachdenken über Sprache und Dichtung angeregt: besonders deutlich von Eva Strittmatter, die freilich (aus DDR-typischer Sicht?) den Zusammenhang von Erfahrung und Literatur nur in der einen Richtung sieht, während Literatur Erfahrung doch auch simulieren, vorwegnehmen oder in Gang setzen kann. Bydlinski reduziert in „Die Dinge reden" ironisch das Gedicht auf sinnlose Reimwörter; Wiemer führt floskelhaft „Floskeln" vor, ein typisches Verhalten konkreter Poesie, und Auer (S. 243) nimmt am Beispiel „Tisch" die ewige Frage der Kinder und Philosophen auf, warum die Dinge so heißen, wie sie heißen. Damit hängt die andere nach dem Sein zusammen – und Glatz antwortet: „Weil ich bin". Über dieses Thema hatte Michael Ende 1969 einen Schnurps grübeln lassen. In vier sauber gereimten sechszeiligen Strophen führt das Kind ein Selbstgespräch über das Woher und Wohin des menschlichen Le-

bens: Die Welt besteht vor dem eigenen Leben und danach – „bloß ohne mich"
(S. 190). Dagegen schnoddrig im Ton z. B. in den Reimen Bruder : Luder und
Kind : Spind, im ganzen Sprachduktus unterkühlt, läßt Auer das Kind nachdenken, aber die Frage ist noch viel verzwickter: „Wenn statt mir jemand anderer /
auf die Welt gekommen wär' ... Ja, sie hätten ihm sogar / meinen Namen gegeben" (S. 246).

Die 70er Jahre versuchen die Trompetenstöße und Theorien des euphorischen Aufbruchs, den man sich angewöhnt hat, „Studentenbewegung" zu nennen, in den Alltag umzusetzen. Daran beteiligt sich die antiautoritäre Pädagogik
und eine dazugehörige Kinder- und Jugendliteratur. Gesellschaftskritik und Kritik an den überkommenen Erziehungsnormen gehen Hand in Hand. Allzu häufig
wurde beim Transponieren in die Kinderbücher übersehen, wovor Heinrich
Hannover schon 1974 warnte: „Man kann einem Kind nicht die Ungerechtigkei-
ten der kapitalistischen Ausbeutung begreiflich machen, bevor es überhaupt seine Bedürfnisse erkennen und sie zu formulieren gelernt hat." Ob Peter Maiwald
das mit seinem Gedicht „Was ein Kind braucht" leisten konnte oder Irmela
Brender, deren Text ebenfalls beginnt: „Ein Kind braucht"? Was Kinder nach
Meinung der Erwachsenen sich wünschen sollten, hat immer Eingang auch in
die Gedichte gefunden. 1922, vier Jahre nach dem mörderischen Krieg, nahm
Faulbaum noch immer Gülls Text in sein *Sonniges Jugendland* auf:

> *Büblein, wirst du ein Rekrut,*
> *Merk dir dieses Liedchen gut!*
>
> *Wer will unter die Soldaten,*
> *Der muß haben ein Gewehr;*
>
> *Das muß er mit Pulver laden*
> *Und mit einer Kugel schwer.*

Wie ein Gegentext liest sich Schweiggerts makabre Aufforderung, das Waf-
fenspiel endlich einzustellen: „Was braucht ein Soldat im Krieg". In beiden Fällen wird ohne Humor und ohne poetische Distanz ein Thema aufgegriffen, von
dem auch Kinder hautnah betroffen werden.

Gelberg hatte 1969 festgestellt – und das gilt heute in noch höherem Maße:
„Das Kind ist heute durch Fernsehen und Illustrierte über manches bestens in-
formiert. Es darf also vom Elend der Welt geredet werden. – Was aber ist Realität?" – und er antwortet sibyllinisch: „ Doch nicht Beschreibung, sondern Über-
einstimmung mit der Wirklichkeit." Gerd Hoffmanns „Blöd" mag ein Beispiel
für dieses Realitätsverständnis sein, auch Jürgen Spohns Text, der durch den

programmatischen Titel „Kindergedicht" die der Gattung angemessenen Inhalte vorführen möchte, nämlich die Beschreibung der Situation, in der sich Kinder heute befinden, oder Susanne Kilians „Kindsein ist süß", die nach dem Muster von Brechts „Was ein Kind gesagt bekommt" die Litanei elterlicher Befehle niedergeschrieben hat. Das hört sich (und hörte sich wohl auch vor hundert Jahren) anders an als bei Lohmeyer, der seinem Heini den Rat gibt: „ganz still sein, wenn man spricht", denn er sei ja „brav und fromm" (S. 68). Einen schönen Rat zum Selbständigwerden läßt Becke eine allein erziehende Frau ihrem Sohn geben: „Du darfst weinen. / Dein Vater wollte das nicht lernen" (S. 179). Erziehung geschieht nicht im Gegeneinander, sondern im gegenseitigen Helfen.

Die zentralen Problemkomplexe der 80er Jahre: Frieden, Ökologie und 3. Welt, tauchen im Kindergedicht zum Teil schon viel früher auf. Obwohl es aber viele Kinderbücher gerade zu dem letzten Themenbereich gibt, findet dieser sich in Gedichten selten. Die frühesten Antikriegsgedichte unserer Sammlung kommen aus der DDR; Kunerts bekanntes „Über einige Davongekommene" (1959) war wohl nicht für Kinder geschrieben, auch Fühmanns „Des Teufels ruß'ger Gesell" stammt (wie sein „Lob des Ungehorsams") aus einem Gedichtband für Erwachsene, *Die Richtung der Märchen* (1962). Andere Autorinnen und Autoren wenden sich ausdrücklich an Kinder: Aus der DDR Peter Hacks („Ladislaus und Komkarlinchen", 1965), aus der BRD Eva Rechlin („Der Frieden", 1969), Alfons Schweiggert („Was braucht der Soldat im Krieg", 1974) und zuletzt Hildegard Wohlgemuth („Der Frieden, Kind, der Frieden", 1984), mit deren Worten sich die Inhalte und Tendenzen resümieren lassen: „Der Frieden ist der Frieden / und ist doch vielerlei" (S. 126); er wird durch das Militär ebenso bedroht wie durch Vergeßlichkeit und Heldenideologie der Menschen; er fängt zu Hause an, bei jedem einzelnen, und er muß im Zusammenleben der Völker sich bewähren (der letzte Aspekt fehlt merkwürdigerweise besonders in den BRD-Gedichten).

Die Gedichte gehen grundsätzlich zwei Wege: sie verurteilen den Krieg und schildern seine Unmenschlichkeit und das Leid oder sie preisen den Frieden und fordern: „Doch wenn man Frieden haben will / muß man ihn selber tun" (Rechlin, S. 188). Das ist beim Thema Umwelt nicht anders; apokalyptische Bilder von der Selbstvernichtung der Menschheit (Spohns „Ernste Frage" und Bekkes „Naturlehre") sind nur die Kehrseite der hellen Utopien, die Sölle („Vom baum lernen" und „Weisheit der indianer"), Braem („Ich schenke dir diesen Baum") und Auer („Über die Erde") entwerfen. „Du bist ein Teil von Allem / und gehörst dazu" (Auer, S. 245) – das ist nicht neuer Spiritismus, sondern die handfeste Aufforderung, die Zerstörung der Natur, den Krieg, „den wir gegen alles / führen" (Sölle, S.189), zu beenden. Das ist nicht Regression in die Dorf- und Naturidylle des 19. Jahrhunderts – im Gegenteil: Gedichte aus jener heilen Welt lassen sich als Gegenbilder zur aktuellen lesen. Nur wenn wir uns und den

Kindern nicht verschweigen, „daß Atomkraftwerke / die Dämmerung / schon eingeschaltet haben" (Becke, S. 179), wenn wir uns gemeinsam der Einsicht Guggenmos' – von 1957! – stellen: „es ist alles so Winter auf dieser Erde" (S. 140), dürfen wir der Idylle trauen, ohne daß sie zur Nostalgie verkommt. Daß jemand seine Umwelt, die Stadt, so annimmt, wie sie ist, mit ihrem Schmutz und Lärm, das ist ein schönes Unikat unter den Kindergedichten (Redings „Meine Stadt"). Ebenso einzigartig ist – in dieser Welt, in der die Zukunft der Kinder bedroht ist – das „Fürbittengebet" von Günter Bruno Fuchs, das nicht für Kinder geschrieben sein muß', auch wenn es „Für ein Kind" heißt (S. 180), mit den Schlußzeilen:

> *Ich habe den Menschen gesagt, sie mögen dich lieben.*
> *Es wird dir einer begegnen, der hat mich gehört.*

Wenn auf diese problemorientierten Gedichte so ausführlich eingegangen wird, dann nur, um zu zeigen, daß in dem Meer an lustigen und geistreichen Texten auch ein paar Inseln zu finden sind, von denen nicht „Schornsteinfeger grüßen mit Taucherflossen an den Füßen" (Frank, 1987) oder „Die Lichtmühle" blinkt (Mucke, 1985). Wohlgemerkt, der fröhliche Surrealismus hat seine Berechtigung, aber Kinder vertragen mehr als Spaß; sie müssen nicht nur in die Sprache eingeführt werden, sondern auch in unsere Welt. Das leisten in kluger Verbindung die seit 1971 erscheinenden *Jahrbücher der Kinderliteratur* und – das läßt sich heute schon sagen – der nächste Meilenstein: Gelbergs Anthologie *Überall und neben dir* (1986), deren Titel eine Reverenz an Joachim Ringelnatz ist.

Anthologien sind wichtige Wegmarken in der Rezeptionsgeschichte von Literatur; die *Deutschen Gedichte* Echtermeyers und von Wieses spiegeln fast eineinhalb Jahrhunderte vor allem des schulischen Lyrikkanons, sind darüber hinaus aber ein Hausbuch gebildeter Schichten geworden. Ein respektables Alter hat schon James Krüss' Anthologie *So viele Tage, wie das Jahr hat*; der Band ist nicht nur eine Sammlung der 1959 als „klassisch" empfundenen Kindergedichte: er enthielt auch Neuheiten in zweierlei Hinsicht. Der Herausgeber nahm Originalbeiträge auf u. a. von Peter Hacks, und er ›eroberte‹ für die Kinder Texte, denen vorher von Pädagogen ihre ›Kindgemäßheit‹ noch nicht attestiert worden war. Auch dieser Band ist zum Hausbuch geworden (wozu auch beigetragen hat, daß er bis heute im Programm einer Buchgemeinschaft ist), aber – er endet zu einer Zeit, als eine neue Phase der Kinderlyrik gerade begann. Diese Lücke will *Die Wundertüte* schließen; etwa zwei Drittel ihres Bestandes stammen aus den letzten drei Jahrzehnten. Im Unterschied zu den Sammlungen *Die Stadt der Kinder* (1969) und *Überall und neben dir* (1986) sowie den ebenfalls fast nur Originalbeiträge bietenden *Jahrbüchern der Kinderliteratur,* von denen dank der ästhetischen und verlegerischen Kreativität Hans Joachim Gelbergs entscheidende Impulse auf das neue Kindergedicht ausgegangen sind, enthält der vorliegende Band überwiegend „Gesichertes", also Texte, die aus alten und neuen Lesebüchern oder Gedichtsammlungen aus dem Schulbereich übernommen wurden,* und die eine gewisse Klassizität gewonnen haben. Er soll jedoch keine akademische Beispielsammlung zu einer Geschichte des Kindergedichts sein, denn als weiterer Aspekt ist die Auswahl von der Frage geleitet: was findet heute noch das Interesse von Kindern? Dabei werden die vorlesenden Erwachsenen oder Geschwister (oder auch Lehrer?) am besten abschätzen können, welche Gedichte jeweils für ihre Zuhörerinnen und Zuhörer „passen" – und Kinder werden, selbst lesend, ihre Lieblingstexte auswählen und so verstehen, wie sie wollen.

Auf die sonst vielfach übliche *thematische* Anordnung wurde verzichtet. In vielen Fällen sind die „Schubladen" nur bedingt geeignet; die Offenheit der Deutung, das Lesen auf verschiedenen Ebenen wäre behindert. Und außerdem: wo nicht alles Zusammengehörende schon beisammensteht, wird das Stöbern gefördert, kann es Erkundungen und Überraschungen geben. So fiel die Entscheidung für eine historische Anordnung der Gedichte in zweifacher Hinsicht: nach dem Geburtsjahr der Autoren und bei den einzelnen Autoren wiederum nach dem Zeitpunkt der ersten Veröffentlichung der Gedichte. Ob diese grobe chronologische Reihenfolge schon bei Kindern ein Bewußtsein von alten und neuen Gedichten anbahnen kann, muß offen bleiben; wünschenswert wäre es. Um die Texte eines Autors nicht zu zerstreuen, um den ›Ton‹ eines Dichters (und eventuell seine Entwicklung) erfassen zu können, wurden die teilweise erheblichen Verschiebungen in Kauf genommen, die durch das Jahr des Erstdrucks einerseits und das Geburtsjahr als Ordnungskriterium andererseits bedingt sind. Christine Busta (geb. 1915) z. B. erscheint mit ihren Gedichten sehr früh, und die zwanzig Jahre, die zwischen ihren beiden Bänden (1959 und 1979) liegen, sind nicht unmittelbar wahrnehmbar.

Übersetzungen sind gerade im Bereich des Lyrischen oft Notlösungen; deshalb sind nur vier Autoren aufgenommen worden (Carroll, Richards, Tuwim, Silverstein), von deren Gedichten besonders gelungene Nachdichtungen vorliegen.

---

* Mit Ausnahme der allerjüngsten Texte und derer von Mucke, die in der BRD völlig unbekannt zu sein scheinen.

Literaturhinweise

Altner, Manfred: Die Entwicklung der sozialistischen Kinder- und Jugendlyrik in der DDR von 1945-1975. Berlin [Ost] 1976.

Gelbrich, Dorothea: Lyrik für Kinder. In: Weimarer Beiträge 24 (1978) H. 5. S. 38-72.

George, Edith: Zur Ästhetik und Leistung der sozialistischen deutschen Lyrik für Kinder. Berlin [Ost] 1977.

Franz, Kurt: Kinderlyrik. Struktur, Rezeption, Didaktik. München 1979.

– Kinderlyrik. In: Neun Kapitel Lyrik. Hrsg. von Gerhard Köpf. Paderborn 1984. S. 127-146.

Kliewer, Heinz-Jürgen: Elemente und Formen der Lyrik. Ein Curriculum für die Primarstufe. Hohengehren 1974.

Motté, Magda: Moderne Kinderlyrik. Frankfurt a. M. 1984.

Sichelschmidt, Gustav: Die deutschen Kinderliedanthologien. In: Die deutschsprachige Anthologie. Hrsg. von Joachim Bark und Dietger Pforte. Bd. 2. Frankfurt a. M. 1969. S. 222-245.

Steffens, Wilhelm: Das Gedicht in der Grundschule. Strukturanalyse, Lernziele, Experimente. Zugleich Lehrerhandbuch zum Gedichtband „Klang, Reim, Rhythmus". Frankfurt a. M. 1973.

Deutsche Kinderlyrik des 20. Jahrhunderts zwischen Pädagogik und Ästhetik

Es gehört selbst schon zur alten Geschichte des immer wieder Neuen, daß davor gewarnt wird, sich auf eine Definition einzulassen. Hans Magnus Enzensberger, immer gut für deftige Sprüche: „Die moderne Poesie ist 100 Jahre alt. Sie gehört der Geschichte an. Wie weit trägt der Begriff der Modernität? Er taugt nicht viel. Seine Geschichte ist ein Thema für Habilitationsschriften; nur einen Unsinnigen könnte es danach verlangen, ihn zu definieren." (Nach Zeller 1982, 7f.) Auch Hugo Friedrich gehört in die Ahnenreihe der Warner; im Vorwort seines epochemachenden, aber auch die Forschung einseitig ausrichtenden Buches *Die Struktur der modernen Lyrik* von 1956 schreibt er: „Was ist moderne Lyrik? Ich will mich auf keine Definition einlassen."

Wirklich konsequent ist bisher nur die Kinderliteraturforschung verfahren: das Stichwort „Moderne" fehlt in keinem Literaturlexikon; im *Lexikon der Kinder- und Jugendliteratur* ist es undenkbar. Der Terminus taucht überhaupt nicht auf; im Sachregister folgt auf „Mittelalter" gleich „Moralische Geschichte". Warum ist das so?

Je länger man sich mit den verschiedenen „Modernen" und Avantgarden beschäftigt, immer wieder nach den Beziehungen zur zeitgenössischen Kinderliteratur fragend, desto mehr stochert man im Nebel. So kann ich Ihnen keine Ergebnisse vorlegen, sondern eher ein Bündel von Beobachtungen, die bei der weiteren Arbeit zu berücksichtigen sind. Lassen wir getrost die Spätantike beiseite, mit der Fritz Martini seinen Artikel im *Reallexikon der deutschen Literaturgeschichte* eröffnet, die *Querelles des Anciens et des Modernes* von 1687. Bei ihm fehlt – verständlicherweise – ein politisches Epochenjahr der Moderne, das uns besonders naheliegt: Jean Francois Lyotard sieht die Bedeutung der Französischen Revolution darin, „daß sie etwas eröffnet oder entdeckt hat, was der Moderne durchaus wesenhaft ist: daß die Legitimität und die Autorität immer aufs neue infragegestellt ist und als Frage gestellt werden muß". (taz 22.4.89) Martinis Revue endet mit der Jahrhundertwende, der „Literarischen Moderne" der Jungwiener, interessanterweise gerade dort, wo das Fischer Lexikon Literatur die Moderne beginnen läßt, am Ende des 1. Weltkriegs. Er meint: „Seither wurde der Terminus zur allgemeinen, farblosen histor. Allerweltsbezeichnung". Hugo Friedrich jedenfalls hat er nicht zur Kenntnis genommen, obwohl das zeitlich möglich gewesen wäre. Beiden gemeinsam ist das Ausblenden der außerliterarischen Wirklichkeit; Friedrich beschreibt das moderne Gedicht, wie wenn es seine eigene Herangehensweise wäre: „Das Gedicht will nicht mehr an dem gemessen werden, was man gemeinhin Wirklichkeit nennt, auch wenn es sie, als Absprung für seine Freiheit, mit einigen Resten in sich aufgenommen hat".

(Friedrich 1956, 11) Weder seine eigene Wirklichkeit wollte er reflektieren, wo in der Aufbruchstimmung der 50er über dem Glück der wiedergewonnenen Freiheit die realen demokratischen Freiheitsrechte in Vergessenheit gerieten: „Entdinglichung" war für ihn ein zentrales Merkmal der so von ihm eingeschränkten modernen Lyrik – noch die Wirklichkeit Beaudelaires, der neben Rimbaud und Mallarmé im 2. Drittel des 19. Jahrhunderts die Moderne einläutete und die gesamte Lyrik des 20. Jahrhunderts nur noch als Nachhutgefecht erscheinen ließ. Benjamins Baudelaire-Studien hätten ihn eines anderen belehren können, wie Zeller 1982 gezeigt hat.[*] Weitere Merkmale, für die er in der deutschen Literatur nur Beispiele bei Benn, Trakl und Krolow findet, sind die Dunkelheit gepaart mit Verweigerung der Kommunikation, (er zitiert Beaudelaire: „Es liegt ein gewisser Ruhm darin, nicht verstanden zu werden".) Verabsolutierung der Form, überhaupt die Autonomie der Kunst, die Rühmkorf bereits 1963 als Komplementärfunktion jener oben genannten Freiheits-Ideologie entlarvte.

An einer Stelle über Mallarmé kann nochmals Punkt für Punkt der Frage nachgedacht werden, was Kinderliteratur mit dieser so definierten modernen Lyrik zu tun haben kann: „Die Voraussetzung dichterischer Reinheit ist also die Entdinglichung . . . Absehen von alltäglichen Erfahrungsstoffen, von lehrhaften oder sonstwie zweckhaften Inhalten, von praktischen Wahrheiten, von Jedermannsgefühlen, von der Trunkenheit des Herzens". (Friedrich 1956, 103f.) Das liest sich wie eine Negativfolie der Kinderlyrik nicht nur des 19. Jahrhunderts. Aber sammeln wir zunächst weitere Gegenbilder: für Baudelaire wird das Negative zum Faszinosum; er bejaht jedes Wirken, „das die Natur ausschaltet, um das absolute Reich des Künstlichen zu gründen" (Friedrich 1956, 31) besingt die Macht des Bösen und die Schönheit des Häßlichen, zielt auf Desorientierung und Enthumanisierung. Nicht nur wie eine Negativfolie der Kinderliteratur erscheint dieser Katalog, sondern auch wie eine Suada gegen „entartete" Literatur. Hier könnte über die bei Zeller (*Gedichte haben Zeit,* 1982) genannten Gründe hinaus der enorme Erfolg des Buchs von Hugo Friedrich liegen: Aufwertung des eben noch Verworfenen. Adorno assistierte in seiner *Ästhetischen Theorie:* „Die Male der Zerrüttung sind das Echtheitsmerkmal der Moderne". (nach Bode 1988, 20) Daneben lebte das alte Urteil weiter: Dunkelheit, das ist Dekadenz und Zeichen von Krankheit. Sedlmayrs *Verlust der Mitte* bewegte sich zwar auf einem anderen Niveau und sprach andere Schichten an, aber sein Einfluß auf das Kunstverständnis war enorm. Auch vom linken Rand kamen abwertende Stimmen. Grei-

---

* ein Manko, das nicht Friedrich persönlich anzulasten ist, sondern mit den Versäumnissen der Nachkriegsgermanistik zu erklären ist.

fen wir wieder zurück auf unsere Ausgangsfrage: können oder sollen Kinder Literatur lesen, die Leo Kofler in seinem Angriff *Zur Theorie der modernen Literatur* 1974 folgendermaßen beschreibt: „Es entsteht ein Bild des Menschen und der Gesellschaft, das keine Ideale und keine humanistischen Perspektiven mehr zuläßt, ein Bild der Hoffnungslosigkeit allen menschlichen Existierens". (Bode 1988, 15) Kinderlyrik steht im krassen Gegensatz zur modernen Lyrik, stellt Kurt Franz (wenn auch nur im Blick auf ihr metrisches Gewand) fest, und Dieter Baacke empfiehlt ungeniert das Epigonentum: „Probleme der Avantgarde: wie man ein Publikum noch erreichen könne, das einen fortgeschrittenen Bewußtseinsstand und ästhetische Sensibilität nicht besitzt; welche Berechtigung Literatur überhaupt noch habe, da ihr sozialer Nutzen nicht meßbar sei – blieben der Kinder- und Jugendliteratur erspart", (nach Lypp 1984, 53f.) vorgetragen 1978 als Signal der „Wende" auf dem 16. IBBY Kongreß, der unter dem Thema „Modern realistic stories for children and young people" nach dem Bild der Realität fragte, das der Jugend zu vermitteln sei. Baackes Antwort: 19. Jahrhundert! Dem muß man mit Maria Lypp heftig widersprechen; vorher soll jedoch ein letztes Mal die Frage gestellt werden: muß die Kinderliteratur sich betroffen fühlen, sich zu den antimodernen Ästhetiken zählen lassen, die Bode bei gewandelter Begriffsdefinition des Modernen im Visier hat? „Es liegt auf der Hand, daß 'offene', mehrdeutige Kunstwerke vor all jenen Ästhetiken nicht bestehen können, die primär inhaltsorientiert sind und den Wert eines Kunstwerkes nicht zuletzt an bestimmten expliziten inhaltlichen Aussagen messen. Mehrdeutigkeit kann von ihnen bloß als mangelnde Klarheit verstanden werden und ist damit a) defizitär und b) verdächtig". (Bode 1988, 14) Die Probleme der Avantgarde kann sich die Kinder- und Jugendliteratur *und* die Kinder- und Jugendliteraturforschung nicht ersparen; denn, meint Maria Lypp: „Die Problematik moderner Literatur ist . . . nahezu identisch mit den Grundfragen der Kinderliteratur". (Lypp 1984, 54)

Wie Bode stellt sie im Anschluß an Lotman die Definition der Modernität auf eine breitere Basis, die außerliterarische Realität mit einbeziehend und die Verengung Hugo Friedrichs aufhebend. Sie nimmt Lotmans These auf, daß „die Kompliziertheit einer (semiotischen) Struktur (...) sich in direkt proportionaler Abhängigkeit von der Kompliziertheit der zu übermittelnden Information (befindet)" (nach Bode 1988. 45) und findet Kinderliteratur in zwei Bereichen, die – und das ist für unser Thema wichtig – auch durch erzieherische und gesellschaftliche Merkmale bestimmt werden. Im unteren Bereich sind Darstellungen gebunden durch poetische Vorschriften oder durch die Vermittlung von Erziehungsnormen oder durch gesellschaftliche Klischees; im mittleren Bereich werden „konventionelle literarische Mittel eingesetzt, um komplexe Erscheinungen der Realität auf strukturell einfache Weise zugänglich zu machen. Aufgrund dieser spannungsvollen Verbindung ist dieser Bereich der komplexere von beiden". (Lypp 1984, 27) Auch wenn der Unterschied zwischen den beiden Bereichen eher die Differenz von trivialen und „hochliterarischen" Texten bezeichnen sollte (Lypp macht keine expliziten Aussagen dazu), wäre zu prüfen, ob sich das Analyseinstrumentarium nicht für das Erkennen „permanenter Modernen" eignete, dem ständigen Entautomatisieren literarischer Verfahren d.h. es könnte dem Aufspüren literarischer und künstlerischer Innovationen dienen, das auf einer Tagung zur Kinderbuchkritik reklamiert wurde. Ob es darüber hinaus zum Fixieren phasenartiger Modernitätsschübe hilfreich sein kann, vermag ich nicht abzuschätzen. Neben den „permanenten Modernen", die nichts anderes als das Erreichen und Überwinden eines bestimmten literarischen Standards bezeichnen, und den genannten Phaseneinschnitten steht die *eine* Moderne, die (ebenfalls nicht einmütig) in Verbindung mit dem Übergang zur Industriegesellschaft im ausgehenden 19. Jahrhundert datiert wird, genauer gesagt: als Opposition zur etablierten Gesellschaft. Sie macht Probleme bewußt, sucht für neue Wirklichkeitserfahrungen neue Darstellungstechniken.

Gilt das auch für Kinder? Machen auch sie „neue Wirklichkeitserfahrungen"? Spiegelt sich eine komplexer werdende Realität in einer komplexer werdenden Kinderlyrik wieder? Findet sich „Die Revolution der Lyrik", mit der Arno Holz 1899 dem Reim durch das Strukturelement des Rhythmus ablösen wollte, weil der Reim die Ausdrucksmöglichkeiten verenge, auch in Kindergedichten? (vgl. Rösch 1986) Ist auch im Bereich der Kinderliteratur die Lyrik die empfindlichste Gattung, die seismographisch genau auf tiefgreifende Krisen reagiert? *Ein* Körnchen in der Sandmeerwüste der Kindergedichte von 1887, wo bei Hermann Bahr die Geburtsstunde der „Moderne" liegen soll, bis in die Zwanziger Jahre, hebt man dankbar in die Höhe: Richard Dehmels *Frecher Bengel,* der fast genau 100 Jahre nach der Französischen Revolution modern im Sinne des Infragestellens von Autorität zum „Manifest des emanzipierten Kindes" wurde, wie Krüss behauptete.

Frecher Bengel

Ich bin ein kleiner Junge,
Ich bin ein großer Lump.
Ich habe eine Zunge
Und keinen Strump.

Ihr braucht mir keinen schenken,
Dann reiß ich mir kein Loch.

Ihr könnt Euch ruhig denken:
Jottedoch!

An dieser Stelle bricht Krüss den (ersten?) Abdruck in seiner Anthologie *So viele Tage, wie das Jahr hat* ab, weil 66 Jahre nach dem Erstdruck ihm „solcher Radikalismus denn doch übertrieben" erscheint. Nur im Nachwort druckt er auch die dritte Strophe ab:

Ich denk von Euch dasselbe.
Ich kuck euch durch den Lack.
Ich spuck euch aufs Gewölbe.
Pack!

Vielleicht muß man ergänzen, daß dieser Text nicht im berühmten *Fitzebube* steht, der 1900 sicher in die Hände von Kindern kam, sondern in dem Band *Aber die Liebe* (1893), der sich eindeutig an Erwachsene richtet und ein typisches Bild von Dehmels Schwanken zwischen sozialrevolutionärem und mystischem Pathos bietet. Das Gedicht durchbricht die Moralvorstellungen des 19. Jahrhunderts und bringt zugleich durch die Aufnahme des Alltagsjargons einen unerhörten/ungehörten Ton in die Kinderliteratur. Diese Aussage ist bereits zu vollmundig: es vergingen noch Jahrzehnte, bis er wieder aufgenommen wurde, denn die zaghaften gemeinsamen Anfänge mit seiner Frau Paula wurden nicht weitergeführt: er selbst wandte sich anderen Aufgaben zu, und Paula verharrte (wenigstens thematisch) völlig im Stereotyp des herkömmlichen Kindergedichts, was ihr Erfolg in den Anthologien und Lesebüchern des Jahrhundertanfangs beweist. Werfen wir nochmals kurz einen Blick auf die gegenwärtige „Moderne"-Diskussion in der Literaturwissenschaft, dann kann *Frecher Bengel* weder für sich in Anspruch nehmen modern noch überhaupt Kunst zu sein. Peter Bürger 1988 in *Prosa der Moderne:* „Kunst ist in der Moderne nicht einfach eine Sphäre *neben* den Sphären Wissenschaft und Moral, sonder sie ist eine aus dem Geist der Moderne geborene Gegeninstitution". (Bürger 1988, 17)

Gehen wir zum nächsten möglichen Markstein der Moderne in der Kinderlyrik: 1905 erscheinen Morgensterns *Galgenlieder* mit dem berühmten *Großen Lalula.* An ihm und an einem Text aus *Klein-Irmchen* von 1921 lassen sich zwei weitere Fragestellungen erläutern. Sicher wird mit einigen Jahrzehnten Verspätung im deutschsprachigen Bereich eine Tradition aufgenommen, die mit *Alice in Wonderland* begann; übrigens möchte Arno Schmidt die „neuere" Literatur mit Lewis Carroll beginnen lassen. (vgl. Japp 1986, 130) Aber es muß in diesem Zusammenhang die sonst vielleicht müßige Diskussion aufgenommen werden, ob Texte für Erwachsene oder für Kinder geschrieben wurden. Es ist richtig, wenn Elisabeth Borchers in ihrem *Das große Lalula* Kindern neue Texte anbietet und fordert: „Es gibt eine Sprache, aus der man nicht herauswächst, die dem Kind wie dem Erwachsenen Poesie und Information, Verschwenderisches und Notwendiges bewahrt. Es gibt Bücher, denen es lästig wäre, an eine Altersstufe gebunden zu sein". (Borchers 1971, 2) Man darf sie jedoch nicht der Moderne in der Kinderliteratur zurechnen. Es ist ein Gewinn für heutige Kinder, einem Gedicht wie *Närrische Träume* von Gustav Falke zu begegnen, das (wohl um die Jahrhundertwende) sich zum ersten Mal traut, auch Dinge zu träumen, die sich von der Realität entfernen, aber es würde das Bild der Kinderliteratur der damaligen Zeit verfälschen, wenn wir diesen Vorgang des nachträglichen „Eroberns" nicht berücksichtigten, der – so scheint mir – für die Lyrik jüngeren Datums ist und in weit größerem Umfang den Bestand der heutigen Kinderlyrik tangiert als die „Annexionen" von Prosa.

Närrische Träume

Heute nacht träumte mir, ich hielt
den Mond in der Hand,
wie eine große, gelbe Kegelkugel,
und schob ihn ins Land,
als gälte es alle Neune.
Er warf einen Wald um, eine alte Scheune,
zwei Kirchen mitsamt den Küstern, o weh,
und rollte in die See.

Heute nacht träumte mir, ich warf
den Mond ins Meer.
Die Fische all erschraken, und die Wellen
spritzten umher
und löschten alle Sterne.
Und eine Stimme, ganz aus der Ferne,
schalt: Wer pustet mir mein Licht aus?
Jetzt ist's dunkel im Haus.

Heute nacht träumte mir, es war
rabenfinster rings.
Da kam was leise auf mich zugegangen,
wie auf Zehen ging's.
Da wollt ich mich verstecken,
stolperte über den Wald, über die Scheune vor

Schrecken,
über die Kirchen mitsamt den Küstern, o weh,
und fiel in die See.

Heute nacht träumte mir, ich sei
der Mond im Meer.
Die Fische alle glotzten und standen
im Kreis umher.
So lag ich seit Jahren,
sah über mir hoch die Schiffe fahren
und dacht, wenn jetzt wer über Bord sich biegt
und sieht, wer hier liegt
zwischen Schollen und Flundern,
wie wird der sich wundern!

(Borchers 1971, 46)

Genau genommen haben Morgenstern, Hans Arp und Hugo Ball in doppelter Weise auf den Bestand eingewirkt, einmal durch direkte Übernahmen ihrer Texte, zum andern als Vorbild für Neuschöpfungen nach demselben Strickmuster.

Daß auch der umgekehrte Prozeß gelegentlich vorkommt, Kindergedichte auf moderne Poesie eingewirkt hat, zeigte Guido Stein 1966 u.a. an *eia wasser regnet schlaf* von Elisabeth Borchers, am Umdichten eines Kinderverses durch Morgenstern,

Schlaf, Kindchen, schlaf!
Es war einmal ein Schaf ...

an der Reihung von Märchenmotiven in Enzensbergers *Fund im Schnee* und (noch weniger einsichtig) an einem Günter Grass-Gedicht, das nur durch den Titel *Kindergedicht* eine Beziehung herstellen läßt. Zu dieser in der Tat auffallenden Affinität muß jedoch angemerkt werden: die Impulse kommen von Kinderversen, von der Volkspoesie mit ihren eigenen Gesetzen von Klang, Rhythmus, Sinnbrüchen und Dunkelheiten, nicht von Kindergedichten, die in ihrer formalen Geschlossenheit sich als Spielmaterial gar nicht eignen. Auch Maria Lypp demonstriert den Charakter der Einfachheit am Kindervers, wobei noch zu klären wäre, ob ihre Prinzipien Dissimilation (als die Distanzierung von der gewöhnlichen Rede), Normgebundenheit und Handlungsbezogenheit beim Kindergedicht einen höheren oder geringeren Grad erreichen. Die Frage ist deshalb wichtig, weil Assimilation, also die Annäherung an den Alltagssprachgebrauch als ästhetisches Plus gewertet wird.

Ich nehme einen neuen Anlauf: wiederum zwei Erziehungsgedichte, denn es bleibt ja das Urteil am Horizont, Kunst und Pädagogik schlössen sich aus. Sie liegen fast 100 Jahre auseinander; der Autor des ersten ist mir unbekannt; ich fand es im *Lesebuch für katholische Volksschulen* von 1852. Es liest sich wie eine Vorlage für Bertolt Brechts *Was ein Kind gesagt bekommt* aus seinen *Kinderliedern* von 1937.

Was das Kind fleißig üben soll.

Wahrheit reden, Lügen fliehen,
Blümlein pflanzen, Bäumchen ziehen,
Alte ehren, Blinde leiten,
Gutes denken, Böses meiden
Hände waschen, Kleider schonen,
Dienste leisten, Freundschaft lohnen,
Wohlthat merken, Leid vergessen,
Wasser trinken, Schwarzbrot essen,
Bücher lesen, Lieder singen,
Arbeit suchen, Nutzen bringen,
Laster hassen, Tugend lieben;
Dies will ich nur fleißig üben.

Bertolt Brecht

Was ein Kind gesagt bekommt

Der liebe Gott sieht alles.
Man spart für den Fall des Falles.
Die werden nichts, die nichts taugen.
Schmökern ist schlecht für die Augen.
Kohlentragen stärkt die Glieder.
Die schöne Kinderzeit, die kommt nicht wieder.
Man lacht nicht über ein Gebrechen.
Du sollst Erwachsenen nicht widersprechen.
Man greift nicht zuerst in die Schüssel bei Tisch.
Sonntagsspaziergang macht frisch.
Zum Alter ist man ehrerbötig.
Süßigkeiten sind für den Körper nicht nötig.

Kartoffeln sind gesund.
Ein Kind hält den Mund.

Probieren wir als Kompaß ein Kriterium zu benutzen, das bereits erwähnt wurde, hier in einer Formulierung von Adolf Muschg helfen soll: „Alle Dichtung, die wir bedeutend nennen, zieht ihre wahre Bedeutung aus dem Widerstand, den sie der Zeit, *als ihr Genosse,* geboten hat; und ihre Wahrhaftigkeit ist als der *genaue* Abstand zu beschreiben, den sie bewahrt zu allen Sprachen der Herrschaft und der Verfügbarkeit." (nach Rösch 1986, 223) Unterstellen wir, daß moderne Literatur die „bedeutende" ist, dann ist der Schluß zu untersuchen, ob es im 19. Jahrhundert keine moderne Kinderlyrik gab, weil sie der Zeit keinen Widerstand geboten hat, ob Brecht allein deswegen „modern" ist, weil er zur Opposition herausfordert. Es sei nebenbei ergänzt, daß Brechts Text ein gutes Beispiel für Assimilation darstellt – aber: läßt uns nicht Lotman im Stich, weil er auf die historische Reihe von Assimilationsprozessen nicht eingeht (gibt es eine Weiterentwicklung nach Brecht? gibt es Vorgänger im 19. Jahrhundert?) und argumentiert nicht auch Muschg zu unhistorisch (ist Brechts Kindergedicht nach 52 Jahren gleich bedeutend, sprich: modern? gibt es im 19. Jahrhundert auf dem Sektor der Kinderlyrik – wenigstens aus damaliger Sicht – nichts Bedeutendes?) Blicken wir von heute aus zurück, dann erscheint sie wie eine endlose Blumenwiese mit freundlich lächelnden, braven Kindern, ein friedliches Zusammenleben mit den Tieren, mit der Natur; man schaut wie in eine Puppenstube: alles kann man anfassen, nichts Unbekanntes oder Fremdes stört die Gemütsruhe; den „Nest"-Effekt nennt es Maria Lypp (Lypp 1984, 127). Das Ausrufen eines „Jahrhundert des Kindes", ein paar moderne Einsprengsel haben daran nichts geändert: Richard Dehmel und Joachim Ringelnatz, Morgenstern (mit Einschränkungen, was seine Kindergedichte angeht!) und Bert Brecht. Diese Reihe vermag deutlich zu machen, daß die Pädagogik nicht der Tod der Ästhetik ist, auch wenn die Masse der Texte, vor allem soweit sie in den Schulen tradiert wurde, in beiden Bereichen hinter der Zeit und der Entwicklung der Literatur hinterherhinkte. Solche Texte können, auch wo sie nicht über Erziehung sprechen, den Kräften der Phantasie, dem Anders-Denken, der Selbstfindung und Selbständigkeit nicht dienen. Sie können die Komplexität der Kinderwelt nur ausblenden oder einebnen, zuweilen auch mit modern erscheinenden Mitteln, die wie Nonsense aussehen, sich für Nonsense ausgeben. Fragt man nach den Gründen für dieses Stagnieren der Entwicklung bis weit in die Nachkriegszeit, in die 60er Jahre hinein, dann muß man die Gebrauchssituation betrachten. Es gab keinen freien Markt, sondern den Abnehmer Lesebuch, und der Autor schrieb nicht über sich und für sich, seine eigene Situation immer neu experimentierend sich selbst und anderen bewußt zu machen, sondern über andere und für andere.

Es müssen sich mehrere Voraussetzungen geändert haben, damit der Neubeginn, für den stellvertretend für die große Zahl der Kindergedichtautoren – auch das ist neu! – Krüss und Guggenmos stehen sollen. Neue Lesebuchkonzeptionen als Folge didaktischer und gesellschaftlicher Umbrüche nahmen Abschied vom alten Kanon und gingen auf die Suche nach neuen Texten, fanden sie in der Erwachsenenliteratur, motivierten aber auch Kinderliteraturautoren. Konkrete Poesie und politische Lyrik, just die beiden Sparten der Lyrik, die Hugo Friedrich ausgespart hatte (erstere könne „mit ihrem maschinell ausgeworfenen Wörter- und Silbenschutt dank ihrer Sterilität völlig außer Betracht bleiben", (Friedrich 1967, 13) wurden die entscheidenden Vorbilder.

Auf beide läßt sich Guggenmos nicht festlegen; seine Leistung bringt Gelberg auf den Nenner, „das Geschwätz aus dem Kindergedicht vertrieben zu haben". (Gelberg 1972, 223) Seine Gedichte zeichnen sich aus, kann man ergänzen, durch sprachliche Prägnanz, äußerste Knappheit (in der er wohl nur von Wittkamp erreicht wird mit seinem Band *Ich glaube, daß du ein Vogel bist,* 1987) bzw. einen aufgelockerten prosanahen Zeilenbau, also das extreme Gegenteil der klappernden Schemata des typischen, (tatsächlich?) leicht lernbaren Schulgedichts, eine sehr differenzierte Reimgestaltung, durch den skurrilen Humor und nicht zuletzt durch eine unaufdringliche, augenzwinkernde Vermenschlichung von Tieren, Pflanzen und Dingen, frei von jeglichem einengenden „Du sollst". Er begann 1958 mit seinem *Immerwährenden Kinderkalender,* ein Jahr vor Christine Bustas *Die Sternenmühle;* es folgten in den 60er so viele Gedichtbände wie nie zuvor und nie danach in so kurzem Zeitraum.

Die 70er bringen mit der antiautoritären Bewegung vielfältige neue Themen; Halbey resümiert bereits 1971 ironisierend – ich zitiere ein weiteres Erziehungsgedicht:

> *Trotzdem*
>
> *Wenn die Mama morgens schreit:*
> *Aufstehn, Kinder, höchste Zeit! -*
> *sagt ein richtig braves Kind:*
> *Die spinnt!*
>
> *Zähneputzen, frische Socken*
> *und zum Frühstück Haferflocken,*
> *Vaters Sprüche: Das macht stark! -*
> *alles Quark!*

Wer am Morgen ohne Schimpfen,
Fluchen, Stinken, Naserümpfen
etwa brav zur Schule geht -
der ist blöd.

Lärmen, prügeln, Türen knallen,
allen auf die Nerven fallen,
grunzen, quieken wie ein Schwein,
das ist fein!

Rülpsen, Spucken, Nasebohren,
Nägel kauen, schwarze Ohren,
schlimme Worte jede Masse -
Klasse!

Und wenn Papa abends droht:
Schluß mit Fernsehn, Abendbrot! -
schreit doch jedes Kind im Haus:
Raus!
Trotzdem:
Kinder, schützt eure Eltern!

(Kliewer 1989,154)

Widerstand gegen die herrschenden Verhältnisse ist nicht mehr notwendig, das Kind hat sich emanzipiert – aber nur im Gedicht! Die Frage nach „modern" oder nicht wage ich nicht mehr zu stellen. Es paßt jedenfalls in die neuen Strömungen des Kindergedichts; das Spiel mit den realen Erfahrungen der Kinder geben ihm den schon für Guggenmos typischen Effekt: „Wir beide wissen ja Bescheid". Schließlich läßt sich mit Beginn der 70er Jahre eine Tendenz erkennen, die auch Maria Lypp ausgemacht hat „in vielen Kindergeschichten eine differenzierte Psychologie, Individualisierung und innere Motivierung der Figuren" (Lypp 1984, 107) Gedichte regen an zur Reflexion über das Ich, geben Raum nicht nur für eine andere Pädagogik, andere Werte und andere Ziele, sondern auch für Gedanken, wie erzogen werden kann, mit welchen Mitteln. Das erste Beispiel stammt aus der jüngsten Anthologie von Gelberg *Überall und neben dir* (1986, der Titel ist eine Hommage an Ringelnatz), das zweite aus dem 5. Jahrbuch der Kinderliteratur (1979).

Martin Auer

Zufall

Wenn statt mir jemand anderer
auf die Welt gekommen wär'.
Vielleicht meine Schwester
oder mein Bruder
oder irgendein fremdes blödes Luder -
wie wär' die Welt dann,
ohne mich?
Und wo wäre denn dann ich?
Und würd' mich irgendwer vermissen?
Es tät ja keiner von mir wissen.
Statt mir wäre hier ein ganz anderes Kind,
würde bei meinen Eltern leben
und hätte mein ganzes Spielzeug im Spind.
Ja, sie hätten ihm sogar
meinen Namen gegeben!

(Kliewer 1989, 246)

Julius Becke

Maria schickt den Michael auf den Schulweg

Morgen
werd ich dir zeigen,
wie man den Wecker stellt.

Hier ist der Ranzen,
dein Brot,
dein Mantel.

Den Schlüssel
mußt du dir um den Hals hängen.

Beiße nicht
auf deine Nägel,
sondern argumentiere,

wenn du im Recht bis.
überhöre Kommandos
und schlage dich nicht
mit den Verschlagenen.

Nun geh schon.
Du darfst weinen.
Dein Vater wollte das nicht lernen.

(Kliewer 1989, 178f.)

Als Resümee läßt sich festhalten: wenn nicht die verkehrten Fragen gestellt wurden – die Antworten können nur sehr zögernd ausfallen. Zur Zeit der literarischen Moderne um die Jahrhundertwende finden sich nur eine Handvoll Kindergedichte, die als modern bezeichnet werden könnten. Selbst wenn die Moderne immer nur ein schmales Rinnsal neben dem breiten Strom der traditionell weiter laufenden Kunst ist, erscheint mir der Ausbruch zu punktuell. Anders sieht es in den 60er Jahren des 20. Jahrhunderts aus; dort findet die Kinderlyrik Anschluß an zeitgenössische und ältere Verfahren der Moderne. Lenkt man den Blick allein auf ihre eigene Geschichte, dann vollzieht sich geradezu Revolutionäres. Neu oder modern wird ein Kindergedicht nur genannt werden können, wenn es sich durch folgende Merkmale von der kleiner werdenden Zahl des Epigonenhaften abhebt: es kann nicht mehr überholten Erziehungszielen huldigen, es kennt thematisch keine Tabus, ihm stehen alle Formen (einschließlich der Ironie) offen, es gibt sich nicht mit dümmlichen Gags und kindischen Späßen zufrieden, es fordert und fördert geistige Auseinandersetzung (und das kann Spaß machen!) und emotionale Teilnahme, in vielen Fällen soziales und politisches Bewußtsein; es muß zur Auseinandersetzung motivieren, nicht zum Einverständnis aufrufen, muß mehrdeutig interpretierbar sein, Ambiguität besitzen, für Bode (1988) Merkmal der Literatur der Moderne.

Als Epilog möchte ich (durchaus „modern") erreichte Einsichten sofort wieder in Frage stellen. Die „Moderne" der Kinderlyrik muß eine der Autoren sein, nicht der Anthologisten und Lesebuchmacher. Daran hat sich Elisabeth Borchers gehalten, als sie in ihr *Das große Lalula* nicht *eia wasser regnet schlaf* aufgenommen hat, sondern Texte, wie sie für das Bilderbuch *Und oben schwimmt die Sonne davon* geschrieben wurden (mit Dietlinde Blech 1965). Anders Josef Guggenmos, der alles durcheinanderbringt.

Als Gelberg ihn um Beiträge für die neue Anthologie bat, schickte er u.a. das Gedicht *Auf dieser Erde*. Es stammt aus seinem Erstling *Gugummer geht über den See*, einem Zyklus für Erwachsene aus dem Jahr 1957; er ändert nur den ursprünglichen Titel ab *Beschämender Traum*. Der Autor selbst hat den Kindern ein neues Gedicht aus dem Bestand der Erwachsenenliteratur dazuerobert. Ist es nun ein modernes *Kinder*gedicht? Ist es nun ein *modernes* Kindergedicht?

Josef Guggenmos

Auf dieser Erde

Zwei Pferde gingen bekümmert
im Gänsemarsch durch den Schnee.
Sie traten in ein Gartenhaus,
das hatten sie selber gezimmert.
Dort zogen sie ihre Halfter aus
und tranken Kaffee.
Doch unter dem Deckel der Zuckerdose
fanden sie keine süßen Brocken,
fanden sie eine Herbstzeitlose
mit angezogenen Knien hocken
(sie hatte sich vor dem Frost verkrochen
und sah nun mit blaßlila Augen her).
Ich kann nicht mehr,
sagte das eine der Pferde,
es ist alles so Winter auf dieser Erde.

(Kliewer 1989, 140)

Literatur

Bode, Christoph: Ästhetik der Ambiguität. Zur Funktion und Bedeutung von Mehrdeutigkeit in der Literatur der Moderne. Tübingen 1988.

Borchers, Elisabeth (Hrsg.): Das große Lalula und andere Gedichte und Geschichten von morgens bis abends für Kinder. München 1971.

Bürger, Peter: Prosa der Moderne, unter Mitarbeit von Christa Bürger. Frankfurt 1988.

Franz, Kurt: Kinderlyrik. München 1979.

Friedrich, Hugo: Die Struktur der modernen Lyrik. Von Baudelaire bis zur Gegenwart. Reinbek 1956. (=rowohlts deutsche enzyklopädie, 25). Erweiterte Neuausgabe 1967.

Gelberg, Hans-Joachim (Hrsg.): Die Stadt der Kinder. Gedichte für Kinder in 13 Bezirken. Recklinghausen 1969; hier Nachdruck München 1972. (=dtv junior 7073)

Japp, Uwe: Kontroverse Daten der Modernität. In: Kontroversen, alte und neue. Tübingen 1986. (=Akten des VII. Internationalen Germanisten Kongresses Göttingen 1985, 8)

Kliewer, Heinz-Jürgen (Hrsg.): Die Wundertüte. Alte und neue Gedichte für Kinder. Stuttgart 1989 (=Reclam Lesebuch).

Lypp, Maria: Einfachheit als Kategorie der Kinderliteratur. Frankfurt 1984. (=Jugend und Medien, 9).

Rösch, Herbert: Der Anbruch der Moderne – Methodisch-didaktische Skizze eines Epochenmodells. In: Literatur für Leser 1986, 223-233.

Stein, Guido: Lyrik im Kinderreim. In: Das gute Jugendbuch 16 (1966), H.3; 1-17

Zeller, Michael: Gedichte haben Zeit. Aufriß einer zeitgenössischen Poetik. Stuttgart 1982. (=Literaturwissenschaft-Gesellschaftswissenschaft, 57).

Brechts „Vögel" und das Schweigen im Walde

Von der Rezeption der DDR-Kinderlyrik in der BRD

20. Februar 1990: nun dient sich auch noch der Philologenverband an, der DDR zu helfen. Das erinnert mich an den Schüler eines vierten Schuljahrs, der – die Mentalität und das Denken seiner Eltern wiedergebend – seine abgelegten Schulbücher des Vorjahres den armen Kindern in Südamerika überlassen wollte. Genau das verstehen viele Bundesbürger unter Entwicklungshilfe: ja nicht in den Kopf reinlassen, daß man in der Dritten Welt nahm und ständig nimmt, um sich dann als den spendablen Onkel aufspielen zu können. Dieses angestrengte Abschotten gegen alle unliebsamen Urteile kennzeichnet auch das bisherige Verhältnis zur DDR. Die Furcht, daß Schüler sich infizieren könnten durch das bloße Wahrnehmen sozialistischen Gedankenguts, ist so verbreitet, daß ihnen nur die systemkritische, nur in der BRD erschienene Literatur zugänglich gemacht wurde. Die Freiheit besteht dann darin, sich nur mit den „freiheitlichen" oder als solchen fixierten Ideen auseinanderzusetzen. Warum sollte das heute anders werden, denn in der BRD hat sich ja nichts geändert – nur der Feind ist zusammengebrochen; man hat noch nicht einmal gemerkt, daß schnell ein neuer her muß!

Auf diesem Hintergrund stellt sich die Frage: was muß eigentlich mit den Menschen geschehen, die sich „vereinigen" wollen oder sollen? Und dann wird man stutzig, weil das Thema lauten soll „Lyrik für Kinder und Jugendliche in der DDR", nicht „Kinderlyrik", wie es sich in eingeschränkter, aber durchaus üblicher Weise präsentiert, in Gesamtdarstellungen und Lexika. Dabei handelt es sich nicht um das merkwürdige Phänomen des völlig unsystematischen Wechsels in der Bezeichnung, wenn Kinder- *und* Jugendliteratur gemeint ist, man aber nur das eine oder andere benennt: die Jugendschriftbewegung befaßte sich natürlich auch mit Kinderbüchern; die Arbeitsgemeinschaft von Jugendbuchverlegern, der Arbeitskreis für Jugendliteratur und der Deutsche Jugendbuchpreis benutzen „Jugend" als Oberbegriff; beim Kinderbuchverlag, beim DDR-Zentrum für Kinderliteratur, bei der Abgrenzung zur Erwachsenenliteratur werden „Kinder" für das Ganze gesetzt. Dort, wo man bei den epischen und dramatischen Formen jeweils Kinder und Jugendliche angesprochen und besprochen findet, da zeigt sich bei der Lyrik und beim Lied (wie übrigens nur noch beim Film – es gibt keinen Jugendfilm) ein blinder Fleck: Kinderlyrik und Kinderlied haben kein Pendant, jedenfalls nicht in der offiziösen Jugendbuchszene, wie Hans Heino Ewers auf der Tagung „Lyrik für Kinder und junge Leute"

(Schwerte 1988) festgestellt hat. Daß Jugendliche ihre eigenen Probleme und Ausdrucksformen haben, die mit der Lyrik ihrer Lesebücher nicht getroffen werden, mit Goethe und Eichendorff ebensowenig wie mit Celan und Fried, das wurde zum ersten Mal deutlich, als Joachim Fuhrmann 1976 in der „rotfuchs"-Reihe den Band „Tagtäglich" herausgab. Nur teilweise lassen sich die Texte dem Komplex der „Alltagslyrik" oder der „Neuen Subjektivität" zuordnen, den Ewers für die spezifische Lyrik der Jungen in den 70er Jahren hält, auch wenn Rolf Dieter Brinkmann bei seinem frühen Tod 35 Jahre alt war. Es ist nicht verwunderlich, wenn die Schule (diese unsere Schule) sich dagegen sperrt, wenn Jürgen Theobaldy etwa fordert, „in die Gedichte alle unsere unreinen Träume und Ängste einzulassen, unsere alltäglichen Gedanken und Erfahrungen, Stimmungen und Gefühle".

Während wir also in der BRD eine zielgruppenorientierte Kinderlyrik kennen, aber fast keine „für Jugendliche geschriebene Lyrik", würden wir in der DDR auf eine umfassende Jugendlyrik treffen, wenn sie denn bei uns rezipiert worden wäre. Manfred Altner nennt 1976 seine Studien ganz selbstverständlich „Zur Entwicklung der sozialistischen Kinder- und Jugendlyrik in der DDR von 1945-1975", und auch die Jugendlyrik hat natürlich Verbreitung in Schule und außerschulischer Bildungsarbeit gefunden. Die Unterschiede zur BRD sind freilich erheblich, wenn man bedenkt, daß die BRD Rock-, Beat- und Popkultur, vor allem die amerikanische „Underground"-Szene große Faszination auf Jugendliche ausgeübt haben. Und einen weiteren Unterschied will ich gleich anfügen: Dorothe Gelbrich eröffnet ihren Beitrag „Weite und Vielfalt der Poesie für Kinder" (abgesehen davon, daß wir eher untertreibende oder emotionsfreiere Begriffe nutzen wie „Gedicht" oder „Lyrik") mit dem Satz: „Stärker als in den anderen literarischen Gattungen zeigt sich in unserer Lyrik das Bestreben der Autoren, sowohl für Erwachsene als auch für Heranwachsende zu schreiben". Ohne die alte Diskussion wieder aufnehmen zu wollen, ob es eine oder zwei (oder noch mehr) deutsche Literaturen gebe, müssen am Beginn des Gesprächs die unterschiedlichen Bewußtseins- und Kenntnisvoraussetzungen geklärt werden. Wir haben einzuräumen: vieles haben wir nicht gewußt, das ist bei uns nicht angekommen, und wir haben nachzufragen, aber nicht nur bei den anderen, sondern auch bei uns selbst.

Rezeption der Kinder- und Jugendlyrik der DDR in der BRD

Wie rudimentär unsere Kenntnis ist, soll nochmals mit Dorothea Gelbrich dokumentiert werden: „Traditionsstiftend für die Entwicklung der Poesie für Kinder waren in Kindauffassung, Volksverbundenheit und Parteilichkeit, in der

Aufnahme und Weiterentwicklung überkommener Gedichtformen und -strukturen das Schaffen von Bertolt Brecht, Johannes R. Becher, Erich Weinert und Louis Fürnberg". Nur einer der Ahnherren ist bei uns als Autor bekannt, in eingeschränktem Maße als Verfasser von Kinderlyrik. Dunkel erinnern wir uns, daß in den wilden, antiautoritären Anfangssiebzigern Martin und Monika Sperr ein Kinderbuch herausgegeben haben „Herr Bertolt Brecht spricht" (1970), und ein Gedicht war, selbst in Zeiten des kalten Krieges, fast in alle Lesebücher hineingerutscht, weil es einer Versfabel des Pfarrers Johann Wilhelm Hey aus dem Jahre 1833 so ähnlich sah; seine Fabeln hatten bis in die Nachkriegszeit zu Dutzenden die Bücher und Köpfe der Kinder fest im Griff. Was Brecht in zunehmendem Maße auf den Bühnen der BRD widerfährt, wo besonders die „Dreigroschenoper" „entbrechtet" wird zum kulinarischen Musical, das machte „Die Vögel warten im Winter vor dem Fenster" zum klassischen Tierschutz Poem. Eine Interpretation, wie sie sich im Band „Sozialistische Kinder- und Jugendliteratur der DDR" (1977) findet, wäre sicher als „textfern" abgewehrt worden (man braucht nur in den Lehrerhandbüchern nachzulesen): „Mit dem Zyklus 'Neue Kinderlieder' (1950) setzt er die Tradition der proletarisch-revolutionären und der sozialistischen Lyrik fort, seine Adressaten mit entscheidenden Lebensfragen des Volkes zu konfrontieren ... In dem Naturbild „Die Vögel warten im Winter vor dem Fenster" wird der Wert gesellschaftlich nützlicher Arbeit hervorgehoben und die Erkenntnis vermittelt, daß jeder entsprechend seiner Leistung anerkannt werden soll. Der Gedanke an große Menschheitsleistungen erbringt die Besinnung auf noch zu lösende Aufgaben („Doch am Brot für alle, da gebricht's") und damit auf die Ausübung internationaler Solidarität." (250 ff) Beim unsystematischen Blättern in Lesebüchern, die nach dem Schulbuchkatalog des Kultusministeriums von Rheinland-Pfalz für 1990/91 zugelassen sind, finden sich „Die Vögel ..." in der gesamten Verlagslandschaft, mal im dritten, mal im fünften Schuljahr, mal sogar (noch 1982 in Lesezeichen, Klett) gemeinsam mit einem anderen Klassiker, der in den 70ern in die Schulen gekommen war: „Was ein Kind gesagt bekommt", eine unverblümte Aufforderung zur Aufmüpfigkeit gegen tradierte Erziehungsnormen. Insgesamt ist auffallend, daß Texte aus den drei Sammlungen, die Brecht „Kinderlieder" nannte, in Büchern für die 11-15jährigen auftauchen z.B. „Der Rauch", „Der Kirschdieb", „Der Blumengarten","Der Schneider von Ulm", „Der Pflaumenbaum".

Für die Rezeption eines Autors bzw. einzelner Texte spielen Anthologien eine wichtige Rolle. Sie reichen das jeweils Tradierenswürdige weiter, sind also ein aussagefähiges Spiegelbild für den Geschmack einer Zeit, auch für das (kultur)-politische Klima. Wenn ein Autor, der selbst Kindergedichte schreibt, ein solches Zeitbild entwirft, dann darf man gespannt sein auf die Auswahl der „alten", mehr noch jener Texte, die mit dem Vermerk „Manuskript" versehen sind. James Krüss hat 1959 die erste große Nachkriegssammlung ediert, die bis heute auf dem Markt ist: „So viele Tage wie das Jahr hat". Wie vermittelt sie DDR? Zunächst schon in ihrem äußeren Erscheinungsbild; die Illustrationen stammen von Eberhard Binder-Staßfurt, einem der renommiertesten DDR-Künstler, der für Krüss eine Reihe seiner Bücher gestaltete. Die größten Überraschungen neben seinen eigenen Gedichten dürften damals zwei Autoren gebracht haben: Josef Guggenmos und Peter Hacks. Hacks hatte 1951 in München promoviert, war 1955 in die DDR übergesiedelt und zum Brecht-Ensemble gegangen; als die Anthologie erschien, war er in der BRD als Bühnenautor bekannt und hatte ein Kinderbuch veröffentlicht, „Das Windloch. Geschichten von Henriette und Onkel Titus" mit Illustrationen von Paul Flora, 1956 im Kinderbuchverlag erschienen. Krüss gibt als Quelle für zwei Gedichte aus diesem Band, die „Ballade vom schweren Leben des Ritters Kauz vom Rabensee" und „Nachricht vom Leben der Spazoren", eine Ausgabe im Bertelsmann-Verlag aus demselben Jahr an. Für zwei weitere Gedichte nennt er den Hofmeister Verlag in Leipzig, und die berühmten „Der Walfisch" und „Ladislaus und Komkarlichen" hat ihm Hacks im Manuskript überlassen. Was später Usus wird, daß Texte von DDR-Autoren zuerst (oder nur) in der BRD erscheinen, hat hier einen anders motivierten Vorläufer, denn „Der Flohmarkt", der alle Kindergedichte zum ersten Mal sammelte, kam erst 1965 im Kinderbuchverlag heraus, in einer Lizenzausgabe im Zürcher Benziger Verlag mit neuen Illustrationen von Werner Maurer erst 1973. Kein Lesebuch und keine Anthologie mehr hinfort ohne Hacks!

Man muß das „Verzeichnis der Dichter" in der Krüss-Anthologie schon sehr genau lesen, bis man noch zweimal den Hinweis findet: „lebt in Potsdam", „lebt in Dresden": bei Erika Engel und Robert H. Hängekorb, deren Texte der Herausgeber einer DDR-Anthologie 'Die Wundertüte' (1956) entnimmt. Da Lesebuchmacher gern zu Anthologien greifen, ist nicht auszuschließen, daß „Die Vögel..." und „Der Pflaumenbaum" von Brecht via Krüss in die Schulen geraten sind; für Hacks dürfte die Rezeption eindeutig sein, denn die neue Lesebuchgeneration in der Mitte der 60er brauchte neue Kindergedichte und konnte mit dem traditionellen „Pfefferkuchenmann" von Engel und dem ebenso antiquierten „Der kleine Regenwurm" von Hängekorb nichts anfangen. Für einen kurzen „Gegenblick": wie wurde BRD-Kinderlyrik in der DDR aufgenommen, bietet sich eine Anthologie an, die (nach meiner Einschätzung) einen ähnlichen Stellenwert besitzt wie die Krüss-Sammlung. „Ans Fenster kommt und seht..." gleicht ihrer Schwester nicht nur bis auf paar Millimeter im Buchformat, sondern der Band ist ebenfalls von Binder-Staßfurt illustriert, vereinigt Altes und Neues und wurde seit 1964 bis heute immer wieder aufgelegt. Edith George und Regina Hänsel wählen jedoch nicht zwei (wie Krüss aus Anstand?), sondern zwölf Brecht-Gedichte aus, Hacks ist nur mit dem „Ritter Kauz", dem „Ladislaus" und der köstlichen Ballade „Der Fährmann von Mautern" vertreten (beide jetzt aus „Das Turmverlies" 1962, dem zweiten Henriette-Band). Er war gerade (1963) in Ungnade gefallen und hatte den Dramaturgenposten am Deutschen Theater in Berlin räumen müssen: ein Grund für die Zurückhaltung? Aus der BRD kommen ein Text von Kästner, neun von Krüss, kein einziger von Guggenmos. Sieben der neun Textgruppen könnten mit ein paar Abweichungen auch in der BRD erschienen sein, die beiden letzten sammeln das uns Unbekannte. Unter dem Motto „Mahle, Mühle, mahle" aus Richard Dehmels „Erntelied" wird der Kampf gegen Unterdrückung thematisiert mit Schiller und Georg Weerth, Mühsam, Weinert und Becher. Aus Brechts „Vom kriegerischen Lehrer" stammt die nächste Kapitelüberschrift: „Da kam die Waschfrau Schmitten...", unter der Antikriegsgedichte, Aufbau- und Pionierlyrik versammelt sind von Horst Salomon, Helmut Hauptmann, Paul Wiens, Manfred Streubel, Kuba, Max Zimmerring, Helmut Preißler, Jens Gerlach.

Und natürlich finden sich – zum Teil muß man hinzufügen: noch – Führmann, Kunert und Kunze. Neben Führmanns Erzählung „Das Judenauto" sind in der BRD sporadisch zwei Gedichte aus „Die Richtung der Märchen" (1962) wahrgenommen worden; bevor der Boom der Märchenparaphrasen einsetzte (Fetscher, Janosch, Waechter u.a.), hat er „Des Teufels rußiger Bruder" (KHM 100) als „Des Teufels ruß'ger Gesell" bearbeitet, jedoch nur dessen ersten Teil, wo der abgedankte Soldat seinem ehemaligen Vorgesetzten und dem König gehörig einheizt. Die Friedensutopie schließt:

> *„Und seid ihr alle in der Hölle,*
> *Dann ist's wohl auf Erden schön,*
> *Dann kann ich ruß'ger Geselle*
> *Endlich nach Hause gehn."*

„Lob des Ungehorsams" liest „Der Wolf und die sieben Geißlein" (KHM 5) gegen den Strich, greift wieder nur einen Aspekt heraus, das überlebende Geißlein im Uhrenkasten.

> *Sie waren sieben Geißlein*
> *und durften überall reinschauen,*
> *nur nicht in den Uhrenkasten;*
> *das könnte die Uhr verderben.*
> *hatte die Mutter gesagt.*

Für die „Schülerinnen und Schüler in den Jahrgangsstufen 5-10 aller Schularten" gehört das Gedicht als „eiserne Ration" in die Gruppe „Lebensweisheit" (hier Klasse 6), wie es auf dem Titelblatt vermerkt ist laut „Bekannt-machung des Bayerischen Staatsministeriums für Unterricht und Kultur vom 6. Mai 1985 Nr. A 14-8 (21344)".

Mit Kunert, Kunze, zu ergänzen wäre Huchel, hat es eine eigene Bewandtnis: sie gehören ab Beginn der 70er bzw. bei Kunze seit Ende der 70er Jahre zu den „Nicht-mehr-DDR-Autoren", und sie lassen sich mit den Texten, die in unseren Lesebüchern und Anthologien stehen, nicht als Autoren für Kinder und Jugend-liche eingrenzen. Sämtliche Gedichte von Fühmann, Kunert und Kunze, die Kindern in der DDR aus „Ans Fenster kommt und seht..." oder aus der Antho-logie „Das Windrad" von Helmut Preißler (1967) bekannt sind, kennen unsere Kinder nicht. Dagegen ist Huchels „Wintersee" sehr verbreitet; es wird wie „Wilde Kastanien" aus dem Band „Sternenreuse" (1967) übernommen, der Ge-dichte aus den Jahren 1925 bis 1947 sammelt, „Unter der Kiefer" für ein 5. Schuljahr aus „Chausseen, Chausseen" (1963). Daß jemand zum genannten „Windrad" greift, um daraus den „Ameisenbrief" von Sarah Kirsch für ein 2. Schuljahr zu holen, das ist ein Sonderfall (Westermann „miteinander lesen" 1980), aber das Lebensgefühl der DDR oder das Bewußtsein der Republik läßt sich daraus auch schwerlich erfassen:

Ameisenbrief
Werte Ameise!
Bitte unternimm keine Reise
In unseren Schrank.
Wir wüßten keinen Dank.
Wir müßten Pulver streuen,
Du würdest es bereuen.

Ein Unikum zum Abschluß der Lesebuch-Lese, das in seiner Einzigartigkeit nochmals die Absolutheit zeigt, mit der die DDR-Wirklichkeit ausgeblendet wird: nicht daß der Autor noch in der DDR lebte, aber „Poesie" von Kurt Bartsch stammt aus seinem Erstling „Zugluft", der 1968 in der DDR erschien – nur den parodistischen Unterton sollte man nicht überhören:

Poesie
Die Männer im Elektrizitätswerk
Zünden sich die Morgenzigarette an.
Sie haben, während ich nachtsüber schrieb
Schwitzend meine Arbeitslampe gefüttert.
Sie schippten Kohlen für ein Mondgedicht.

Zehn Jahre nach Krüss und kurz nachdem Preißler „Kindergedichte aus zwei Jahrzehnten zusammengetragen und geordnet" hatte, wie es im Untertitel des „Windrads" heißt, hat Hans-Joachim Gelberg „Die Stadt der Kinder" herausgegeben. Der „augenblickliche Stand des Kindergedichts" sollte vorgestellt werden; der Band enthält fast ausschließlich Originalbeiträge – auch aus der DDR? Groß ist die Ausbeute unter den etwa 250 Gedichten nicht, aber immerhin vier Autoren sind vertreten, davon zwei alte Bekannte: von Hacks ist das „Detektivlied" aus dem „Flohmarkt" dabei, von Kunert das „Kinderlied vom raschen Reichwerden" und „Vom verirrten Sohn" – dann aber aus dem „Windrad" „Gagarin" von Albert Gabriel und zweiOriginalbeiträge von Alfred Könner. Damit haben wir auch im wesentlichen das Team, auf das Gelberg in seinem ab 1971 alle zwei Jahre erscheinenden „Jahrbuch der Kinderliteratur" zurückgreift: Könner, Kunert, Kunze (jetzt allerdings mit Kindergedichten). 1975 taucht einmal Bernd Jentzsch auf, damals noch in der DDR lebend, mit „Februar 1945"; zweimal liefert Ensikat Bildergeschichten, dann 1984 ein neuer Name: Lutz Rathenow. Ab dem 5. Jahrbuch 1979 war er schon mit Kurzprosa vertreten. Im vorigen Jahr erhielt er in der Reihe 'RTB Gedichte' des Otto Maier Verlags Ravensburg einen eigenen Band. „Sterne jonglieren" enthält auch das Gedicht aus dem 7. Jahrbuch von 1984:

> *Ein Mann wacht*
> *Wacht vor dem Haus einer Schnecke,*
> *daß diese sich ja gut verstecke,*
> *damit sie keiner jäh entdecke*
> *und mit Sicherheit erschrecke.*
> *Der Mann wacht unermüdlich vor dem Haus*
> *die Schnecke traut sich nicht mehr raus.*

Ist das Gedicht in der DDR erschienen, oder habe ich mein Thema verlassen, Übernahmen der BRD zu suchen? Oder gehört Rathenow zu den fälligen Übernahmen eines DDR-Autors durch die DDR, nachdem der Mann vor dem Haus weg ist? Völlig überraschend begegnen im letzten Jahrbuch (1988) drei Gedichte von Heinz Kahlau, der sonst in der Kinderlyrik der BRD überhaupt nie wahrgenommen wurde.

Abschließend will ich auf die jüngste Anthologie eingehen, wenn ich von der „Wundertüte" absehe, die ich selbst im vergangenen Herbst bei Reclam herausgegeben habe, die aber im Unterschied zu Gelbergs „Überall und neben dir" von 1986 alte und neue Texte zusammenstellt, darunter auch DDR-Texte von Dieter Mucke, der in der BRD gänzlich unbekannt ist, von Eva Strittmatter, Heinz Kahlau, Jo Schulz. Gelberg druckt wieder Fühmann, Hacks, Jentzsch, Kunert,

Kunze und Rathenow, dazu Eva Strittmatter und sechs Originalbeiträge von Günter Ullmann sowie einen von Bernd Wagner, die ich beide in DDR-Ausgaben noch nicht gefunden habe. Ein letzter Blick auf die letzte Anthologie der DDR „Was sieht die Ringeltaube" (1984), wieder herausgegeben von Edith George: absolute Fehlanzeige in der BRD bis auf zwei Gedichte von Hacks, die ich hier nicht habe finden können, und sieben Texte von Kunert, die – ohne daß das der Herausgeber verrät – im Band 1 der Reihe „RTB Gedichte" mit dem Titel „ich du er sie es" (1988) wieder abgedruckt sind. Dabei gibt es aparte Abänderungen auf dem Weg von Ost nach West, nachdem die Texte zunächst von West nach Ost gegangen waren: „Gagarin" heiß nun „Der Astronaut", welches Kind in der BRD kennt schon Gagarin? – und im „Kinderlied vom Bergbau" (in der BRD „Vom Bergbau") wird die letzte Zeile geändert:

> *Gold kann euch bloß binden,*
> *Gold kann euch bloß binden,*
> *eure Hände für die Ewigkeit.*
> *Und ihr werdet finden,*
> *und ihr werdet finden,*
> *daß euch nur Zusammenhalt befreit.*

In der BRD heißt der Schluß:

> *und ihr werdet finden:*
> *Mehr wert ist Gemeinsamkeit!*

Vergleicht man die „Ringeltaube" mit früheren Anthologien oder mit dem Themenkatalog der Lyrik für Kinder und Jugendliche, den Altner 1977 in dem Band „Sozialistische Kinder- und Jugendliteratur der DDR" vorgestellt hatte, dann fällt eine zunehmende Abstinenz politischer Aussagen auf, auch wenn Edith George in ihrem Nachwort unter den Gedichtgruppen eine zusammengestellt haben will, „die sich vornehmlich weltanschaulichen Fragen widmen" soll; man findet sie kaum, so „zurückgenommen" erscheinen die Texte über den Traktor, den Mähdrescher, das „Automatendrehbankgedröhne" (Köditz „Meine Melodie" S.89) und den letzten Faulen (Kahlau S. 92). Schließlich gehört auch das Bergbau-Gedicht von Kunert in diese Gruppe: in „weltanschaulichen Fragen" wäre also schon 1988 mit dem Abdruck in der BRD die Einigkeit dokumentiert gewesen! Das sah bei Altner noch anders aus: vier der fünf Themenkreise waren spezifisch für die DDR. „Die neuen Wirklichkeiten" bezogen sich auf den Staat im Aufbau und das neue Menschenbild, Frieden und Völkerverständigung einerseits und Lernen, Arbeiten, Spielen andererseits hätten in der BRD einen geringeren Stellenwert gehabt. „Die neuen Beziehungen zur Umwelt" meinten noch nicht „Umwelt" im heutigen Sinne, denn in jene Gruppe gehörten für Altner viele Autoren aus dem „Windrad" von 1967. Wie läßt sich die zunehmende „Privatisierung" in der Kinderlyrik der 80er Jahre erklären?

Folgerungen

Die Bestandsaufnahme hat im großen und ganzen das eingangs formulierte Urteil bestätigt: der freie Westen hat seine Freiheit nicht genützt, die Kinderliteratur der DDR zur Kenntnis zu nehmen. Auch wenn die Auflagen klein waren, man hatte die Möglichkeit, die Bücher zu kaufen. Sie lagen allerdings nicht im Schaufenster oder standen in den Regalen, man fand sie nicht in den Büchereien – und sie wurden von Kritikern und Forschern ignoriert, bis auf verschwindende Ausnahmen. Außer dem „Flohmarkt" ist m.W. kein Gedichtband in Lizenz übernommen worden; Eva Strittmatters „Ich schwing mich auf die Schaukel", 1974 im Kinderbuchverlag erschienen, hat 1983 in einem Karlsruher Kleinverlag (Loeper) natürlich keine Chance gehabt, gehört zu werden.

Sollte nun nach der Öffnung der Grenzen das Interesse größer sein? Wird es Nachdrucke von Gedichtbänden oder Anthologien wegen der großen Nachfrage erforderlich machen? Fehlen der deutschen Kinderlyrik entscheidende Facetten, die von Autoren der DDR ergänzt werden müßten? (Übrigens ist das fast völlige Fehlen von Frauen im Vergleich zur BRD-Kinderlyrik festzustellen!) Auf diese Frage gibt es zwei Antworten: für die 70er und 80er Jahre wenigstens könnte man aus einer bunten Reihe von DDR- und BRD-Gedichten ohne Angabe des Autors nur mit Mühe eine Zuordnung treffen. Zu ähnlich sind die Themen, die Formen; die Unterschiede in der Lebensumwelt der Kinder dringen so wenig in die Gedichte ein, daß man jedem DDR-Gedicht ein BRD-Gedicht an die Seite stellen könnte. Dabei sind vorherrschende Trends nicht zu übersehen: der Nonsense, das spielerische Element eines Halbey, Guggenmos, Manz oder Wittkamp fehlen in der DDR nicht völlig, aber – verständlich bei dem hohen Stellenwert des Lernens im sozialistischen Wertekanon und bei dem Ernst, mit dem die Erziehung der sozialistischen Persönlichkeit vermittelt wird – die Lehrgedichte überwiegen, häufig in einem für unsere Ohren betulichen Ton. Penetrante Pädagogik ist auch aus der BRD-Kinderlyrik noch längst nicht geschwunden, eine Auswahl aus der DDR-Lyrik müßte diese Tendenz nicht noch bestätigen. Es blieben jedoch interessante Neuentdeckungen, vielleicht nicht gerade bei den Autoren, die zum Establishment der DDR-Kulturpolitik „festgefroren" sind.

Aber die Antwort könnte anders ausfallen, wenn nicht nur die DDR, von den Kindern bis zu den Forschern, den andern Teil der 45 Jahre deutscher Nachkriegskultur nacharbeiten wollte, sondern auch wir Hörende und Lesende nicht nur dauernd Redende und Überredende würden. Wenn nicht primär der ästhetische Aspekt, die Frage nach Innovationen im Vordergrund stehen, sondern das Interesse: was denken und fühlen, wie urteilen und handeln Menschen in der DDR – dann ist eine Auseinandersetzung, und die fängt mit dem Kennen-lernen-wollen an, unerläßlich. Verstehen setzt teilnehmen voraus, und wenn literarische Sozialisation tatsächlich nur annähernd jenen hohen Wert hat wie in der DDR, dann müssen wir wissen, was Kinder gelesen und auswendig gelernt haben, unabhängig von Qualitätsdiskussionen.

Gerade hier setzen meine grundsätzlichen Überlegungen ein, die im gegenwärtigen Umbruch auch unserer literarischen Erziehung in Schule, Buchhandel und Bibliothek einen neuen Stoß versetzen. Ihre Wirksamkeit ist neben den Medien- und anderen sozialen Einflüssen immer stärker bezweifelt worden. Wie gehen Schriftsteller und Lehrer mit dem Problem um, daß ihre Bemühungen vom totalen Mißerfolg zunichte gemacht wurden? Sind auch bei uns „Unterrichtshilfen" (z.B. für die 4. Klasse aus dem Jahr 1971) und Lehrpläne und Buchförderprogramme Makulatur, die nicht eingreifen können, denen sich die „Opfer" entziehen, oder müssen nur in der DDR die Wegzeichen neu gesetzt werden, weil sie falsch standen?

„Der Leseunterricht wird mit Recht als ideologieintensive Disziplin bezeichnet... Die sozialistische Literatur stellt eine parteiliche, wertende Widerspiegelung der objektiven Realität dar ... Die erzieherische Wirkung der Literatur wird über die parteiliche Haltung des Lehrers realisiert".

Ist nun alles anders? Welche Aufgabe wir dabei haben, den Schock zu verarbeiten, das sollten wir in selbstkritischer und teilnehmender Weise mit denen besprechen, die gleichberechtigte Partner sein müssen und nicht „Brüder und Schwestern", die in erstickender Umarmung nach 45 Jahren „heim ins Reich" kehren.

Vermittlung von Kinderlyrik

Was machen Literaturwissenschaftler mit Kindergedichten? Sie deklarieren sie als nicht zur Literatur gehörend – wie überhaupt die Kinder- und Jugendliteratur – und halten sie für Kinderkram, für Trivialitäten; denn ihnen mangele es so ziemlich an allem, was sie als Instrumentarium zum Entziffern und Interpretieren von Texten geschaffen haben: keine Metaphern und Symbole, keine Chiffren und poetischen Bilder; auch Rückbindungen an literarische Epochen oder Dichterbiographien würfen nichts ab. Manch einer zeigt sich hoch erfreut, daß er nach literaturwissenschaftlicher Manier die Kinderlyrik wenigstens einteilen kann – und das habe sie dann mit der richtigen d.h. Erwachsenenlyrik gemeinsam: es gäbe ebenfalls Erlebnis- und Gedankenlyrik, Gebrauchsverse und Sprachspiele und schließlich die „Geschehnislyrik", die so was ähnliches wie Balladen darstellt. eine solche Typologie der Kinderlyrik verharrt freilich in der traditionellen Gattungspoetik und dreht sich immanent im Kreise.

In den Fachzeitschriften der Literaturwissenschaft wird man vergeblich nach dem Kindergedicht suchen. Was sollte erforscht werden?

- Lassen sich Beschreibungs- und Beurteilungskategorien aus der Erwachsenenliteratur auf die Kinderlyrik übertragen? Besonders in dem dicht besiedelten, weil von Kindern sehr geliebten Terrain der „Spaßlyrik", die ich nur selten wage, mit dem anspruchsvollen Begriff „Nonsense" zu versehen, sind Wegmarken schwer auszumachen: die Zahl der Nachtreter ist immens.
- Was macht Gedichte, egal ob für Kinder geschrieben oder nicht, für Kinder zugänglich?
- Welche Folge hat für das Schreiben von Kindergedichten der Umstand, daß sie einen ganz spezifischen Weg zu ihren Lesern und Leserinnen gehen? Stärker als bei Kinderbüchern ist es die Vermittlungsinstanz Schule bzw. Kindergarten, in abnehmendem Maße das Elternhaus, nicht der eigene Zugang.
- Hat die Qualität der tradierten Kindergedichte auch Auswirkungen auf die ästhetische Urteilsfähigkeit der Jugendlichen und Erwachsenen? Läßt sich ästhetische (und damit moralische) Sensibilität via Lyrik auf andere Bereiche übertragen bzw. verschütten? Ich merke sehr wohl, daß ich bei Fragen der Rezeption, der Rolle von Vermittlern angekommen bin – aber sind das nicht Aufgaben jedes Literaturwissenschaftlers, ganz gleich ob in Forschung oder Lehre, wenn er seine gesellschaftliche Funktion wahrnimmt und sie nicht nur ausübt? Texte sind keine toten Objekte, die man als neutraler Beobachter

analysieren könnte, sondern sie wirken oder sie wirken nicht, je nach dem Sensorium, auf das sie treffen.

Wenn ich meine Position in diesem Podium bestimme, dann müßte ich beispielsweise Herrn Gelberg und mich zu den Vermittlern zwischen dem Autor und dem hier fehlenden Leser rechnen (nein, halt, wir sind beide auch Leser!), aber der Verleger sitzt näher beim Autor, der Literaturwissenschaftler lehrt, wie man lehrt, wie man z.B. mit Kindergedichten in der Schule umgehen sollte – dort wird er Literaturpädagoge oder richtiger Literaturdidaktiker. Literaturlehrer haben bei vielen Autoren, oft bei Schülern (und vielleicht auch bei Verlegern) ein schlechtes Image, und man wird es getrost auf jene übertragen, die sie ausgebildet haben: sie verleideten einem die Literatur, sie zerredeten und zerpflückten die Texte. Fragt man die Dichter, so erhält man jede gewünschte Antwort: der junge Hofmannsthal meinte, „daß man über die Künste überhaupt fast gar nicht reden soll, fast gar nicht reden kann (...) und daß man desto schweigsamer wird, je tiefer man einmal in die Ingründe der Künste hineingekommen ist." Brecht dagegen schreibt in einem Apercu mit dem Titel „Über das Zerpflücken von Gedichten: 'Wer das Gedicht für unnahbar hält, kommt ihm wirklich nicht nahe. In der Anwendung von Kriterien liegt ein Hauptteil des Genusses. Zerpflücke eine Rose, und jedes Blatt ist schön'. Fragt man die Lehrerinnen und Lehrer, so erhält man jede gewünschte Antwort: in der Kunsterziehungsbewegung um die Jahrhundertwende und in deren Tradition, die ich in Ausläufern in den 50er Jahren als angehender Lehrer erlebt habe, bestand die Gedichtstunde in einer intensiven Einstimmung, der Boden für das Kunstwerk wurde sozusagen vorbereitet, und dem abschließenden Vortrag. In den bildungsbeflissenen 60er und 70er Jahren begann die Stunde mit dem Text, der eher zu schwierig als unterfordernd sein sollte, und der Lehrer führte (mehr oder weniger gewaltsam) zum Verständnis unter Anwendung des erlernten Instrumentariums, wie es bei Brecht anklang.

Was tun Lehrer und Lehrerinnen mit Kindergedichten?

- Sie benutzen sie nicht zu Lese- und Rechtschreibübungen – oder doch?
- Sie benutzen sich nicht – in auswendig gelerntem Aggregatzustand – zur Notengebung – oder doch?
- Sie benutzen sie nicht zum Erlernen der Versformen und Reimformen – oder doch?

Sondern

- sie sprechen Kindergedichte und begnügen sich damit, daß Kinder aufmerksam zuhören,
- sie legen ihren Ehrgeiz hinein, daß Kinder viele Gedichte kennen (statt wenige auswendig),

- sie lassen Kinder Gedichte suchen (in Anthologien und Lesebüchern) und vorlesen,
- sie versuchen, daß Kinder in Sprechübungen nicht eine feste, sondern eine lebendige Klanggestalt erreichen,
- sie arbeiten hörend und benennend heraus, wie der Autor – abweichend von der Alltagssprache – Mitteilungen macht, mit welchen Mitteln,
- sie leiten Kinder an, mit eigenen Schreibversuchen nicht verunglückte Kopien herzustellen, sondern ihre eigenen Themen und Probleme in ihnen gemäßen Formen auszudrücken.

Das sind ein paar Beispiele aus der gegenwärtigen didaktischen Literatur; wenn zu wenige von ihnen in den Schulen verwirklicht werden, dann gibt es dafür zwei Gründe:

1. Lehrer und Lehrerinnen haben ihre schlechten Gewohnheiten aus der eigenen Schulzeit nicht überwunden oder
2. sie widerstehen dem (durch viele Lehrpläne verschärften) schlechten Gewissen nicht genügend, im Unterricht müßte etwas schnell Sichtbares und Abfragbares gelernt werden und Freude an einer Sache sei allemal verdächtig.

Lyrik für Kinder in didaktischer Sicht

Literatur für Kinder steht – immer wieder, immer noch – zwischen Kunst und Pädagogik. Wie aber könnte eine angemessene Annäherung von Kindern an „ihre" Literatur, ihre Lyrik aussehen? Wie sehen Autoren, Verleger, Didaktiker, Lehrerinnen und Lehrer Kinderlyrik, wie gehen sie damit um? Welche Gedichte sollen in welchem Alter und mit welcher Zielsetzung gelesen werden? Lassen wir zunächst *Hans-Joachim Gelberg* und *Uwe Michael Gutzschhahn* zu Wort kommen, beide als Kinderlyrik-Anthologisten bekannt. In den Anthologien von *Gelberg* und *Gutzschahn* werden unterschiedliche Konzepte sichtbar.[1] Sinngemäß könnte der eine fragen: Was haben Sie eigentlich gegen Guggenmos? und der andere antworten: „Ich habe den Eindruck, daß das ganze Feld des Jugendbuches bestimmt ist von fast ausschließlich pädagogisch-inhaltlichen Aspekten", zielgruppenorientiert ist und ästhetische Qualität vermissen läßt. *Gelberg* bringt es auf den Punkt und macht zugleich deutlich, daß die Unterschiedlichkeit zum Konzept von *Gutzschhahn* weniger gravierend ist, als es zunächst scheint: „Eine Dichtung verrät sich immer, wenn sie zielgruppenorientiert ist – egal, ob für Kinder oder für Erwachsene. Gute Texte werden in erster Linie geschrieben,

---

1 Im Börsenblatt des Deutschen Buchhandels (4.9.1990) wurde ein Gespräch von zwei Kinderlyrik-Anthologisten abgedruckt, das üblicherweise von Lehrern und Hochschullehrern geführt wird, von Lehrplan-und Lesebuchmachern. Die Fragestellung war: welche Gedichte sollen in welchem Alter und mit welcher Zielsetzung gelesen werden? *Hans Joachim Gelberg* war der eine Gesprächsteilnehmer, Verlagsleiter und Herausgeber so wichtiger, weil die Entwicklung der Kinderlyrik dokumentierender, vor allem aber auch vorantreibende Anthologien wie „Die Stadt der Kinder" (1969) und „Überall und neben dir" (1986) und *Uwe Michael Gutzschhahn* der andere, Lyriker mit Gedichten für Erwachsene und Jugendliche sowie Lektor im Ravensburger Buchverlag Otto Maier. Dort gibt er seit 1988 die Reihe 'RTB Gedichte' heraus, die inzwischen auf 10 Bändchen angewachsen ist und Kindern neue Texte aus der Lyrik für Erwachsene zugänglich machen möchte: *Kundert, Jandl, Meckel, Spohn, Rathenow, Mayröcker, Pastior, Grass, Sarah Kirsch* und *Fried*. Denselben Zweck hatte 1978 *Edith George* mit ihrer Anthologie „Was sieht die Ringeltaube" verfolgt, die sie beim Kinderbuchverlag Berlin/Ost herausgab. Dieser Vorgang ist nicht neu; viele Klassiker der Jugendliteratur sind aus der „großen" Literatur, d. h. der Literatur der „Großen", adaptiert, von den Märchen über das Eulenspiegel-Volksbuch bis zum Robinson und Gulliver.Auch Gedichte unserer Grundschullesebücher stammen in erheblichem Umfang aus der Erwachsenenlyrik: *Claudius* und *Mörike, Hugo Ball* und *Britting; Jandls* „Ottos Mops" ist ebensowenig für Kinder geschrieben wie das bekannte Bildgedicht vom Apfel mit dem Wurm von *Reinhard Döhl.*

weil der Autor etwas sagen will." Wie aber bringt man diese „guten Dichtungen" an die Kinder heran? *Gelberg* hat bei sein Anthologien darauf geachtet, daß die Gedichte nicht feierlich werden. „Kinder sollen für ihr Leben merken, was Sprache und Phantasie alles können. Das geht am besten, wenn man nicht die große, würdige Lyrik präsentiert, sondern ihnen Bücher gibt, die starken Unterhaltungswert haben, Sprache mit Bildern verknüpfen. Das ist mein Aspekt. Wir glauben traditionell, Lyrik sei etwas, was man nicht versteht. Der Erwachsene erschrickt und lehnt es ab. Die Schule hat das Gedicht früher immer nur feierlich und schwer präsentiert, hat es nicht als Lusterlebnis vermittelt."

Gutzschhahn räumt dagegen ein, daß Interpreten nötig sind: „...wir trauen Kindern zu wenig zu... Ich hoffe, es gibt irgendwo Eltern, die wie ich Lust am Gedicht vermitteln wollen ..." Er bekommt Schützenhilfe von einem Autor, dem ersten übrigens, der bisher für Kindergedichte den Deutschen Jugendbuchpreis bekommen hat: *Jürgen Spohn*. Er schreibt in seinem Beitrag „Die Mittel der Mittler" (Seite 31)*: Kinderlyrik „wird häufig verwechselt mit einer Art Gesundbeten eines Ist-Zustandes mit gereimten Endungen. Als ein Aufbruch aus solchen Niederungen muß die Pioniertat der *Ravensburger* verstanden werden."

Sind also Gedichte für Kinder oder Gedichte für Erwachsene die besseren Kindergedichte? Gehen wir der Frage anhand der beiden Gedichte „Ernste Frage" von *Jürgen Spohn* und „Kleine Frage" von *Erich Fried* nach: ist der eine Text einfacher, der andere komplexer? Handelt es sich beim einen um ein Kindergedicht, weil es die Problematik anschaulich verpackt, noch dazu ins niedliche Mäusemilieu, marktgerecht sich in die Scharen der trippelnden Mäuse und tapsenden Elefanten einreihend, die die Kinderzimmer heimsuchen? Ist das zweite für Kinderzimmer weniger geeignet, weil es ihnen das Nach- und Weiterdenken in einem Gedanken- und Wortspiel abverlangt? Autoren weisen solche Fragen nach dem „für wen" in der Regel indigniert von sich; das sei typisch oberlehrerhaft, für sie sei es völlig unerheblich, für wen sie schrieben – es müsse nur gut sein.

Der didaktische Blick auf die Lyrik für Kinder ...

Die Frage, welche Gedichte Kinder denn nun lesen sollten, läßt sich in zwei verschiedenen Koordinatensystemen didaktischer Diskussion auffinden: während die einen eher das pädagogische Prinzip „fördern" durch „fordern" vertreten, wollen die andern Kinder „dort abholen, wo sie sind"; ihnen ist der eigenständi-

---

* Verweise beziehen sich auf andere Beiträge im Zeitschriftenheft, in dem dieser Aufsatz veröffentlicht wurde.

ge Zugang auf einer erreichbaren, ohne Lehrer erreichbaren – Verständnisebene wichtiger. Am Beispiel der Überforderungsstrategie läßt sich ein Dilemma didaktischer Forschung erläutern: bei dem *„Unternehmen Gutzschhahn"* erinnert man sich vielleicht des Versuchs am Beginn der 60er Jahre, Kinder an *Celan-Gedichte* heranzuführen. In einem viel diskutierten Aufsatz hat *Dankmar Venus* eine Tendenz der damaligen Didaktik auf die Spitze getrieben.

Wer Zeuge war, wie Unterrichtspraxis beweisen sollte, daß das *Celan-Gedicht* „Blume", ein hermetisch verschlossener Text aus „Sprachgitter" (1959) mit Schülern aufzuschließen sei, der wird in seiner Theorie bestärkt, daß nur ein Erfolg (mit engmaschigen Arbeitsaufgaben und Lehrerfragen) vorgeführt werden kann, nicht jedoch die Falsifikation. Wer könnte zeigen (wollen), daß Unterricht mißlingt? Daß die Grenzen pädagogischer Verantwortung dabei verschieden weit gesteckt werden, ist ebenso selbstverständlich wie die Tatsache, daß die persönliche Offenheit für moderne Lyrik die didaktische Auswahl bestimmt.

Um die diskutierte Problematik zuzuspitzen: in Anlehnung an *Winfried Pielows* „Das Gedicht im Unterricht" (1965), eine der nicht gerade dicht gesäten Arbeiten zur Didaktik der Lyrik, läßt sich einerseits festhalten: „das wertvolle Gedicht ist fast immer auch ein schwieriges Gedicht (39) ... Auch als Erwachsene müssen wir uns um die Erfassung eines neuen Textes sehr mühen. Somit wird die Schule dem Gedicht nicht gerecht, wenn sie ausschließlich Leichtes, bzw. Phasengemäßes wählt. Sogenannte „kindertümliche" Gedichte können gerade das Erlebnis echter Lyrik verstellen" (55). Andererseits jedoch können Überforderungen zu Lernverweigerung führen, zur Verunsicherung einer womöglich unsicheren Identität; die sozialen und kulturellen Erfahrungen der Kinder erfordern eventuell Zugeständnisse gegenüber der ästhetischen Position *Pielows*. In unzureichendem Maße reagiert die Didaktik auf die veränderte Situation in unseren Schulen.

Allzu euphorisch werden immer wieder Idealbilder vom literarisch ansprechbaren Kind entworfen, allzu gern folgen wir einer These, wie sie *Peter Härtling* formulierte: „Verschlossenheit des Gedichts regt Phantasie an." Er spricht denen aus der Seele, die 13 Schuljahre und ein Studium lang eine besondere literarische Sozialisation durchlaufen haben – nur: darf die Phantasie als Fähigkeit, als womöglich angeborene und bis zur Schulzeit erhaltene Fähigkeit vorausgesetzt werden?

Zwei weitere Belege scheinen die Skepsis zu zerstreuen: wie *Pielow* sehen viele das Verhältnis des Kindes folgendermaßen: „Das Kind liebt dieses Spielzeug Sprache. Also ist das Kind auch prädestiniert, lyrische Dinge zu lieben." Zwei Lehrerinnen aus dem östlichen Teil der Stadt Berlin beginnen ihr Unterrichtsmodell über *Brecht-Gedichte* im 1. Schuljahr: „Kinder mögen Gedichte, sie hören, sprechen und lesen sie, tragen sie besonders gerne anderen vor und lassen sich zum Nachgestalten anregen." (siehe S. 54) Stricken da Autoren, Lehrerinnen und Didaktiker am gleichen Argumentationsmuster? Das Kind ist von der Anlage her für Lyrik empfänglich (*Pielow* belegt das mit dessen Freude an Kinderreimen), aber am Ende der Grundschulzeit ist sie ihm oft genug verleidet. Empfehlungen und didaktische Modelle zum Umgang mit Lyrik lesen sich wie Rezepte gegen diesen „Absturz".

Da wir die zweite Hälfte der Argumentation weithin aus eigener schulischer Erfahrung kennen, halten wir auch den ersten Teil für richtig, zumal der Konsens über das Versagen des Literaturunterrichts an ein geliebtes Denkmodell geknüpft wird, besser, ein Wunschbild: das unschuldige Kind lebt in einer heilen Welt im Einklang mit der Kunst. Der zweite didaktische Problemkreis bezieht sich auf den „Inhaltismus" bzw. die Pädagogisierung der Literatur oder – auf der anderen Seite – deren sprachliche Autonomie.

Ich zitiere nochmals *Härtling* aus dem Gespräch im Literaturhaus in Frankfurt (1. März 1991): „Kinder wollen Sprache, nicht Inhalt." Zunächst muß eingeräumt werden, daß Kinderliteratur allgemein und Kinderlyrik im besonderen zu Erziehungszwecken gebraucht wurde und wird. *Gelberg* schrieb 1969 im Nachwort zu „Die Stadt der Kinder": „Die Moral klebt am Kindergedicht wie Fliegenleim." Erziehung durch Dichtung ist zwar ein Konzept der 50er Jahre, aber ein verbindlicher Lyrikkanon, wie er in Bayern heute existiert, kann unter dem Vorwand, nur schöne Gedichte ausgewählt zu haben, die pädagogische Absicht nicht verbergen.

Und ob nicht andererseits die Flucht in die Sprachspiele, in die heitere „Mäuschen-Poesie" und den Nonsens auch eine pädagogische Intention (und nicht nur eine ästhetische) enthalten? Jedes Herabbeugen zu den Kindern führe zur Pädagogisierung, behauptet *Gutzschhahn*; jedes Gedicht, das sprachliche Qualitäten besitzt und nicht zielgruppenorientiert ist (das wird merkwürdigerweise bei der Erwachsenenliteratur immer in Abrede gestellt!) entgehe der Pädagogisierung – da sind sich beide einig.

Diesem puristischen Ansatz, dem immer noch das Ideal von der autonomen, wirklichkeitsenthobenen „Lyrik der Moderne" nach dem Zuschnitt von *Hugo Friedrich* zugrundezuliegen scheint, muß man entgegenhalten: warum sollen Gedichte nicht Inhalt haben? Warum sollen Gedichte nicht Diskurse anstoßen, Meinungen und Gegenmeinungen provozieren? Nicht die Pädagogisierung an sich ist zu verwerfen, vielmehr sind Ziele antiquiert. Die idyllische Kinderwelt im Gedicht hat nur ein Recht, wenn Kinder sie als Idylle erkennen und benennen können, wenn es Gegentexte gibt. Sprachakrobatik wird diese Korrektur nicht leisten können. Kinder sollen nicht dies, sondern jenes – dergestalt werden didaktische Aussagen gemacht.

... und die Schwierigkeiten einer Didaktik der Kinderlyrik

Kurt Franz bedauerte 1979 in seiner Monographie „Kinderlyrik", die einen knappen Teil zur Didaktik erhält: „Eigentliche Didaktik der Kinderlyrik gibt es nicht." Das hat sich bis heute nicht geändert – und das ist gut so, bzw. sie kann es auch gar nicht geben, weil Didaktik aus einer Folge von Konzepten besteht, die jeweils neu auf veränderte historische, politische, soziale und kulturelle Bindungen reagieren.. Damit nicht der Eindruck entsteht, die Didaktik antwortete lediglich auf die Frage: was könnten wir denn jetzt mal mit Gedichten machen? müssen Konstanten und Variablen in den Konzepten herausgearbeitet werden, denn Aufgabe der Didaktik ist es nicht nur, neue (und d. h. den beschriebenen Bedingungen adäquate) Impulse aus der Praxis aufzunehmen bzw. sie in die Praxis hineinzutragen, sondern auch historische Abläufe zu sichten und zu analysieren.

Dabei besteht die Schwierigkeit, daß didaktische Entscheidungen in der Regel nicht explizit formuliert, sondern zunächst an disparaten Fundstellen aufgesucht und aus dem Kontext herausgelöst werden müssen. Das Gros der didaktischen Literatur findet sich in Unterrichtsmodellen und muß erst auf seine Intentionen zurückgeführt werden; auf der anderen Seite fanden (und finden) sich didaktische Entscheidungen in der Textnähe z. B. in Sammlungen von Gedichtinterpretationen für den Unterricht oder in Gedichtanthologien für die Schule. Selbst in offiziellen „didaktischen Papieren" wie den Lehrplänen werden didaktische Zusammenhänge häufig nicht offengelegt, sondern zu Postulaten verkürzt bzw. klaffen in ihren Präambeln und konkreten Lernzielbeschreibungen auseinander.

Wenn es auch keine Didaktik der Kinderlyrik gibt, so führt ein Blick auf die didaktische Literatur und Forschung zu der Einsicht, daß innerhalb der Vermittlungsbeziehungen von Text, Leser, Lehrer die Elemente um den Text am besten ausgearbeitet sind.

Das liegt nicht allein darin begründet, daß die lange Tradition der Literaturwissenschaft eine Poetik zur Übernahme für die Kinderlyrik bereithält (vg. auch *Reger* 1990), sondern auch darin, daß Didaktiker und Lehrer durch ihre Schule gegangen sind. Daß ihre Beschreibungskategorien z. T. in der Kinderlyrik nur schwer greifen, ihr Instrumentarium die vergleichsweise einfach strukturierten Texte erdrückt, macht es erforderlich, den Blick anders zu fokussieren.

Sinnvoller wäre etwa eine Beschreibung auf den intendierten Leser hin oder eine Untersuchung der Einfachheit in historischer Hinsicht: wie äußert sie sich bei *Richard Dehmel*, wie bei *Frantz Wittkamp* – und andererseits in Beziehungen zum Thema des Gedichts. Was meint sie in *Mörikes* Naturgedicht „Septembermorgen" und was in *Spohns* kritischem „Ernste Fragen"? Während die Interpretation eines *Trakl-Gedichts* nicht ohne die Biographie, die literarhistorischen Zusammenhänge auskäme, nicht ohne den Versuch, die Ergebnisse verschiedener methodischer Zugriffe zu nutzen, steht die Analyse eines Kindergedichts vergleichsweise unschuldig und nackt da.

Rezeptionsorientierte Analysen, soweit sie über den Stil von Rezensionen hinausgehen nach dem Motto „spricht Kinder an" oder „werden Kinder ihre Freude haben", scheinen bei Kindergedichten notwendiger zu sein als bei anderen, weil die Zielgruppenorientierung ihnen „eingeschrieben" ist. Selbst Kindergedichte der zweiten Kategorie, also die nicht für sie geschriebenen, müßten in dieser Hinsicht befragt werden. Erst auf diesem Hintergrund ließen sich Traditionen und Entwicklungen ausmachen, die über Aufzählungen von Inhalten und Themen hinausgehen, über die Kataloge der Gedichtformen, wie sie sich bis heute in didaktischen Veröffentlichungen finden.

Didaktische Konzeptionen seit 1945

Auf die drei W-Fragen der Didaktik „Warum – Was – Wie" gibt es in kürzeren oder längeren Schüben verschiedene Antworten, wobei sie so neu nicht sein können, wie sie häufig vorgeben. Auch das Repertoire der Begründungen ist endlich. In den letzten vierzig Jahren lassen sich grob drei Konzeptionen ausmachen, wobei sich manchmal nur die Reihenfolge der Fragen ändert z. B. das „Wie", also die methodische Vermittlung des Gedichts das „Was", die Auswahl bestimmt: es rücken Gedichte in den Vordergrund, an denen jeweils bevorzugt unterrichtliche Verfahren sich besonders gut anwenden lassen.

In der Nachkriegszeit begannen nicht neue didaktische Reflexionen, wozu ja Anlaß bestanden hätte, sondern man stieg unbedenklich/unbedacht ins Boot, das 12 Jahre vorher verlassen worden war; wenigstens meinen die meisten, sie hätten es verlassen. Daß 1933 auf vielen Ebenen ebensowenig ein Bruch gewesen war, sondern eher der Kippunkt einer Entwicklung wie die sog. „Stunde Null", das ist heute bekannt, selbst wenn mancher (aus verschiedenen Gründen) es gern anders sehen möchte.

Für die Gedichtsdidaktik heißt das: die Ideen der Kunsterziehungsbewegung vom Jahrhundertbeginn werden von den propagandistischen Elementen gesäubert und feiern mit stärker gewordener Technikphobie und ausgeprägter elitärer Gesinnung ihre Fortsetzung, nicht ihre Auferstehung. Ästhetische Genußfähigkeit wappne den Menschen gegen Vermassung und Materialismus (nicht nur den didaktischen), der „Bund der entschiedenen Schulreformer" spricht 1921 mit demselben Zungenschlag wie ein Didaktiker 1963: „Ja, aber woran merken wir, daß die Schüler das Gelesene oder Gehörte 'verstanden' haben. An einem echten

Kunstwerk gibt es nichts zu verstehen. Wir merken nur darauf, ob die Zuhörer ergriffen sind. Das aber sehen wir an ihren Gesichtern, an ihrem ganzen Benehmen." (*Schönbrunn*) Die Gedichtstunde soll „der Seele Neuland gewinnen durch Vertiefung der Empfindungsfähigkeit."(*Braak*) Verständlicherweise gelingt das nicht durch analysierendes Verfahren, Kindern wurde grundsätzlich die Fähigkeit zum Denken abgesprochen – und so blieb ein adorierender Umgang mit Gedichten, die zu diesem Zweck ausgewählt wurden.

Die Stimmungsdidaktiker enthüllten das Juwel des dichterischen Wortes erst am Ende der Gedichtstunde und senkten es in die Seele des Kindes, nachdem mit langen Hinführungen und Parallelerfahrungen der Boden „gefühlig" gemacht worden war. Jede didaktische Konzeption spricht natürlich in einer ihr adäquaten Sprache; die obige Beschreibung erscheint uns heute wie eine Parodie, ist aber durchaus zeitgemäß. Vielleicht sollte man sich noch in Erinnerung rufen, daß nicht nur Kindergedichte diesen Weg der warmen Von-Mund-zu-Mund-Beatmung, vom Erlebnis über das Gedicht zum „geläuterten" Erlebnis gingen, sondern alle Lehrer aufgerufen waren, ihre eigene Ergriffenheit von dem Kunstwerk zur Grundlage der Vermittlung zu machen.

1966 galt wohl noch für die Grundschule uneingeschränkt die Empfehlung des Standardwerks der Deutschlehrer, des 'Handbuchs des Deutschunterrichts' von *Beinlich*: „Gutes Frei-Sprechen oder gestaltendes Vorlesen sind auf dieser Stufe die Durchnahme des Gedichtes selbst. Es bedarf durchaus keiner weiteren 'Behandlung'." (II, 1140) Ein Jahr vorher hatte die neue Handbuchgeneration mit *Helmers* „Didaktik der deutschen Sprache" Tendenzen aufgenommen, die für größere Sachlichkeit und Rationalität beim Umgang mit Gedichten, mit Texten generell eintraten.

Allein die Begriffe zeigen das an: von der Dichtung zum Text. Im Rahmen der intensiven Curriculum-Diskussion in den 70er Jahren hatte die Lyrik einen besonders schwierigen Stand beim Nachweis ihrer lebenspraktischen Relevanz; je weiter sich jedoch die Instrumentalisierung der nachgeordneten Lernziele in den Vordergrund drängte, Lernzielkontrolle und Lernsequenz zunehmend die didaktische Argumentation bestimmten, desto stärker rückten poetologische Kategorien, weil besser beschreibbar, operationalisierbar und nachprüfbar in den Unterricht ein. Nach vielen Jahren erschienen zum ersten Mal wieder Lehrerhandbücher zu den Lesebüchern, die den neuen Stil der Gedichtbehandlung an Einzeltexten vorexerzierten, weil die Lehrerbildung weitgehend den Erfordernissen hinterher hinkte.

In kurzem Abstand erschienen 1973 und 1974 zwei Bücher zur Didaktik der Kinderlyrik, eine Arbeit von *W. Menzel* und *K. Binneberg* für die Sekundarstufe fortführend: „Modelle für den Literaturunterricht. Entwurf einer Elementarlehre

Lyrik" (1970); deutlicher noch als der Untertitel zu „Das Gedicht in der Grundschule" von *Wilhelm Steffens*, nämlich „Strukturanalysen – Lernziele – Experimente" zeigte der dazugehörige Gedichtband die Trendwende; er hieß „Klang – Reim – Rhythmus".

Mein Versuch „Elemente und Formen der Lyrik. Ein Curriculum für die Primarstufe" entwickelte 10 didaktische Reihen, die teilweise sich über alle vier Schuljahre hinzogen und damit kontinuierliche Lernfortschritte gewährleisten wollten. An mehreren Beispielen pro Schuljahr wurde z. B. der Rhythmus von einfachsten Ausprägungen in „Es tanzt ein Bi-Ba-Butzemann" über *Halbeys* „Traktorgeknatter" bis zu *Heinrich Seidels* „Die Schaukel" im 4. Schuljahr untersucht. Verschiedene Formen des lyrischen Bildes (Personifikation, Vergleich, Sinnbild), Stimmungen im Gedicht, erzählende und lehrhafte Gedichte bildeten weitere Lernzielreihen.

Daß dieses Konzept des analysierenden Zugriffs nicht gänzlich aus der didaktischen Diskussion verschwunden ist, sondern neben anderen Verfahren seine Berechtigung behalten hat, läßt sich an *Brecht-Zitaten* ablesen, die zur Begründung herangezogen werden. Ich meinte (und meine), mich auf den Kinderlyriker und Lehrer beziehen zu können: „Wer das Gedicht für unnahbar hält, kommt ihm wirklich nicht nahe. In der Anwendung von Kriterien liegt eine Hauptteil des Genusses. Zerpflücke eine Rose, und jedes Blatt ist schön."

Werner Ingendahl beruft sich auf *Brecht* in seinem soeben erschienen Band „Umgangsformen. Produktive Methoden zum Erschließen poetischer Literatur" (1991): „Gedichte sind, wenn sie überhaupt lebensfähig sind, ganz besonders lebensfähig und können die eingreifendsten Operationen überstehen."

Auch das dritte, das neueste Verfahren einschließlich seiner didaktischen Begründung ist nicht neu: das produktionsorientierte oder handlungsorientierte. Schon in den 60er Jahren empfahl u. a. *Ulshöfer* das Produzieren, um Schülern etwa die Baugesetze einer Fabel klarzumachen. Das Umschreiben und Umerzählen, das Entwerfen von Gegentexten beim Gegen-den-Strich-Lesen, das szenische Interpretieren wurde in den 70ern, teilweise unter ideologiekritischem Aspekt, teilweise in der Folge der Rezeptionsästhetik zum Festhalten der „Privattexte", in der Didaktik diskutiert und vor allem mit Arbeitsmaterialien für den Unterricht konkretisiert.

Durch eine Verzahnung mit dem Aufsatzunterricht stützen und befruchten sich rezeptives und produktives Umgehen mit Texten. Dabei werden teilweise noch immer literarische Formen „nachgeschrieben", aber in der sog. „Schreibbewegung", dem außerschulischen Schreiben, herrschen problemklärende, Erfahrung aufarbeitende, ja sogar therapeutische Funktionen vor. Für den Bereich der Kinderlyrik haben *Forytta/Hanke* 1989 eine Reihe von anregenden Beispielen zum Gestalten und Aneignen veröffentlicht. Sie gehen davon aus,

„daß 'Lyrik für Kinder' Aufforderungscharakter hat, und damit ist weniger die Aufforderung zum Verstehen gemeint als die Aufforderung zum Handeln."

Sie arbeiten ebenfalls mit den Elementen Klang, Reim, Rhythmus, aber lassen sie in die nichtsprachlichen Medien Musik, Bilder und Bewegung übersetzen. Eigene Textproduktion (auch dafür gibt es Beispiele) findet ihre Begründung in der *Freinet-Pädagogik* mit ihren Handlungen „schreiben – drucken – veröffentlichen" oder auf dem Hintergrund der Kreativitätsdiskussion.

Neue Kinderlyrik bietet dafür genügend Vorlagen, von *Fühmann* über *Halbey* zu *Manz*. Schon 1981 hatte *Steffens* ein Curriculum 'Spielen mit Sprache' vorgelegt. Sowohl *Franz* als auch *Ingendahl* geben Beispiele, ohne kritisch anzumerken, daß es auf den Einfall ankommt, der durch Wiederholung nicht besser wird und daß Lehrer in der Gefahr stehen, lediglich Klischees anzuregen. Ein besonders beliebtes Opfer ist *Jandl*, dessen Texte so einfach zu sein scheinen, daß sie jedes Kind nachmachen kann.

Unter der nicht überprüften Vorgabe, Kinder erfreuten sich an Reimen, wird ihnen auch das Reimen nahegelegt. Die Ergebnisse reichen in die Nähe des Kitsches oder der unfreiwilligen Komik, weil das Mitteilen von Inhalten in der strengen Zeilen- und Reimbindung Kinder ebenso überfordert wie manche Mundartdichter. Lehrer werden die Ergebnisse ihrer Arbeit damit verteidigen, daß es den Kindern Spaß gemacht hat, daß an die Stelle eines trockenen, langweilenden und die Kinder frustrierenden Unterrichts Selbsttätigkeit und Kreativität getreten seien und daß nicht das Ergebnis zähle, sondern der Weg.

Dem ließe sich entgegenhalten: der Weg kann nicht selbst zum Ziel werden. Die drei vorgestellten Wege zu einer Synthese zusammenzuführen, mag zunächst wie ein fauler Kompromiß erscheinen, aber wenn man sie auf die drei Seiten einer ganzheitlichen Menschenbildung bezieht, wie *Pestalozzi* vor fast 200 Jahren im 'Stanzer Brief' formuliert hat, dann ist eine Verbindung von Kopf, Herz und Hand eine sinnvolle didaktische Zielvorstellung: von Kopf als den theoretischen Tätigkeiten am Text, Herz als den seelischen und gemüthaften Tätigkeiten und Hand als den produktiven Tätigkeiten.

Und schließlich sei ein Verfahren nicht vergessen, das keiner Unterrichtsmodelle bedarf, das vielleicht deshalb so selten genutzt wird, weil Lehrer/Innen fürchten, ihrem Lehr-Auftrag nicht gerecht zu werden. Sie sollten häufiger einfach Gedichte vorlesen – nur so, zum eigenen Spaß und zum Spaß der Kinder, ganz ohne Lernziele und Lernkontrolle.

Literatur

Beinlich, Alexander: Das Gedicht in der heutigen Unterrichtspraxis, in: *Alexander Beinlich (Hrsg.):* Handbuch des Deutschunterrichts, Emsdetten: Lechte 4. Auflage 1966 Band II, S. 1133-1192

Forytta, Claus/Eva Hanke (Hrsg.): Lyrik für Kinder – gestalten und aneignen, Frankfurt/M: Arbeitskreis Grundschule e. V. 1989 (Beiträge zur Reform der Grundschule 76)

Franz, Kurt: Kinderlyrik. Struktur, Rezeption, Didaktik, München: Fink 1979 (UTB 855)

Ingendahl, Werner: Umgangsformen. Produktive Methoden zum Erschließen poetischer Literatur, Frankfurt: Diesterweg 1991

Kliewer, Heinz-Jürgen: Elemente und Formen der Lyrik. Ein Curriculum für die Primarstufe, Hohengehren: Burgbücherei Wilhelm Schneider 1974

Kliewer, Heinz-Jürgen: Vermittlung von Kinderlyrik, Fundevogel 87/Juni 1991, S. 7f

Menzel, Wolfgang/Karl Binneberg: Modelle für den Literaturunterricht. Entwurf einer Elementarlehre Lyrik, Braunschweig: Westermann 1970 (Westermann Taschenbuch 66)

Pielow, Winfried: Das Gedicht im Unterricht. Wirkungen, Chancen, Zugänge, München: Kösel 1965

Reger, Harald: Kinderlyrik in der Grundschule. Literaturwissenschaftliche Grundregelung. Schülerorientierte Didaktik, Baltmannsweiler: Pädagogischer Verlag Burgbücherei Schneider 1990

Steffens, Wilhelm u. a.: Das Gedicht in der Grundschule. Strukturen, Lernziele, Experimente, Frankfurt: Hirschgraben 1973

Steffens, Wilhelm: Spielen mit Sprache. Aspekte eines kreativen Sprach- und Literaturunterrichts im 1. – 6. Schuljahr, Frankfurt: Hirschgraben 1981

Venus, Dankmar: Celan im vierten Schuljahr? Zu einem Unterrichtsgespräch über Paul Celans „Sprachgitter", Westermanns Pädagogische Beiträge 13 (1961) 446-450

Waldmann, Günter: Produktiver Umgang mit Lyrik, Baltmannsweiler: Pädagogischer Verlag Burgbücherei Schneider 1988

Spaß for fun – die Vierzeiler von Janosch und Wittkamp

„Just for fun" – nur so zum Spaß will die Wohlstandsgesellschaft den Spaß, und sie will ihn pur, ohne Hintergedanken oder gar Erziehungsabsichten. Und schnell muß es gehen, möglichst viel Spaß in möglichst wenig Zeit: wenn es denn schon das alte Vehikel Sprache sein muß und nicht das modernere Bild, dann bitte so wenig wie nötig. Vier Zeilen – nun gut, laß hör'n:

> *Guten Tag, Elefant*
> *Ich reich dir die Hand.*
> *Guten Tag, Meister Nüssel,*
> *ich reich dir den Rüssel. (Schabernack 104)*

Wo Elefanten, Mäuse und Bären (nicht nur in der Kinderliteratur) seit Jahren Hochkonjunktur haben, da gehen den Machern schon mal die Einfälle aus. Kein Wunder bei 138 lieferbaren Titeln, die der soeben 60 gewordene Janosch in 30 Ländern der Erde absetzen kann bzw. sein Verleger Gelberg, der denn auch lakonisch feststellt: „Janosch ist ein Welt-Autor geworden, was will man da mehr sagen?" Der Erfolg läßt alle Kritik verstummen; wehe dem Spielverderber und Griesgram, der bei solchem Gereimsel nach der Qualität fragt. Wenn's den Kleinen doch Spaß macht, haben solche Einwände keine Chance, aus dem engen Kreis von (manchen) BibliothekarInnen und BuchhändlerInnen, LehrerInnen und KindergärtnerInnen hinauszugelangen.

Gibt es Kriterien, zwischen Nonsense und Massenware, zwischen höherem Unsinn und „Flachsinn" zu unterscheiden? Wenn es doch immer so wäre, wie Wittkamp in einem Vierzeiler vermutet:

> *In meinem Kopf ist einer, der spricht.*
> *Der würde mich niemals fragen,*
> *ob ich ihn hören will oder nicht.*
> *der hat immer was zu sagen.(Vogel 35)*

Wo das nicht der Fall ist, geraten Traditionen zur Schablone, die nur noch von ferne an die vierzeiligen Klapphornverse erinnern, an die Sinnbrüche in der vierzeiligen Volksliedstrophe und an die Abzählreime, von denen übrigens Janosch einige Dutzend geschrieben hat. Spielen mit der Sprache wird nicht (wie bei Riesel) als Mißbrauch abgelehnt, ist aber allein noch keine Garantie für den komischen Effekt. Janosch und Wittkamp wollen Kindern helfen, mit ihrer Angst fertig zu werden, projiziert in den Riesen oder das Krokodil.

> *Ein Krokodil ist hinderlich,*
> *dort nämlich, wo das Kindchen sich*
> *an ihm vorbei soll trollen.*
> *Da ist es gut, das Kindchen hat*
> *Bonbonchen in dem Hosensack,*
> *den Wegeszoll zu zollen.*
> *Und schon hat dieses Tier Manieren*
> *und läßt die Kindelein passieren. (Schabernack 58)*

> *Der Riese blickte bedrohlich drein*
> *und öffnete seine Pranke.*
> *Ich legte ihm ein Bonbon hinein,*
> *da sagte er leise: „Danke". (Vogel 24)*

Der Einfall ist bei beiden gleich: mit einem Bonbon läßt sich Gehorsam erzielen – aber, in lyrischen Miniaturen muß jedes Wort sitzen. Inversionen klingen holpernd, eingefügte Silben retten das Metrum, aber nicht das Gedicht – überhaupt dürfte das Wortspiel „Wegeszoll/zollen" das gestelzte Reimpaar „Manieren/passieren" nicht rausreißen – und Ironie ist nur Ironie, wo sie ankommt und akzeptiert wird! Auch bei Wittkamp ist am Ende das Ungeheuer überwunden, aber wie spielerisch geschieht das: „da sagte er leise: 'Danke'".

Christine Nöstlinger und Werner Maurer haben 1973 gezeigt, wie eine andere Projektionsfigur kindlicher Angst besiegt wird: das Kind gewinnt den Schwarzen Mann zum Freund und setzt die Mutter in Schrecken. Wittkamp hat eine ganz einfache Lösung

> *Der Wald ist endlos. Ein Käuzchen lacht.*
> *Überall lauert der schwarze Mann.*
> *Gott sei Dank ist stockfinstere Nacht,*
> *so daß er mich gar nicht sehen kann. (Vogel 17)*

Die Struktur der Vierzeiler ist fast überall gleich; die ersten beiden Zeilen werden zur Exposition gebraucht, an der Schnittstelle setzt die überraschende Wendung ein, die manchmal erst in der Schlußzeile abgeschlossen wird. Nur selten stellt Wittkamp seine Vierzeiler zu Serien zusammen; in der Regel leben sie für sich und können wie Aphorismen ein ganzes Kalendarium füllen (vgl. 'Alle Tage immer wieder') Eine Ausnahme bildet 'Wenn der Bär nach Hause kommt'. Beim vorletzten der 10 Texte haben sich LeserInnen oder ZuhörerInnen schon „eingelacht"; sie warten auf die neue Bärenstory und kennen das Muster der Pointen. (Auf diesen Serieneffekt werde ich abschließend zurückkommen.)

> *Wenn der Bär spazieren geht,*
> *dann singt er Wanderlieder.*
> *Schade ist, er kennt nur eins,*
> *das singt er immer wieder. (Vogel 20)*

Erneut läßt sich das Bauprinzip erkennen, aber auch ein durchgängiges Merkmal Wittkamp'scher Lyrik: er greift anschauliche Situationen des Zusammenlebens auf oder entwirft sie, sogenannte Grundfragen des Lebens werden auf völlig unprätentiöse Weise auf das Miniformat des Vierzeilers zurückgeschnitten; sie erscheinen nicht mehr bedeutungsschwer, sondern dringen durch ihre Leichtigkeit, d.h. durch den Einfall und den ästhetischen Reiz, in die Nischen des Nachdenkens. Und noch etwas stellt sich wie nebenher ein: Erwachsene und Kinder fühlen sich gleichermaßen angesprochen, teilweise auf verschiedenen Ebenen.

> *„Hat es wirklich einen Sinn,*
> *daß ich auf der Erde bin?"*
> *fragte sich der Kieselstein,*
> *und dann schlief er wieder ein.*
> *(Tage 26. Juli)*

Die Aussagen über Wittkamp und Janosch müssen ergänzt und differenziert werden, damit das Bild vom (Auflagen) Goliath und dem David nicht zu grob gerät. Beide sind Doppelbegabungen. Der eine lebt als freischaffender Maler mit eigener Galerie in Westfalen und versteckte seine Verse in der Schublade, bis Gelberg sie ihm 1987 entlockte ('Ich glaube, daß du ein Vogel bist' und 'Alle Tage immer wieder' 1990). Der andere, Horst Eckert = Janosch, schreibt seit 1960 Kindergeschichten und hat Erfolg mit seinen Bilderbüchern – und lebt auf Teneriffa. Der eine hat seine Gedichte nachträglich illustriert (der Bär ist inzwischen zum Markenzeichen von dtv-junior geworden!), der andere hat nachträglich Bilder des Cartoonisten Tomi Ungerer „in dem ihm eigenen und berühmten Stil kommentiert" (Klappentext), Bild und Text gehören also untrennbar zusammen.

Janosch setzt sich damit der mißlichen Aufgabe aus, Bildwitz in Wortwitz zu übersetzen. Daß daran nicht nur Kinder scheitern, die Bildergeschichten zu Aufsätzen machen sollen, wird mehr als einmal schmerzlich bewußt.

Uhren, die nicht richtig ticken,
sondern tucken oder tacken,
sollte man die Zeiger zwacken.
Schlangen, die nicht richtig schlangen,
sondern schlungen oder schlingen,
muß man zu dem Tierarzt bringen.
Ordnung muß sein, nur Ordnung ist wichtig.
Und das, was falsch ist, ist nimmer richtig. (Schabernack 102)

Was Ungerer durchaus witzig ins Bild setzt, wird von Janosch breitgetreten und mit einer Moral versehen, die – wenn sie denn adäquat oder gar satirisch sein soll – das pädagogische Klima der Gegenwart falsch einschätzt: es werden keine kritischen Gegenkräfte mobilisiert, ganz zu schweigen davon, daß Janosch eher gängige Vorstellungen und soziale Klischees bedient und dadurch den Unwillen auf sich gezogen hat – kurz: der Einfall mit dem doppelten Vokalspiel trägt die acht Zeilen nicht, und die Schlußzeilen nach den metrisch allzu peinlich genauen Dreiergruppen sollte man schweigend aufnehmen, nicht hören – sie schmerzen.

Vor wenigen Wochen ist ein weiteres Buch mit Vierzeilern erschienen, Dieter Muckes ABC-Buch „Von Affenstall bis Ziege, Bocksprünge zur Genüge"; auf dem Titelblatt springt uns der „Nullbock" der Illustratorin Regine G. Heinecke entgegen. Ein Vergleich des C-Gedichts mit einem Janosch-Text bietet nochmals die Möglichkeit, Qualitätsunterschiede zu beschreiben.

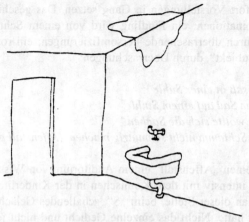

Die Welt steht manchmal auf dem Kopf,
weil sie sich ständig dreht.
Und ich steh da, ich armer Tropf,
der dieses nicht versteht.
Ach was, ich laß die Welt sich drehn
soll doch ein andrer sie verstehn. (Schabernack 105 f.)

Ungerers groteske Zeichnung übersetzt Janosch mit einer phrasenhaften Allerweltsweisheit, an die sich ein resignatives Unverständnis knüpft. Nichts von dem Lacheffekt, den das Bild hervorruft: so was gibt's nicht, aber so was kann man denken. Kunst das eine, wenn Adornos These richtig ist: „Aufgabe von Kunst heute ist es, Chaos in die Ordnung zu bringen", fader Nachklapp das andere, auch wenn die geschickte Engführung mit dem doppelten Reim „dreht/versteht" und „drehn/verstehn" ein guter Einfall ist. Mucke bindet seine Vierzeiler durch das eröffnende „Es war einmal ..." zusammen, von dem er sacht abweicht, wenn der Clown auf die verdrehte Welt blickt:

Es sagte mal ein Clown:
Beim Durch-die Beine-Schaun
Wird die verdrehte Welt
Erst richtig hingestellt. (Affenstall ohne Seite)

Das dialektische Spiel von „richtig" und „verdreht" wird auf engstem Raum aufgeführt. Es geht so schnell vorbei, daß man erst danach zum Weiterdenken kommt. Die Konstruktion ist denkbar einfach: das Auf-den-Kopf-Stellen wird gestisch vorgeführt, nicht abgehandelt. Zum Erzählen ist im Vierzeiler kein

Platz, er muß sofort Vorstellungen in Gang setzen. Das geschieht durch ungewöhnliche Kombinationen: ein Findling wird von einem Schmetterling in die Tiefe gestürzt, durch überraschende Personifizierungen: ein rosa Pudding wird zum „lyrischen Subjekt", durch Überraschungen:

> *Es saß in einer Suhle*
> *Eine Sau auf einem Stuhle.*
> *Sie wollte sich die Sachen*
> *Im Schlamm nicht schmutzig machen. (Affenstall ohne Seite)*

Als Mucke seinen „Affenstall" einem Auditorium von WissenschaftlerInnen vortrug, die sich intensiv mit dem Komischen in der Kinderliteratur beschäftigt hatten, da brach an dieser Stelle, beim „S", schallendes Gelächter aus, das sich stetig vorbereitet hatte. Nicht das einzelne Gedicht und nicht jedes in gleichem Maße bereitet höchstes Vergnügen, sondern es steht im Kontext der vorher gelesenen bzw. gehörten Texte. Das ist auch nicht anders, wenn man Wittkamps Bücher aufschlägt. Die Qualitätskriterien im einzelnen Text zu suchen, geht an diesem Phänomen vorbei. Schließlich ist eine Zuhörerschaft ein schwer zu kalkulierendes Gegenüber. Mucke werde ich nicht ohne Erinnerung an die Lachgemeinschaft lesen können, und ausbleibendes Lachen wird nicht nur auf die Qualität der Texte zurückzuführen sein. Aber Lachen auch nicht: wo „Spaß for fun" sich im Kreise dreht, ohne Wirkung über den Augenblick hinaus, wo nichts in Bewegung gerät als die Lachmuskeln, da denke ich an das „x".

> *Es war einmal ein Ix*
> *Das sagte weiter nix*
> *Als immerfort zu klagen*
> *Es habe nix zu sagen. (Affenstall ohne Seite)*

Literatur:

Janosch/Ungerer: Das große Buch vom Schabernack. 333 lustige Bilder von Tomi Ungerer mit frechen Versen von Janosch. – Zürich: Diogenes 1990

Mucke, Dieter/Regine G. Heinecke: Von Affenstall bis Ziege, Bocksprünge zur Genüge. – Berlin: Kinderbuchverlag 1991

Wittkamp, Frantz: Ich glaube, daß du ein Vogel bist. Verse und Bilder. – Weinheim: Beltz & Gelberg 1987

Wittkamp, Frantz: Alle Tage immer wieder. Kalendermerkbuch mit Versen. – Weinheim: Beltz & Gelberg 1990

Drei Dutzend Jahre westdeutsche Kinderlyrik

Bei der Kinderlyrik gehen die Uhren anders als bei den Kinderbüchern: sie tauchen in den Bestsellerlisten nicht auf, sie fehlen bei den preisgekrönten Büchern, die wenigstens kurze Aufmerksamkeit genießen, sie schaffen es häufig überhaupt nicht zu zwei eigenen Buchdeckeln, sondern erscheinen in Jahrbüchern und Anthologien. Und dennoch gibt es einen Gradmesser der Wertschätzung, nicht den öffentlichen Markt mit Absatzzahlen und Rezensionen und Autorenlesungen, sondern die Anthologien und die Lesebücher. Die paar „Buchlyriker", das heißt die Autoren, die ihre Verse sammeln und als Buch verkaufen können, wären schnell aufgezählt. Etwas völlig Ungewöhnliches hat der Schweizer *Hans Manz* geschafft: 1991 schenkte ihm sein Verleger *Gelberg* zum 60. Geburtstag „Die Welt der Wörter. Sprachbuch für Kinder und Neugierige"; es enthält seine drei Gedichtbände (1974, 1978, 1988). In der Regel liegen die kleinen Auflagen lange auf Lager, selten kommt es zu Nachauflagen, die bis heute zu kaufen sind: *Christine Bustas* „Die Sternenmühle" (1959) und *Elisabeth Borchers'* „Und oben schwimmt die Sonne davon" (1965), *Michael Endes* „Das Schnurpsenbuch" (1969), der eine oder andere Band von *James Krüss* und natürlich der Klassiker „Was denkt die Maus am Donnerstag?", für den *Josef Guggenmos* 1968 einen Sonderpreis des Deutschen Jugendbuchpreises erhielt. Was zählt, ist die Beliebtheit (manchmal nur einzelner Texte) bei Lesebuchmachern (und Kindern?).

Anthologien

Deshalb ist es nicht ganz einfach, sich heute ein Bild von der Kinderlyrik der Nachkriegszeit bzw. der letzten Jahre zu machen. Man müßte die neuen Lesebücher durchblättern oder die Gedichtsammlungen für die Grundschule (vgl. *Kliewer* 1991 b). Sie folgen zwei verschiedenen Prinzipien: entweder geben sie Einblick in die Geschichte der Gattung, sammeln, was dem kritischen Blick auf die Traditionen standhält, was heute den Kindern noch angeboten werden sollte, oder sie bieten Autorinnen und Autoren ein Organ für ihre Erstveröffentlichungen. Zum Standardwerk der ersten Gruppe wurde „So viele Tage, wie das Jahr hat" (1959) von *James Krüss* mit Bildern von *Eberhard Binder-Staßfurt*; er druckte Guggenmos und Hacks, als sie noch keine Kindergedichtklassiker waren, das heißt, er nahm auch ein paar Originalbeiträge auf. Darauf hat meine Anthologie „Die Wundertüte" dreißig Jahre später konsequent verzichtet; sie stellt (chronologisch nach dem Alter der Autorinnen und Autoren) klassische Lesebuchgedichte zusammen, sichtet die Kinderlyrik der DDR und Gelbergs Jahrbücher der Kinderliteratur (ab 1971). Eine eigene Gruppe bilden die Sammlungen, die gezielt für den Schulgebrauch publiziert wurden: „Oldies" wie *Hans Schorers* „Gedichte für die Grundschule" (1969) , „Klang, Reim, Rhythmus" (1972) und das schöne, von *Janosch* großflächig illustrierte „Bilder und Gedichte für Kinder" (1971). In den 80ern erschienen drei Schulbücher: „Jahreszeiten" (1983), „Gefunden" (1985) und „Und mittendrin der freche Hans" (1986). Es darf nicht übersehen werden, daß neben neuen Schulanthologien „der Faulbaum" in ständig überarbeiteter Form auf dem Markt war: „Sonniges Jugendland" von *Paul Faulbaum* brachte es zwischen 1922 und 1979 auf 15 Auflagen! Lehrerinnen und Lehrer werden gern zu drei sehr schönen Büchern greifen und sie vielleicht ihren Kindern zeigen. Die verdienstvollen „Kinderreime" (1963) von *Ruth Dirx* sind 1987 in einer Neuausgabe mit Bildern von *Renate Seelig* erschienen; „Kindergedichte", schon 1978 von *Edith Harries* herausgegeben, heißen im Untertitel „Ein Bilderbuch von Margret Rettich"; das jüngste Beispiel ist aus der Zusammenarbeit von *Barbara Bartos-Höppner* und *Monika Laimgruber* hervorgegangen: „Das große Reimebuch für Kinder" (1990), das allerdings nicht wie die Dirx-Sammlung oder wie die klassische Ausgabe 'Allerleirauh' (1961) von *Hans Magnus Enzensberger* die anonymen Kinderreime erfaßt, sondern die gesamte Lyriktradition für Kinder. Eine Sonderform soll am Ende wenigstens erwähnt werden: nicht gerade selten begegnet man Anthologien, die neben Gedichten für Kinder auch Gedichte über Kindheit enthalten wie zum Beispiel auch *H. Heckmanns* und *M. Krügers* „Kommt Kinder, wischt die Augen aus" (1974).

Eine andere Absicht verbirgt sich hinter dem Untertitel „Gedichte für Kinder und alle im Haus", den *Ute Andresen* ihrem Band „Im Mondlicht wächst das Gras" (1991) gegeben hat. Sowohl die Zeichnungen von *Dieter Wiesmüller* als auch das bibliophile Layout scheinen das Verlagskonzept fortzusetzen, das *Michael Gutzschhahn* mit seiner 12bändigen Serie RTB Gedicht (Ravensburger Taschenbücher 1988 ff.) herausgegeben hat. Er möchte Kindern (ab 10 Jahren!) Erwachsenengedichte „erobern" und findet bei Grass und Jandl, Sarah Kirsch und Kunert, Meckel und Mayröcker, Pastior und Rathenow erstaunliche Beispiele. (Vgl. sein Gespräch mit Gelberg über dieses Unternehmen im Börsenblatt des Deutschen Buchhandels vom 4.9.1990.)

Neben diesen Anthologien, die, der Tradition folgend, Blütenlesen des Bekannten bietet, stehen die wichtigen Sammlungen, die Autorinnen und Autoren zur Mitarbeit einladen und vor allem neue Texte enthalten. Sie haben eine ganz wichtige innovatorische Funktion und treiben die Entwicklung weiter. In den letzten Jahren hat im wesentlichen ein Verlag das Monopol auf diesem Sektor, genauer *Hans-Joachim Gelberg*. Bahnbrechend war „Die Stadt der Kinder"

(1969, als Taschenbuch 1974), die, ähnlich wie „Der Flohmarkt" von *Peter Hacks* (1965), in Stadtbezirke (statt in Gassen) gegliedert ist und frischen Wind in die Kinderlyrik bringt: neue Autorinnen und Autoren, neue Themen und neue Töne. Das Nachwort des Herausgebers ist heute noch lesenswert; 10 Jahre nach der Krüss-Anthologie zeigt sich auch in den Illustrationen von *Werner Blaebst,* mehr noch in denen der Taschenbuchausgabe von *Janosch,* der neue Stil. Nicht mehr Rückert und Reinick, Güll, Löwenstein und Dieffenbach sind die Ahnherren, sondern Richard Dehmel mit seinem „Frechen Bengel", Morgenstern und Ringelnatz. Dem skurrilen Seemann widmet Gelberg „Überall und neben dir" (1986), wo er vor allem die Gedichte aus seinen Jahrbüchern übernimmt: wiederum eine Fundgrube, nicht nur für Lesebuchmacherinnen und Lesebuchmacher.

Während Kinderlyrik auf den Vermittlungswegen Familie, Kindergarten, Schule ihre Leserinnen und Leser, Hörerinnen und Hörer erreicht, hat es die Jugendlyrik erheblich schwerer, ihre Rezipienten zu finden. *Ewers* (1988) macht den Jugendbuchverlagen den Vorwurf, die lyrischen Ausdrucksformen der Jugendkultur in den 70er und 80er Jahren (Beat, Rock, Pop) seien an ihnen vorbeigegangen ebenso wie die sogenannte Alltagslyrik oder Neue Subjektivität. Außer den Anthologien von *Joachim Fuhrmann* („Tagtäglich" 1976; „Gedichte für Anfänger" 1980) in der rotfuchs-Reihe und „Heimat und Geschwindigkeit" (1986) findet sich nichts Nennenswertes; auch die Ergebnisse der jährlichen „Treffen junger Autoren", veranstaltet von der Berliner Festspiele GmbH mit Unterstützung aus Bonn, scheinen an diesem Zustand nichts zu ändern. Brauchen Jugendliche keine spezielle Lyrik oder finden sie sie an anderer Stelle?

Autorinnen und Autoren

In unmittelbarer zeitlicher Nähe zur Krüss-Anthologie beginnen die ersten Gedichtbände zu erscheinen, die das Profil der Nachkriegskinderlyrik bestimmen. In Österreich ist man bereit, *Guggenmos* die Startchancen zu bieten; einige der Texte, die später (1968) zum Erfolg von „Was denkt die Maus am Donnerstag" führten, stammen aus Bänden von 1957 und 1958. Ebenfalls aus Österreich kommt die Lyrikerin *Christine Busta,* die zwei Bücher für Kinder geschrieben hat: „Die Sternenmühle" (1959) und „Die Zauberin Frau Zappelzeh" (1979). Sie durchbricht das übliche Schema der Beschreibungs- und Erziehungslyrik mit ihren poetischen Bildern: „Im Mondgras träumt ein schwarzer Elefant" beginnt „Eine Gute-Nacht-Geschichte"; „Wo holt sich die Erde die himmlischen Kleider?" ist ein hoch artifizielles Gebilde. *Krüss* eröffnet das neue Jahrzehnt mit „Der wohltemperierte Leierkasten" (1961), wieder von *Eberhard Binder* illustriert. Klassische Lesebuchgedichte wie „Das Feuer" oder „Marmelade, Schokolade" leben von der Kunst, mit der Krüss Klang und Rhythmus der Sprache spielerisch nutzt. Während er in der Wahl seiner Themen im Lebensalltag der Kinder bleibt, darin die Tradition *Erich Kästners* fortsetzend, erschließt *Guggenmos* neue Denk- und Gefühlswelten. Niemals wird er moralisch, niemals wirkt er besserwisserisch; Tiere und Pflanzen verlieren ihren Verweisungscharakter auf menschliche Eigenschaften, sie bleiben Teil der Natur, stoßen eventuell mit Menschen zusammen, zum Beispiel in „Kater, Maus und Fußballspiel" oder im Titelgedicht des Bandes „Ein Elefant marschiert durchs Land" (1968). Bis zu seinem letzten, wegen der Illustrationen von *Nikolaus Heidelbach* vielleicht schönsten Buch, „Oh, Verzeihung, sagte die Ameise" (1990), hat seine Sprache an Geschmeidigkeit und konziser Bildlichkeit nichts eingebüßt. Wieder hat er Prosatexte und Gedichte gemischt, einiges aus früheren Büchern übernommen, auch aus dem Kindermagazin „Der bunte Hund", wieder wechseln kunstvoll gebaute Kurzgedichte mit erzählenden, wieder ist man verblüfft über den Einfallsreichtum, der sich wohltuend von den Gags vieler Kindergedichte unterscheidet, die unter dem Vorwand „Kinder mögen Nonsens" den Markt überfluten.

In der Mitte des insgesamt so fruchtbaren Kinderlyrikjahrzehnts erschien „James' Tierleben" (1965), nach „Der wohltemperierte Leierkasten" (1961) die zweite und letzte große Gedichtsammlung von *Krüss* sowie „Der Flohmarkt" von *Hacks*, der mit einem halben Dutzend von Texten sofort Eingang in die Lesebücher fand, obwohl die westdeutsche Taschenbuchausgabe (mit neuen Illustrationen von *Werner Maurer)* erst 1973 herauskam. Es gab noch zwei Neuerscheinungen, die durchschlagenden Erfolg hatten: *Elisabeth Borchers* hat zusammen mit *Dietlind Blech* ein Bilderbuch geschaffen, das unter dem Titel „Und oben schwimmt die Sonne davon" (1965) zu den Glanzlichtern der Kinderlyrik gehört. Die 12 Gedichte der Kalenderfolge sind ein Beispiel dafür, daß die Grenze zwischen Lyrik und Kinderlyrik nur am Verlag, eben einem Kinderbuchverlag auszumachen ist. Die Vielfalt des Genres zeigt schließlich eine vierte Veröffentlichung des Jahres 1965; *Hans Adolf Halbey* ruft mit seinem „Pampelmusensalat", dreizehn Nonsens-Gedichten mit Bildern auf knallrotem Grund von *Günter Stiller*, bis heute bei Kindern große Begeisterung hervor. Kaum jemand,. der nicht „Papas Pumpernickelpause" und das „Traktor-Geknatter" kennt oder seine Gedichte aus den frühen Jahrbüchern der Kinderliteratur, die später in seine zweite Sammlung eingingen: „Es wollt ein Tänzer auf dem Seil/ den Seiltanz tanzen eine Weil" (1977). Fragt man, in welcher Tradition Halbey steht, dann braucht man nur seine Sammlung „Schmurgelstein so herzbetrunken. Verse und Gedichte für Nonsense-Freunde von 9-99" (1988) aufzuschlagen.

Aus der zweiten Hälfte des Jahrzehnts ist eine Doppelbegabung zu nennen: *Jürgen Spohn*, Bilderbuchkünstler und Professor für Graphik, hat seit 1966 großflächige Bilderbücher mit eigenen Texten veröffentlicht, die zwischen Zeitkritik (z. B. „Ernste Frage") und Sprachspiel schwanken und ihm 1981 für „Drunter & Drüber" den Deutschen Jugendliteraturpreis brachten; nur dieses eine Mal wurde der Preis der Kinderlyrik zugesprochen! Mit völlig anderem Illustrationsstil begegnet uns *Spohn* 1989 mit seinen „Bärereien"; es gibt kaum ein Tier, das nicht ins Kindergedicht gefunden hätte; besonders beliebt scheinen Mäuse, Elefanten und Bären zu sein. Alles was Menschen an Liebem und Traurigem, an fatalen Zwischenfällen und Eitelkeiten in die Quere kommt, das gießt Spohn in zwei bis drei Sätze, die gekonnt gereimt werden. Der letzte 60er soll *Michael Ende* sein, der 1960 mit „Jim Knopf und Lukas der Lokomotivführer" debütiert hatte und nach einem Jim-Knopf-Fortsetzungsband 1969 „Das Schnurpsenbuch" mit den Zeichnungen von *Rolf Rettich* (in 3. erweiterter Auflage 1979) veröffentlichte. Die großen Erfolge mit „Momo" (1973) und „Die unendliche Geschichte" (1979) lagen noch vor ihm – und haben ihn nicht zur Kinderlyrik zurückkehren lassen. Durchgängig, meist vierzeilig gereimt werden kindliche Unarten und Ängste erzählt, zuweilen pointenhaft zugespitzt. Nur gelegentlich blitzen Nonsensezüge auf, die Länge der Texte überreizt zuweilen den Einfall; auch die kurzen Gedichte (z. B. „Pobelblem") leben eher von den komischen Ideen als vom sprachlichen Witz.

In den 70er Jahren geht die Zahl der Veröffentlichungen merklich zurück; neue Autoren sind rar. Ein Unikum, nicht nur für die Kinderliteratur, bilden *Hans Stempel* und *Martin Ripkens*, die seit 1970 nur gemeinsam publizieren, Bilderbücher, kurze Erzählungen (in rechter Lesebuchlänge), Kindergedichte. Mit „Purzelbaum" (1972) gelingen ihnen Skizzen zum kindlichen Alltag: einfach in der Thematik und in der stilistischen Darstellung, keine bedrängenden Probleme und keine sprachlichen Experimente.

Überblickt man die Produktion der 70er Jahre, die in einem Teil, dem öffentlich diskutierten, geprägt ist von der antiautoritären Kinder- und Jugendliteratur, vom Kinderprotest, von Büchern zu sozialen und politischen Problemen, dann fällt die geringe Beteiligung der Lyrik auf. Abgesehen von dem heftig umstrittenen, aber auflagenstarken „Nein-Buch für Kinder" (*Kilian/Stiller* 1972) und „Ja-Buch für Kinder" (*Brender/Stiller* 1974) und den kritischen Kinderliedern von *Christiane & Fredrik*, *Dieter Süverkrüp* u. a., die hier ausgespart bleiben, mag man noch *Josef Reding* als typischen Vertreter der Alltagslyrik für Kinder bezeichnen. Einer der führenden Köpfe der schreibenden Arbeiter (Dortmunder Gruppe 61) bringt kurz hintereinander zwei Bändchen heraus, die die ganze Breite der Problembücher aufnehmen: Erziehung und Familienkräche, Dritte

Welt und Umweltzerstörung, Ausländer- und Friedenspolitik, „Gutentagtexte" (1974) und „Ach- und Krachtexte" (1976). Nur auf den ersten Blick scheinen die Sprachbastelbücher (z. B. *Domenego* u. a. 1975) auf der entgegengesetzten Seite einer Skala zu liegen, die von inhaltsleerem Sprachspiel bis zu sprachlich dürftiger Problemdarstellung oder Erziehungslyrik reicht. Sie sind teilweise Früchte der Früherziehungsbewegung bzw. Ausdruck der These, Förderung sprachlicher (und damit intelektueller) Fähigkeiten diene der Chancengleichheit in Bildung und Beruf. Der eingangs schon erwähnte *Hans Manz* hat (als Primarstufenlehrer) sich ganz dieser kritischen Spracharbeit gewidmet. „Worte kann man drehen" (1974) und „Kopfstehn macht stark oder Die Kunst zwischen den Zeilen zu lesen" (1978) standen auf der Auswahlliste zum Deutschen Jugendbuchpreis; Spiele mit Buchstaben, Lauten und mit der Typographie sind der experimentellen Lyrik verpflichtet; Bildgedichte und „Schreibmaschinenlyrik", Rätsel und Aufgaben zum Weiterschreiben laden zum produktiven Umgang mit der Sprache ein. Der Manzsche Unsinn hat immer einen Hintersinn, der zum Nach- und Gegendenken anregt – und so stehen seine Texte in der Mitte der Skala, wo Lernen und Spaß sich nicht ausschließen.

In den 80er Jahren wird es noch ruhiger in der Kinderlyrik Szene, bis 1987 wiederum ein Dichter-Maler ein kleines Bändchen veröffentlicht: *Franz Wittkamp* hatte vorher u. a. Illustrationen zu Kinderbüchern gezeichnet (in einem unverwechselbaren Stil) und schuf nun Verse und Bilder zu „Ich glaube, daß du ein Vogel bist", absichtslos entstandene Nebenprodukte seiner Arbeit, die der Verleger seiner Schublade entlockte. Auf der Grenze (oder wenn es gar keine gibt: für alle geschrieben) zwischen Erwachsenen- und Kinderlyrik liegen seine Texte, was besonders augenfällig wird, wenn man die anderen Vierzeiler danebenhält, die zu einem Kalendermerkbuch vereinigt worden sind mit dem Titel „Alle Tage immer wieder" (1990). Es ist faszinierend zu sehen, wie 365 Texte mit Paar- und Kreuzreimen auskommen, niemals albern oder gequält komisch wirken (vgl. *Kliewer* 1991 a).

Wie Übersetzungen aus der Lyrik fremder Sprachen nur selten den Originalton treffen, von einigen kongenialen Beispielen abgesehen, so sind auch Kindergedichte selten ins Deutsche übertragen worden. Dennoch haben sich die besten Kinderlyriker an dieser Aufgabe mit Erfolg versucht. *Guggenmos* will über die Arbeit an „A Child's Garden of Verses" (1885) von *Robert Louis Stevenson* zum Schreiben für Kinder gekommen sein. „Mein Königreich" (1969) mit Illustrationen von *Brian Wildsmith* war die zweite Nachdichtung, nachdem *Krüss* schon 1960 von dem englischem Kindergedichtklassiker angeregt worden war. *Baumanns* Anthologie „Reigen um die Welt. 274 Gedichte aus 75 Sprachen" (1965) ist ohne Nachfolger geblieben. Daß die schwierigen Beispiele den größten Reiz ausüben, zeigen die Nachdichtungen von *Edward Lears* „Book of Nonsense" (1846), einerseits von *H. C. Artmann* (1964) und andererseits von *Guggenmos* („Von Eule und Katz und anderm Geschwatz", Ill. von *Owen Wood* 1979). Große Verbreitung hat das Bilderbuch „Lokomotive" des polnischen Schriftstellers *Julian Tuwim* in den Lesebüchern gefunden, das *Krüss* 1957 für den Kinderbuchverlag Berlin übertrug; zwölf Jahre später wurde ein neuer Versuch zu Bildern des tschechischen Trickfilmers *Jan Lenica* unternommen. In jüngster Zeit hat der amerikanische Multimediakünstler *Shel Silverstein* das Interesse des Middelhauve-Verlags gefunden, für den *Frederik Vahle* „Wo der Gehweg endet" (1987) übersetzt hat.

Forschung/Didaktik

Die Kinderlyrik spielt in der ohnedies nicht sehr umfangreichen Forschungsliteratur ein Aschenputteldasein; neben den Arbeiten von *Altner, Gelbrich* und *George* aus der ehemaligen DDR stehen in Westdeutschland kaum eine Handvoll Monographien. Der „Didaktiker" *Hermann Helmers,* dessen „Didaktik der deutschen Sprache" (1966) über Jahre hin als Standardwerk des Deutschlehrers galt, hat auf psychologischem und sprachwissenschaftlichem Fundament die komische Versliteratur untersucht. „Lyrischer Humor" (1971) ist genauso angelegt wie alle Lehrerhandbücher zu den Lesebüchern jener Zeit: die didaktischen Überlegungen basierten auf detaillierten Strukturanalysen der Texte. Erst Ende der 70er Jahre faßte *Kurt Franz* die bisherigen Forschungsergebnisse zusammen; auch seine „Kinderlyrik" (1979) geht von Strukturfragen aus, skizziert die Geschichte des Genres und schließt mit einem Kapitel zur Didaktik. Die Habilitationsschrift von *Magda Motté* „Moderne Kinderlyrik" (1983) breitet nochmals die ganze Diskussion um den Gattungsbegriff aus, bietet eine gute Bestandsaufnahme (allerdings nur der Anthologien!) und nutzt für die weitere Arbeit das Kategorienschema von Helmers, das in seiner Trias von Erlebnis- und Reflexionslyrik, Geschehenslyrik und Sprachspiele entscheidende Merkmale und Wirkweisen der Kinderlyrik nicht erfassen kann. Außer den Lexikonartikeln und Nachworten verschiedener Sammelausgaben finden sich wenige Aufsätze, aus letzter Zeit u. a. von *Ewers* über Lyrik und Jugendkultur in den 70er und 80er Jahren (1988) und von *Kliewer* „Deutsche Kinderlyrik des 20. Jahrhunderts zwischen Pädagogik und Ästhetik" in dem Band „Kinderliteratur und Moderne" (1990).

Warum Gedichte zum zentralen Bestandteil des Literaturunterrichts gehören, wird häufig – wohl allzu vorschnell und blauäugig – mit dem Wunsch der Kinder begründet, gern Verse zu hören und zu sprechen. Liegt der plötzliche Abbruch dieser vorgeblichen Begeisterung nach Verlassen der Grundschule nur daran, daß nun die „schweren" Erwachsenengedichte den Zugang versperren? Unabhängig von Rezeptionsproblemen bemühen sich Lehrerinnen und Lehrer immer, den Spaß an „Klang, Reim, Rhythmus", so der Titel des Textbandes zu „Das Gedicht in der Grundschule" von *Wilhelm Steffens* u. a. (1973), durch das Reflektieren darüber nicht zu (zer)stören. Auch meine „Elemente und Formen der Lyrik. Ein Curriculum für die Primarstufe" (1974) sind auf dem Hintergrund der damaligen Lernzieldiskussion zu sehen: eine präzise Stufung der Lernaufgaben sei Voraussetzung für eine objektive Beurteilung der Lernfortschritte. Diesem Zweck dienen sogenannte didaktische Reihen, die (am Beispiel besonders geeigneter Texte) die Beobachtungskategorien über die Schuljahre hin ständig erweitern, durch wiederholte Anwendung aber auch im Kenntnisbestand der Kinder festigen. Auch für Steffens steht der Gedichtunterricht der 60er Jahre unter dem Hauptziel „Verstehen von Strukturen". Sieht man diese Forderung als Reaktion auf den erlebnisorientierten Zugang in der Tradition der Kunsterziehungsbewegung („Erziehung der Jugend zum ästhetischen Genuß"), dann war die starke Betonung rationaler und überprüfbarer Verfahren verständlich. Es darf auch nicht übersehen werden, daß dieser „wissenschaftliche" Umgang mit Literatur die beginnende wissenschaftliche Ausbildung der Deutschlehrerinnen und Deutschlehrer an Grund- und Hauptschulen stützen sollte.

Selbst wenn eine direkte Beziehung zwischen der Lyrikproduktion und der Didaktik des Gedichtunterrichts sich kaum ausmachen läßt, so fällt doch in den 70ern allseits eine besondere Vorliebe für die konkrete Poesie auf, die zum beliebtesten Gegenstand von didaktischen Modellen geworden ist. „Learning by doing", das inzwischen auch in die Hochschullehre Einzug hält (*Fricke/Zymner* „Einübung in die Literaturwissenschaft" 1991), erschöpft sich dabei nicht im Schreiben, wie es u. a. *Gatti* für die Sekundarstufe I empfiehlt in seinem „Schüler machen Gedichte" (1979), sondern hat zu einem breiten Repertoire an kreativen Formen des Umgangs mit Lyrik geführt. Wie groß der Abstand zur Didaktik der 70er Jahre geworden ist, zeigen am besten zwei Veröffentlichungen aus der jüngsten Zeit, die anhand von Unterrichtsmodellen bzw. – berichten die Vielfalt der Möglichkeiten anschaulich vermitteln. *Claus Forytta* und *Eva Hanke* haben „Lyrik für Kinder – gestalten und aneignen" (1989) herausgegeben: damit meinen sie malen, szenisch darstellen, bewegen (im Sportunterricht), in Musik umsetzen oder mit Musik begleiten und natürlich das ganze Spektrum des Sprechens. Damit ist nicht nur das Rezitieren gemeint, sondern das Spielen mit den sprecherischen Möglichkeiten, mit dem Sprechen als Gruppe, wobei das Chorsprechen nur eine (und eine schwierige und „belastete") Art darstellt. Dieses Übertragen in ein anderes Medium entgeht der Gefahr, in der das Schreiben nach Texten immer steht; gerade Versuche, visuelle Poesie nachzuschaffen, entgehen kaum dem Schematismus, der Kopie, die häufig als Kreativität ausgegeben wird, ihr aber eher zuwiderläuft. Auch das Themenheft „Kinder lieben Gedichte" der Zeitschrift „Grundschule" (Oktober 10/91) bietet Anregungen, die reine Verbalinterpretation durch andere Zugangsweisen zu ergänzen. In Regers „Kinderlyrik in der Grundschule" (1990) überwiegen noch die reproduktiven Arbeitsformen des Nacherzählens; etwa die Hälfte des Bandes nehmen die (seit Helmers bekannte) Typologie ein sowie das Kapitel „Merkmale der Kinderlyrik".

Die Bandbreite didaktischer Konzepte scheint ausgeschritten; es wird in Zukunft darauf ankommen, sie sinnvoll zu verknüpfen – und aus dem Versuchsstadium in den Schulalltag zu übertragen.

Literaturverzeichnis

Anthologien

Allerleirauh. Viele schöne Kinderreime. Hrsg. von Hans Magnus Enzensberger. – Frankfurt: Suhrkamp 1961.

Bilder und Gedichte für Kinder zu Haus, im Kindergarten und für den Schulanfang. Hrsg. von Werner Halle und Klaus Schüttler-Janikulla, Ill. Janosch. – Braunschweig: Westermann 1971, dasselbe Würzburg: Arena 1990.

Das große Reimebuch für Kinder. Hrsg. von Barbara Bartos-Höppner, Ill. Monika Laimgruber. – Wien: Betz 1990.

Der Wünschelbaum. 151 Gedichte für Familie, Schule und Kindergarten. Hrsg. von Georg Bydlinski. – Wien: Herder 1984, 2. Auflage 1988.

Die Stadt der Kinder. Gedichte für Kinder in 13 Bezirken, Hrsg. von Hans-Joachim Gelberg, Ill. Werner Blaebst. – Recklinghausen: Bitter 1969, dasselbe, Ill. Janosch, München: Deutscher Taschenbuchverlag 1974.

Die Wundertüte. Alte und neue Gedichte für Kinder. Hrsg. von Heinz-Jürgen Kliewer. – Stuttgart: Reclam 1989.

Ein Reigen um die Welt. 274 Gedichte aus 75 Sprachen. Hrsg. von Hans Baumann. – Gütersloh: Mohn 1965.

Gedichte für Anfänger. Hrsg. von Joachim Fuhrmann. – Reinbek: Rowohlt 1980 (=rotfuchs 239).

Gedichte für die Grundschule. Hrsg. von Hans Schorer. – Frankfurt: Diesterweg 1969.

Gefunden. Gedichte für die Grundschule. Hrsg. von Mascha Kleinschmidt und Margareth Kolbe, Ill. Helge Myncke. – Frankfurt: Diesterweg 1985.

Heimat und Geschwindigkeit. Junge Lyrik. Hrsg. von Wolfgang Schiffer. – München: Edition Pestum 1986.

Im Mondlicht wächst das Gras. Gedichte für Kinder und alle im Haus. Hrsg. von Ute Andresen, Ill. Dieter Wiesmüller. – Ravensburg: Maier 1991.

Jahreszeiten. Gedichte und Geschichten für ein ganzes Jahr. Hrsg. von Wolfgang Finke. – Paderborn: Schöningh 1983.

Kindergedichte. Ein Bilderbuch von Margret Rettich mit 120 alten und neuen Versen und Gedichten. Hrsg. von Edith Harries. – Ravensburg: Maier 1978, 5. Auflage 1987.

Kindergedichte rund ums Jahr. Hrsg. von Alfons Schweiggert. – Niedernhausen: Falken 1989.

Klang, Reim, Rhythmus. Gedichte für die Grundschule. Hrsg. von Fritz Bachmann, Herbert Chiout und Wilhelm Steffens. – Frankfurt: Hirschgraben 1972.

Kinderreime. Hrsg. von Ruth Dirx, Ill. Renate Seelig. – Ravensburg: Maier 1987.

Kommt, Kinder, wischt die Augen aus, es gibt hier was zu sehen. Die schönsten deutschen Kindergedichte. Hrsg. von Herbert Heckmann und Michael Krüger. – München: Hanser 1974; unter dem Titel „Hausbuch der schönsten deutschen Kindergedichte". – Reinbek: Rowohlt 1980.

So viele Tage, wie das Jahr hat. 365 Gedichte für Kinder und Kenner. Hrsg. von James Krüss, Ill. Eberhard Binder-Staßfurt. – München: Bertelsmann 1959, dasselbe, Ill. Elfriede Binder/Eberhard Binder 1986.

Tagtäglich. Gedichte. Hrsg. von Joachim Fuhrmann. – Reinbek: Rowohlt 1976 (=rotfuchs 135).

Überall und neben dir. Gedichte für Kinder. Hrsg. von Hans-Joachim Gelberg. – Weinheim: Beltz & Gelberg 1986.

Und mittendrin der freche Hans. Gedichte für Grundschulkinder. Hrsg. von Gerhard Sennlaub. – Berlin: Cornelsen-Velhagen & Klasing 1986.

Autorinnen und Autoren

Borchers, Elisabeth: Und oben schwimmt die Sonne davon, Ill. Dietlind Blech. – München: Ellermann 1965.

Busta, Christine: Die Sternenmühle, Ill. Johannes Grüger. – Salzburg: Müller 1959.

Busta, Christine: Die Zauberin Frau Zappelzeh. Gereimtes und Ungereimtes für Kinder und ihre Freunde, Ill. Hilde Leiter. – Salzburg: Müller 1979.

Domenego, Hans u. a.: Das Sprachbastelbuch. – Wien: Jugend &Volk 1975; Ravensburg: Maier 1977.

Ende, Michael: Das Schnurpsenbuch. Stuttgart: Thienemann 1969, veränd. und erw. Ausgabe, Ill. Rolf Rettich. – Stuttgart: Thienemann 1979.

Guggenmos, Josef: Was denkt die Maus am Donnerstag? Ill. Günther Stiller. – Recklinghausen: Bitter 1967.

Guggenmos, Josef: Ein Elefant marschiert durchs Land, Ill. Eva Maria Rubin. – Recklinghausen: Paulus 1968.

Guggenmos, Josef: Oh, Verzeihung, sagte die Ameise, Ill. Nikolaus Heidelbach. – Weinheim: Beltz & Gelberg 1990.

Guggenmos, Josef: Von Eule und Katz und anderm Geschwatz, Nachdichtung zu Edward Lear „Book of Nonsense" (1846), Ill. Owen Wood. – Aarau: Sauerländer 1979.

Guggenmos, Josef: Mein Königreich, Nachdichtung zu R. L. Stevensons „ A Child's Garden of Verses" (1885), Ill. Brian Wildsmith. – Baden-Baden: Signal 1969.

Hacks, Peter: Der Flohmarkt, Ill. Heidrun Hegewald. – Berlin: Kinderbuchverlag 1965; Ill. Werner Maurer. – Köln: Benziger 1973.

Halbey, Hans Adolf: Pampelmusensalat, Ill. Günther Stiller. – Weinheim: Beltz 1965.

Halbey, Hans Adolf: Es wollt' ein Tänzer auf dem Seil/den Seiltanz tanzen eine Weil. – Aarau: Sauerländer 1977.

Halbey, Hans Adolf: Schmurgelstein so herzbetrunken. Verse und Gedichte für Nonsense-Freunde von 9-99, Ill. Rotraut Susanne Berner. – München: Hanser 1988.

Krüss, James: Der wohltemperierte Leierkasten. – Gütersloh: Bertelsmann 1961.

Krüss, James: James' Tierleben. – Stuttgart: Boje 1965.

Krüss, James: Lokomotive. Nachdichtung zu Julian Tuwim. – Berlin: Kinderbuchverlag 1957.

Krüss, James: Im Versgarten. Gedichte für ein Kind, Nachdichtung zu R. L. Stevenson „A Child's Garden of Verses" (1885), Ill. A. und M. Provensen. – Ravensburg: Maier 1960.

Manz, Hans: Worte kann man drehen. Sprachbuch für Kinder, Zeit-Wörter und anderes. Weinheim: Beltz & Gelberg 1978.

Manz, Hans: Kopfstehn macht stark oder Die Kunst zwischen den Zeilen zu lesen. Neues Sprachbuch für Kinder, Texte, Spiele, Laute. – Weinheim: Beltz & Gelberg 1978.

Manz, Hans: Lieber heute als morgen. Sprechen, hören, träumen, hoffen ... Texte für Kinder. – Weinheim: Beltz & Gelberg 1988.

Manz, Hans: Die Welt der Wörter. Sprachbuch für Kinder und Neugierige. – Weinheim: Beltz & Gelberg 1991.

Reding, Josef: Gutentagtexte. – Balve: Engelbert 1974.

Reding, Josef: Ach- und Krachtexte. – Balve: Engelbert 1976.

Spohn, Jürgen: Drunter & drüber. Verse zum Vorsagen, Nachsagen, Weitersagen. – München: Bertelsmann 1981.

Spohn, Jürgen: Bärereien. – Hamburg: Carlsen 1989.

Stempel, Hans; Martin Ripkens: Purzelbaum. Verse für Kinder. – München: Ellermann 1972.

Vahle, Frederik: Wo der Gehweg endet. Nachdichtung zu Shel Silverstein. – Köln: Middelhauve 1987.

Wittkamp, Frantz: Ich glaube, daß du ein Vogel bis. Verse und Bilder. – Weinheim: Beltz & Gelberg 1987.

Wittkamp, Frantz: Alle Tage immer wieder. Kalendermerkbuch mit Versen. – Weinheim: Beltz & Gelberg 1990.

Forschung/Didaktik

Ewers, Hans-Heino: Von der Alltagslyrik zu neuen poetischen Aussageformen. Lyrik und Jugendkultur in den 70er und 80er Jahren. – In: Roswitha Cordes (Hrsg.): Lyrik für Kinder und junge Leute. – Schwerte: Katholische Akademie 1988, S. 78 – 114.

Forytta, Claus; Eva Hanke (Hrsg.): Lyrik für Kinder – gestalten und aneignen. – Frankfurt: Arbeitskreis Grundschule e. V. 1989 (=Beiträge zur Reform der Grundschule 76).

Franz, Kurt: Kinderlyrik. Struktur, Rezeption, Didaktik. – München: Fink 1979.

Gatti, Hans: Schüler machen Gedichte. – Freiburg: Herder 1979.

Helmers, Hermann: Lyrischer Humor. Strukturanalyse und Didaktik der komischen Versliteratur. – Stuttgart: Klett 1971.

Kliewer, Heinz-Jürgen: Elemente und Formen der Lyrik. Ein Curriculum für die Primarstufe. – Hohengehren: Burgbücherei Wilhelm Schneider 1974.

Kliewer, Heinz-Jürgen: Deutsche Kinderlyrik des 20. Jahrhunderts zwischen Pädagogik und Ästhetik. – In: Ewers/Lypp/Nassen (Hrsg.): Kinderliteratur und Moderne. Ästhetische Herausforderungen für die Kinderliteratur im 20. Jahrhundert. – Weinheim: Juvent 1990.

Kliewer, Heinz-Jürgen: „Spaß for fun" – die Vierzeiler von Janosch und Wittkamp. – In: Wissenschaftliche Zeitschrift der Pädagogischen Hochschule Erfurt/Mühlhausen, Geisteswiss. Reihe 28 (1991a), Heft 2, S. 84-89.

Kliewer, Heinz-Jürgen: Für jeden etwas. – In: Grundschule 23 (1991b), Heft 10, S. 69.

Motté, Magda: Moderne Kinderlyrik. Begriff – Geschichte – Literarische Kommunikation – Bestandsaufnahme. – Frankfurt: Lang 1983.

Reger, Harald: Kinderlyrik in der Grundschule. Literaturwissenschaftliche Grundlegung. Schülerorientierte Didaktik. – Baltmannsweiler: Pädagogischer Verlag Burgbücherei Schneider 1990.
Steffens, Wilhelm u. a.: Das Gedicht in der Grundschule. Strukturanalysen – Lernziele – Experimente. – Frankfurt: Hirschgraben 1973.

" ... aber vielleicht kann man auch mit der Sprache schweigen"

Zu den Tiergedichten von Josef Guggenmos

1

In einem Interview, das sein Verleger HANS-JOACHIM GELBERG mit GUG-GENMOS anläßlich seines 70. Geburtstages führte, erzählt der Jubilar, daß ihm einmal ein Maler gesagt habe: "Wir Maler haben es gut, wir brauchen nicht zu reden." Und GUGGENMOS reflektiert weiter: "Heute denke ich mir, man kann auch mit Malerei oder Plastik (oder was sich dafür ausgibt) Geschwätz verbreiten. Und gerade im Kindergedicht kann man Dinge hinstellen, die ohne alles Geschwätz einfach so da sind." (Fundevogel 100, Juli 1992, S.16).

Damit beschreibt er präzise und in seiner bescheidenen und untertreibenden Art, die auch seine Texte auszeichnet, was an seinen Gedichten und kurzen Geschichten immer wieder gerühmt wird: Dinge hinstellen, die einfach da sind. Die Kommentare und Deutungen überläßt er seinen Leserinnen und Lesern; was er sagt, sagt er mit einer oft stupenden Einfachheit und Klarheit, die selbst geübte Interpreten ratlos machen.

Wiederholt haben seine Naturgedichte dazu herhalten müssen, den Beweis zu führen, daß die Unterscheidung von Kindergedichten und Erwachsenengedichten nicht haltbar sei. Wenn ein Schmetterling von GUGGENMOS lediglich beschrieben wird ('Wer bin ich?' Maus 58) und der andererseits für NELLY SACHS "Bild der Vergänglichkeit und [...] Hinweis auf das unvergängliche Geheimnis des menschlichen Lebens" ist ('Schmetterling' aus 'Fahrt ins Staublose' 1961, S.148), dann läßt sich daran eher die gravierende Differenz der Texte und Zielgruppen aufzeigen. MAGDA MOTTE dagegen möchte mit dem Vergleich beweisen: "Kinderlyrik ist also Lyrik im vollen Sinne" (MOTTE, 1989, S.15). Dem ist grundsätzlich zuzustimmen, nur sollte man nicht die Vielschichtigkeit und Mehrdeutigkeit des Textes von NELLY SACHS gegen die Eindimensionalität ausspielen, die auch MOTTE sieht (" es fehlt ihm die Tiefe" 14). Es wäre eher herauszuarbeiten, inwiefern GUGGENMOS über "Beschreibungsliteratur" hinausreicht und wo die spezifischen Qualitäten seiner Texte liegen. Seine Selbsteinschätzung weist den richtigen Weg: "Kinderlyrik gibt sich neben der 'großen Lyrik' eine Nummer kleiner. Was soll's. Ich meine, das Bescheidene, Verbindliche hat auch etwas Humanes" (Fundevogel 100, Juli 1992, S.13).

Natur ist für ihn nicht nur Gegenstand exakter Beobachtung und emotionalen Engagements, wie der Interviewer vermutet, sondern darüber hinaus, neben der

Beschäftigung mit der Kunst, das Zentrum seines Lebens. Beides habe ihm sein Leben lang "viel gegeben", meint er, salopp herunterspielend. Die liebende Zuwendung zu Pflanze und Tier, das "Gärtnerisch-Pflegerische", das er in seiner dörflichen Idylle von Irsee seinem Garten angedeihen läßt und das DINO LARESE für ein bestimmendes Merkmal seiner Dichtung hält (LARESE, 1980, S.16), verbinden ökologische und ethische, ja religiöse Grundmotive seines Credos. Dabei entgeht er jeder Verniedlichung und Verkitschung durch eine geradezu naturwissenschaftliche Akribie und Genauigkeit. Eine große Botanik- und Insektenbibliothek will LARESE in seinem Arbeitszimmer gesehen haben sowie eine Kartothek mit Angaben über die Gebiete der Botanik und Zoologie. Nur einmal scheint er ein Sachbuch geschrieben zu haben: 'Der junge Naturforscher' (1967), das in der Neuauflage von 1976 einen anderen, poetischen Titel bekam: 'Ich bin geboren mit langen Ohren'. Damit reiht es sich besser in das Titelregister ein, in dem es von Tieren aller Art wimmelt. 'Was denkt die Maus am Donnerstag' (1967), 'Ein Elefant marschiert durchs Land' (1968), 'Warum die Käuze große Augen machen' (1968), 'Wer nie ein Nilpferd gähnen sah' (1969), 'Gorilla, ärgere dich nicht!' (1971), 'Es las ein Bär ein Buch im Bett' (1978) und, um eines seiner letzten Bücher zu nennen, 'Oh, Verzeihung sagte die Ameise' (1990).

Beim Betrachten der Titel fällt etwas anderes ins Auge: Es sind Überschriften von Gedichten (bzw. beim letztgenannten einer Geschichte), die Tiere in einer für GUGGENMOS typischen, nonsensehaften Situation zeigen. Was hat die Maus mit dem Kalender zu tun, der Elefant im Land statt im Urwald oder im Zoo, der Gorilla mit dem "Mensch-ärgere-dich-nicht"-Spiel? Zwei Realitätsebenen stoßen aufeinander, Kindern (und Erwachsenen) gehen neue Denk- und Vorstellungsmöglichkeiten auf: Was wäre, wenn es so wäre? Die beiden Welten, die des Tieres und die des Menschen, liegen in greifbarer Nachbarschaft und doch weit genug voneinander entfernt, um die Unvereinbarkeit hervortreten zu lassen. Ist es diese ambivalente Beziehung, die sich die Tierdichtung seit eh und je zunutze gemacht hat?

2

Ohne die gesamte Breite und Vielfältigkeit gattungs- und formengeschichtlicher Entwicklung der Tierdichtung ausbreiten zu können, wollen wir einen Spaziergang durchs "Bestiarium" des JOSEF GUGGENMOS unternehmen, wobei wir uns auf einige Gedichtbände beschränken, d.h. also die Prosa, die Kinderhörspiele und Spieltexte außer acht lassen wollen.

Tiermärchen und -schwänke, Bestiarien (in ihrer eigentlichen Bedeutung) und Fabeln reichen zurück bis in die Urzeiten kultureller Tradition bzw. in vorchristliche Zeiten; Tierepen, teilweise mit komischer oder satirischer Absicht, durchziehen die Jahrhunderte, Tierromane und Tiererzählungen (KIPLING, JAMMES, LONDON, BONSELS, LÖNS, FLEURON) setzen um die Jahrhundertwende ein und nehmen das Tier nicht mehr nur als Gleichnis, sondern als Wesen sui generis, dennoch die wissenschaftliche Beschreibung um anthropomorphe oder naturphilosophische Aspekte ergänzend. Mit der Erwähnung der Tierbilder z.B. in der Lyrik des Expressionismus oder dem Hinweis auf die Funktion des Insekts in KAFKAs 'Die Verwandlung' oder der Tiere in den Romanen von GÜNTER GRASS ist der Kreis noch längst nicht ausgeschritten.

Über die Zahl seiner Bücher war sich GUGGENMOS in dem oben genannten Gespräch nicht im klaren; der Verleger mußte die von ihm angenommene Zahl von 30 auf 80 korrigieren. Auch die den Kindern gegenüber genannte Zahl von 500 Gedichten dürfte eher untertrieben sein, selbst wenn nicht jedes neue Buch des Autors nur neue Gedichte enthält, wie z.B. das letzte, 'Oh, Verzeihung sagte die Ameise'. Seit Beginn ist die Zahl der Tiergedichte auffallend hoch, also seit dem Kinderbuch 'Lustige Verse für kleine Leute' (1956) und dem frühen Gedichtband 'Gugummer geht über den See' (1957), der übrigens von GÜNTER BRUNO FUCHS illustriert wurde und im Mitteldeutschen Verlag, Halle, erschienen ist. Ihm entnahm er, lediglich den Titel ändernd, "Beschämender Traum" und ließ das Gedicht von den beiden Pferden in der Kinderlyrikanthologie 'Überall und neben dir' (1988) des Beltz & Gelberg Verlages drucken. (In 'Oh, Verzeihung' wird der Titel "Auf der Erde" wieder durch den ursprünglichen ersetzt.) Der Anteil der Tiergedichte hat sich von 1967 ('Was denkt die Maus') bis 1990 ('Oh, Verzeihung') nicht verändert: In jedem zweiten Text begegnen wir einem oder mehreren Tieren.

3

Nicht nur quantitativ spielen die Tiergedichte im Schaffen GUGGENMOS' eine zentrale Rolle, sondern er hat dem Genre auch neue Dimensionen eröffnet. Das beginnt schon beim "Personal", das im Vergleich zu den bei Kindern (oder nur bei den Pädagogen?) immer schon beliebten Freunden eine erhebliche Erweiterung erfährt. Den typischen Fabeltieren, soweit sie in Lesebüchern Eingang gefunden hatten, also Löwe und Maus, Rabe und Fuchs, Wolf und Bär, Lamm, Storch und Hase, hatte schon HEY 1833 mit seinen 'Fünfzig Fabeln für Kinder' die domestizierten Tiere des Bauernhofs an die Seite gestellt, also vor allem Hund und Katze, Pferd, Kuh und Schwein, Henne und Hahn. Diese Erziehungstexte in der alten Form des Lehrdialogs zwischen zwei Tieren oder zwischen dem Knaben und einem Tier waren bis in die fünfziger Jahre fester Bestandteil des Literaturunterrichts in der Grundschule. "Immlein" und "Schnecklein" hatte GÜLL noch mit seiner 'Kinderheimath' (1836) beigesteuert, Tauben und Schwalben kannte das Kind aus seiner engeren Umwelt, auch Schmetterling und Maikäfer, aber das war im wesentlichen der mehr als hundert- jährige "Besatz" der Tierdichtung für Kinder, hier und da noch ein Elefant und ein Affe.

Nicht in allen Fällen läßt sich erkennen, warum GUGGENMOS ganz untypi- sche Tiere in seine Gedichte geholt hat. Ganz selten kommentiert der öffentlich- keitsscheue Autor seine Arbeit. Hat er sich an sein Gedicht erinnert, als er dem Verleger Auskunft auf die Frage gibt, ob ihn die Veränderung der Natur traurig mache?

Bereinigte Flur

Bläulinge tanzten
einst hier auf und nieder. Sie
spielen nie wieder.

(Überall 271)

"Sünden gegen die Natur hat es schon immer gegeben. Aber verglichen mit heute herrschten in meiner Jugend doch noch paradiesische Zustände. Da tanzten die Bläulinge noch in zauberhaften Wölklein über nassen Stellen auf der bunten Wiese – heute ist es schon ein Ereignis, wenn einem noch ein vereinzelter Bläu- ling begegnet" (Fundevogel 100, Juli 1992, S. 15).

Wenige große, fremdartig wirkende Tiere kommen hinzu, die den Kindern nur aus dem Zoo bekannt sind: Eisbär und Nilpferd, Giraffe und Krokodil, aber das Gros stammt aus der Welt der kleinen und kleinsten Lebewesen. Salaman- der, Ringelnatter und Maulwurf, Fliegen, Ameisen und genau bezeichnete Käfer: Kartoffelkäfer und Borkenkäfer verdanken ihren poetischen Adel dem genauen und liebevollen Beobachten eines dichtenden Tierfreunds. Das wird noch augen- fälliger bei Raupe und Regenwurm, Kellerassel und Kaulquappe, Wasserläufer und Weberknecht. Sehen wir von dem gar nicht seltenen Fall ab, daß "das Tier tat's um des Reimes willen" oder daß es mit Klangassoziationen auf sich auf- merksam gemacht hat, so bleiben differenzierte Beobachtungen der Lebenswei- se, Unverstand und Zerstörung durch den Menschen als Anlaß für ein Gedicht.

An der Vergrößerung des Zoos haben in den 60er Jahren auch andere Auto- ren mitgewirkt, vor allem KRÜSS mit seinem 'James Tierleben' (1965). Er ver- spricht "Eine kleine Zoologie zur Unterhaltung und Belehrung', meint allerdings, wie die aufgenommenen Übersetzungen LA FONTAINEscher Fabeln beweisen, Lehren für die Menschen; GUGGENMOS dagegen lehrt (meistens) "tiernäher", mit Beobachtungen an Tieren. Die '99 gereimten Lektionen' von KRÜSS beschließt ein berühmtes Erwachsenengedicht: "Der Falke" des VON KÜRENBERG. Einen anderen Anstoß hatten Tiergedichte schon in den 20er und 30er Jahren durch MORGENSTERN und RINGELNATZ erhalten; Tiere scheinen sich für Nonsensegedichte ganz besonders gut zu eignen: die Ameisen, die doch lieber nicht nach Australien reisen, oder das Reh aus Gips.

GUGGENMOS fügt diesen tradierten Mustern jedoch ein weiteres hinzu, und dafür sind ihm die unscheinbarsten Lebewesen die richtigen Repräsentanten. Selbst Pflanzen sprechen den Menschen an, wenn er den Blick des FRANZISKUS hat, und vermitteln ihm Einsichten in die bedrohte Einheit allen Lebens.

Wegwarte

Da stehst du am Weg,
stehst immerzu.
Wegwarte am Weg,
auf wen wartest du?

Mit blauen Augen
schaust du mich an.
Was weiß ich,
was ich dir sagen kann?

Wegwarte, rauhe,
du bist schön, du bist da.
Du bist du, ich bin ich.
Was lebt, ist sich nah.

(Ameise 128)

Ähnlich ist die Pointe in "Vor dem Fuchsbau" (Ameise 207): "Ich weiß, was er tut. / Er sitzt im Dunkel und denkt: / Ich bin da, / das ist gut." Mit solchen philosophischen Zeilen greift GUGGENMOS über das hinaus, was er als Ziel seines Schreibens formuliert: "Vielleicht kann Kinderliteratur mithelfen, die Kinder wacher, lebendiger, furchtloser, fröhlicher zu machen? Damit sie später nicht aufhören, Mensch zu sein. Das wäre viel." (Rückentitel 'Ameise').

4

Mit den Stichwörtern Fabel, Nonsens, Naturbeobachtung und ethischer, ökologischer Aspekt lassen sich ganz grob die Richtungen GUGGENMOS'scher Tiergedichte fassen. Erst bei genauerem Hinsehen werden sich Überschneidungen und weitere Facetten zeigen. In mehreren Anläufen soll versucht werden, Vielschichtigkeit und Abwechslungsreichtum des künstlerischen Gestaltens offenzulegen.

Richtet man das Augenmerk zunächst nicht auf die innertextlichen Dialoge, ohne die keine Fabel auskommen kann, sondern auf das Dialogische zwischen Autor und Leser / Leserin, dann finden wir ein typisches Merkmal des Schreibens für Kinder. "Mir ist eine Maus entlaufen" (Maus 10), und die Kinder werden in der letzten Zeile zur Hilfe aufgerufen: "Was mache ich bloß?" In der "Einladung" (Sonne 21) fehlt das Ich, das Tier kommt zum Du: "Es klopft jemand an, / in der Nacht, an das Haus. / Da schaut jemand oben zum Fenster heraus. // Wer schaut da heraus? / Der jemand bist du. / [...]" Das Ich kann ohne Du-Anrede bleiben: "Ich und die Maus" (Maus 47) oder Du und Ich (Leser und Autor) können zu einer Person verschmelzen: "Der Vogel auf der Hand" (Maus 54) "Sitzt eine Meise / dir auf der Hand, / merkst du es kaum. Ihr Gesicht ist gering. / Aber in ihrer Brust ist doch Raum / für ein pochendes Ding. // Vogel, in dir / schlägt ein Herz wie in mir." Besonders häufig wendet sich GUGGENMOS freundlich erklärend an sein Lesepublikum. Am bekanntesten ist das "weißt du" in "Verkündigung" (Kinderbuch 203), nicht mehr in der überarbeiteten Neuauflage 1987): "Es war im Winter, weißt du, / Nacht war's und kalt." Ebenso schließt "Gegacker" (Maus 55): "Es hat ein Ei gelegt, weißt du." Der Schlange (und den Kindern) gibt er den guten Rat, als sie das eigene Hinterteil verschlingen wollte: "Man frißt sich doch nicht selber!" ("Versehen", Ameise 95). Und in typischer, etwas betulicher Fabelmanier, auch sprachlich etwas hölzern, erzieht er in "Große Wellen" (Elefant 19): "Es machte einmal / große Wellen ein Wal. / Ein Hering schaute ihm zu: / 'Ich wollte, ich wäre du!' / 'Probier es doch selber. Nur Mut! / Aber ja, du kannst es schon gut!' / So sprach der Wal, das war fein / (man soll lieb zu den Kleineren sein)."

Auf der zweiten Dialogebene, in der Trias Autor-Leser-Tier, spricht ein Ich das Tier an: "Guten Morgen, du Siebenschläfer!" (Elefant 13) oder "Es flog vorbei" (Ameise 149). "Es flog vorbei im Sonnenschein, / flog schnell vorüber und war klein. / Ein Käfer könnt's gewesen sein. / Doch sicher ist das nicht, o nein. / Leb wohl, du mein Vorüberlein."

Das dritte Modell ist aus den HEY-SPECKTERschen Fabeln bekannt: Das Tier gibt direkte Verhaltensvorschriften oder bittet um Verständnis für seine Not. Wie anders hört sich dagegen die Einladung des Frosches an, mit ihm in seinen

Palast, den alten Schuh im Tümpel, zu kommen und ihm beim Konzert zu helfen: "Der Frosch lädt zu Besuch" (Maus 62) "[...] Lauter! so recht mit Gewalt: / Qua, qua, qua, qua! / daß es kilometerweit schallt!"

Bleiben wir noch einen Moment beim Sprechen der Tiere und Menschen. Kaum einmal begegnen übrigens andere Personen den Tieren, es ist in der Regel das Autor-Ich. Alle Möglichkeiten werden durchgespielt: Der Mensch spricht mit dem Tier, aber das Tier spricht nicht; das Tier spricht, aber der Mensch nicht; sie sprechen miteinander. Der erste Fall: das von der Rückenseite des Schutzumschlags her bekannte Sprachspiel "Wer kommt gekro-?" (Maus 22). Das Krokodil kommt, "uns alle zu verschmausen. / Das ist nicht lieb, / du böses Tier, es wäre um uns schade. / Drum friß uns nicht, du kriegst dafür / ein Stücklein Schokolade." (Vgl. auch "Hummel, gib acht!" Maus 26). Fall zwei: das Schmetterlingsrätsel "Wer bin ich?" (Maus 58) und das schon genannte "Der Frosch lädt zu Besuch" (Maus 62). Fall drei: das häufig nachgedruckte "Wieviel wiegt ein Fink?" (Maus 20); das Ich wiegt einen Brief, der Fink will sich auch wiegen lassen, und es kommt zum Dialog. Die Frage nach den Lebensgewohnheiten der Tiere ist häufiges Thema z.B. im "Gespräch mit der Raupe" (Maus 57). Zuweilen wird sie beantwortet, zuweilen bleibt sie offen. "Wie ist dir zumute, sag, / die du eine Raupe bist / und den lieben langen Tag / Löcher in die Blätter frißt?" – und sie gibt Antwort.

Das Schema ist erschöpft, aber nicht GUGGENMOS' Phantasie. Tier und Mensch sprechen zuweilen gar nicht miteinander, sondern verständigen sich durch Schrift und Zeichen in "Ein Elefant marschiert durchs Land" (Maus 12). "[...] Er trug ein weißes Kreidestück / in seinem langen Rüssel / und schrieb damit ans Scheunentor: / 'Sie, geht es hier nach Brüssel?' // Ich gab ihm einen Apfel / und zeigte ihm die Autobahn. / Da kann er sich nicht irren / und richtet wenig an." Eine andere Variante findet er in "Wenn Schnecken abreisen" (Maus 27); zwei Schnecken tun sich gütlich am Salat von Frau Habersaat, wollen aber – wie die Ameisen bei RINGELNATZ – in die Ferne aufbrechen; auf den Dialog der beiden folgt die Frage des Autor-Ichs: "Was meinen Sie, Frau Habersaat?", und der Schwenk der Dialogebenen wird abgeschlossen: "'Was ich dazu meine? Ich sage bloß: / Dem Himmel sei Dank! Ich bin sie los!'" Der Autor unterhält sich mit einer Figur seines Textes; für erwachsene Leser/innen ist das keine Überraschung, sie kennen diesen erzähltechnisch ungewöhnlichen Sprung aus epischen Texten.

An zwei Beispielen soll abschließend zu diesem Aspekt gezeigt werden, wie souverän GUGGENMOS alle Möglichkeiten nutzt, das Verhältnis Tier-Mensch durcheinanderzuwirbeln. "Ich war ein Engerling", beginnt 'Der Maikäfer' (Maus 36), "Ich kroch einmal im Boden", und er schließt: "Jetzt fliege ich als Käfer dir /

laut surrend um die Nase." Wie Außensicht in vermenschlichende Innensicht umschlägt, mag "Regen" (Maus 37) verdeutlichen:

Regen

Es regnet ohne Unterlaß.
Bald
ist in Feld und Wald
jedermann naß.

Dem Hasen regnet's auf sein Fell,
dem Förster auf den Hut.
Dem Bussard auf sein Federkleid.
Dem Wildschwein auf die Borsten –
das freilich tut mir gar nicht leid.

Hat es zu regnen aufgehört,
rinnt es noch lang von den Zweigen,
tropf,
tropf.
Selbst der Uhu im Baum,
der es trocken hat,
schüttelt den Kopf.

5

Mit den letzten Beispielen haben wir bereits die Frage, wer jeweils Ich und Du in den Tiergedichten ist und wie wer miteinander spricht, verlassen und uns grundsätzlich dem Thema zugewandt: Welche Rolle spielen die Tiere in den Gedichten?

Für das Tierbuch im Bereich der Kinder- und Jugendliteratur hat GERHARD HAAS eine Typologie entworfen, die eventuell Wege in die verwirrende Vielfalt GUGGENMOS'scher Tiergedichte zu bahnen vermag (HAAS, 1979, S.539). Je nach Art des Bezugs zwischen Mensch und Tier findet er sechs (an anderer Stelle HAAS, 1974, S.338ff. sieben) "Spielarten":

1. Die Figur des Tieres ist Chiffre für den Menschen – von KOCH-GOTHA (1924) oder 'Semolina Seidenpfote' (und die Fortsetzungsbände) von GLADYS WIL LIAMS aus den 60er Jahren. Charakteristisch sei für diesen Typ das harmonistische Weltbild, das immer Zustimmung und Gehorsam fordert. Tiere blei-

ben in ihrer Welt; dieses Modell findet sich natürlich bei GUGGENMOS z.B. in seiner "Affenschule" (Maus 15), aber mit einigen Einschränkungen. Die Zahl der Fabelgedichte ist sehr gering, was nicht ausschließt, daß auch mit anderen Tiergedichten Lehren erteilt werden, aber sie sind oft ironisch, augenzwinkernd zurückgenommen.

2. Das Tier fungiert als Gegenbild und Herausforderung für den Menschen wie in KÄSTNERs 'Konferenz der Tiere' (1949), wo Tiere und Kinder in der paradiesischen Einheit und Reinheit geblieben sind und das Ideal für den entfremdeten Erwachsenen bilden. Unter diese Leitvorstellung lassen sich sicher die meisten der Tiergedichte von GUGGENMOS subsumieren, obwohl er einer zeitgemäßeren Variante Ausdruck gibt. Nur selten spricht er die drohende ökologische Katastrophe so plakativ an wie in "Der Auerhahn" (Sonne 27), wo der Fremdenverkehr als Ursache für das Aussterben vieler Arten beim Namen genannt wird. Nur selten beschreibt er den aussichtslosen Überlebenskampf so bitter wie in "Der Hase" (Ameise 46).

Der Hase

Schau nur an, dort läuft er,
er hoppelt, was er kann.
Der Hase, der Hase,
was ist das für ein Mann?

Das ist ein Mann, der gar nichts weiß.
Er haust im weiten Feld.
Er kann nicht lesen, sieht nicht fern.
Er hat keinen Pfennig Geld.

Der Mensch ist Gott. Der Hase
ein dummer Hase nur.
Ja, mach nur Männchen, schau dich um!
Bereinigt ist die Flur.

Die Menschen und Maschinen,
was sie dir übrigließen:
Krank machen dich die Kräutlein,
die da und dort noch sprießen.

Wer Geld hat, darf dich schießen.

In der Regel sucht er Verständnis und Mitfühlen für die Lebensgewohnheiten der Tiere auf einem andern Wege zu erreichen. Aus liebevoller Tierbeobachtung entsteht häufig die Frage: "Wenn wir Schnecken wären" (Maus 14) oder: Was tun, was denken, was fühlen die Tiere? Darauf gibt es komische, ausweichende, eigene spielerische oder ernste Überlegungen, anregende Antworten wie in "Was denkt die Maus am Donnerstag?" oder überhaupt keine, Sprache führt nur bis ans Schweigen heran.(Ameise 153)

Unterm Rasen.

Es laufen die Kinder
und raufen und spielen,
und unter ihnen
im Erdreich wühlen
die Würmer, die vielen.

Doch was sie da unten
im Dunkeln, im Kühlen,
die Würmer, die vielen,
beim Wühlen fühlen –
keine Sprache beschreibt es.
Es ist ein Geheimnis und bleibt es.

3. Das Tier ist das Fremde und Andersartige – "Alle Tiere haben / Augen aus einer uns unbekannten Welt", zitiert HAAS hier RINGELNATZ, "Suchen Sie jedwede Kreatur / in ihr selbst zu begreifen." Immer wieder spürt GUGGEN-MOS das Tier in seiner Welt auf, aber es ist ihm niemals fremd oder gar bedrohlich. Mit skurrilen Einfällen (das kurzsichtige Huhn bekommt eine Brille) oder sprachlichen Mitteln werden Nähe und Vertrauen geschaffen. Durch ein Reimspiel "Salamander – Wanderwetter" (Maus 38) werden die Welten zueinandergerückt; selbst das Zerstechen des Regenwurms verliert sein Grauen: "Was erst einer war, kriecht fort, / sowohl nach da als auch nach dort". (Maus 59).
4. Mensch und Tier bilden eine kreatürliche Genossenschaft – nur Kinder können Tiere als kleine Brüder verstehen. KIPLINGs 'Dschungelbuch' (1894) und SELMA LAGERLÖFs 'Nils Holgersson' (1906) zeigen das Widerspiel von Nähe und Abstand, "das Einssein in der unaufhebbaren Getrenntheit" (HAAS). Das ist nicht die Sicht weise von GUGGENMOS; allzu deutlich spricht er immer wieder sein "Wir" aus, sich als Erwachsenen einbeziehend. Damit relativiert er seine häufig zitierte Selbstaussage aus dem Nachwort seines Erfolgsbuches von 1967: "Der Dichter schreibt das Gedicht für sich selber. Auf andere Art kommt

kein echtes Gedicht zustande." Dieser Topos des Schreibens für die Schublade trifft auch auf GUGGENMOS nicht zu. Natürlich schreibt er für Kinder, aber wie alle guten Kinderbuchautoren verliert er dabei nicht sich selbst aus dem Blick.

5. Mensch und Tier leben in einer Welt in selbstverständlicher Gemeinschaft und wandeln auf den Spuren des FRANZISKUS VON ASSISI. Brüderliche Liebe hat den Riß zwischen den Kreaturen geheilt. GUGGENMOS teilt diese Utopie, wenn auch seine Gedichte schwanken zwischen der schönen, heilen Welt und den Kassandrarufen, wie auch EWERS in seinem Geburtstagsgruß (EWERS, 1992/20) feststellt, dabei allerdings die Arbeitsphasen kontrastierend.

6. Die Welt des Tieres wird ohne Bezug zum Menschen als eigener Seinsbereich dargestellt – LÖNS, FLEURON und JACK LONDON kommen ebenfalls ohne Personalisierungen, ohne Zuschreibungen von Gemüts- und Charaktereigenschaften nicht aus, aber niemals wollen sie den Menschen im Tier spiegeln. Es wurde bereits gezeigt, daß sich für GUGGENMOS dieser Typus der konsequenten Innensicht, wie er sich in der Verhaltensforschung findet, weder mit seiner ästhetischen noch mit seiner ethischen Vorstellung vereinen läßt.

7. Der Mensch berichtet oder reflektiert über das Tier. Das Tiersachbuch, das Lexikon, das Lehrbuch vermitteln Forschungsergebnisse ohne/fast ohne erzählerische, unterhaltende Elemente, beziehen Spannung, Faszination, Überraschung durch das Neue, Unbekannte in der realen Welt. Diese "Spielart" sei nur der Vollständigkeit halber erwähnt; Lyrik geht per definitionem immer über plane Information hinaus.

6

Mit der Typologie von HAAS läßt sich ein großer Teil der Tiergedichte von GUGGENMOS gar nicht erfassen: die Sprachspiele. Was haben die Schnirkelschnecken (Maus 59) oder der dreimal sich ringelnde Regenwurm, dem es damit jedoch nicht zum Abitur reicht ("Ungenügend" Ameise 120), mit Tieren als Tieren zu tun? Sie sind nicht viel mehr als ein komischer Einfall, der sich noch weiter aus der Realität zurückziehen kann. So wie MORGENSTERN schon "Das ästhetische Wiesel" "auf einem Kiesel inmitten Bachgeriesel" sitzen ließ, so brauchte es für GUGGENMOS nur des Anstoßes durch das Wort "Katze": "Halb so schlemm" (Maus 23) "Es war mal eine Kateze, / die hatte so ein Gefühl. / Da sagte Doktor Gripsgrari: / 'Sie haben ein e zuviel!'" Es wird herausgeschnitten und entkommt, um sich der "Tanete" einzufügen, die "nähtetetete". In allen möglichen und unmöglichen Zusammenhängen begegnen einem die Tiere: der Gorilla in der Geisterbahn, hinter dem sich der Freund verbirgt in "Ferien-Job"

(Sonne 80), oder Herr Professor Doktor Icks bastelt einen Maulkorb für Bazillen ("Pst!!!" Sonne 70). Im Unterschied zu vielen Kolleginnen und Kollegen zerredet GUGGENMOS seine Einfälle nicht und, was noch entscheidender ist, ein gutes Nonsensegedicht lebt nicht vom Gag allein. Daß Tiere in dieser Gattung zum hauptsächlichen Personal gehören, ließe sich an der langen Tradition ablesen, aber auch an den neuen Beispielen von SPOHN oder WITTKAMP.

7

Mit der Sprache schweigen? Das war schon 25 Jahre vor dem 70. Geburtstag seine Vorstellung vom guten Kindergedicht, als er bereits zehn Jahre geschrieben und veröffentlicht hatte. Im bereits zitierten Nachwort beruft er sich auf VERGIL und meint: "In dem Dichter der Georgica und der Eklogen muß die Liebe zum Schlichten gebrannt haben, zu den Dingen mit einem hohen Gehalt an Schweigen." Wer könnte dazu mehr Vorbild sein als Tiere, denn selbst gakkernde Hühner verbreiten kein Geschwätz. Sogar wenn Pferde sich zum Kaffee treffen, plaudern sie nicht über Banales, sondern spitzen die resignative Zeitdiagnose in einem Satz zu:

Beschämender Traum

> *Zwei Pferde gingen bekümmert*
> *im Gänsemarsch durch den Schnee.*
> *Sie traten in ein Gartenhaus,*
> *das hatten sie selber gezimmert.*
> *Dort zogen sie ihre Halfter aus*
> *und tranken Kaffee.*
> *Doch unter dem Deckel der Zuckerdose*
> *fanden sie keine süßen Brocken,*
> *fanden sie eine Herbstzeitlose*
> *mit angezogenen Knien hocken*
> *(sie hatte sich vor dem Frost verkrochen*
> *und sah nun mit blaßlila Augen her).*
> *Ich kann nicht mehr,*
> *sagte das eine der Pferde,*
> *es ist alles so Winter auf dieser Erde.*

(Ameise 182)

Literatur

- Das kunterbunte Kinderbuch. Gedichte und Geschichten für Kinder. Illustr. v. Helma Baison. Freiburg/Br.: Herder 1962.
- Was denkt die Maus am Donnerstag? 123 Gedichte für Kinder mit 56 Grafiken von Günther Stiller. Recklinghausen: Paulus 1966.
- Ein Elefant marschiert durchs Land. Geschichten und Gedichte für Kinder. Mit vielen Bildern von Eva Johanna Rubin. Recklinghausen: Bitter 1968.
- Das Geisterschloß. Kindergedichte. Bilder von Klaus Pitter. Reinbek: Rowohlt 1974 (=rororo rotfuchs 73).
- Sonne, Mond und Luftballon. Gedichte für Kinder. Bilder von Mario Grasso. Weinheim: Beltz & Gelberg 1984.
- Oh, Verzeihung sagte die Ameise. Ein Kinderbuch mit Bildern von Nikolaus Heidelbach. Weinheim: Beltz & Gelberg 1990.

Ewers, Hans-Heino:Josef Guggenmos – Naturlyriker und Sprachspieler für Kinder. Rückblick auf ein herausragendes kinderlyrisches Werk. Eselsohr 9 (1992), S.20.

Josef Guggenmos im Gespräch (mit Hans-Joachim Gelberg). Fundevogel 100 (Juli 1992), S.13–16.

Haas, Gerhard: Das Tierbuch. In: ders. (Hrsg.): Kinder- und Jugendliteratur. Zur Typologie einer literarischen Gattung. Stuttgart: Reclam 1974, S.335–367.

Haas, Gerhard: Tierbuch. In: Lexikon der Kinder- und Jugendliteratur Band III. Weinheim: Beltz 1979, S.538–541.

Larese, Dino: Josef Guggenmos. Amriswiler Bücherei 1980.

Motte, Magda: Kinderlyrik – Begriff und Geschichte. In: Forytta, Claus / Hanke, Eva (Hrsg.): Lyrik für Kinder – gestalten und aneignen. Frankfurt: Arbeitskreis Grundschule e.V. 1989, S.12–35.

"Und so" – Zur Kinderlyrik Jürgen Spohns

'Drunter & drüber', so verkündigt der Klappentext, "ist das erste Buch, bei dem Spohns Sprachtalent ebenso spürbar wird wie seine graphische Qualität", und es ist das erste und einzige Buch mit Kindergedichten, das jemals den Deutschen Jugendliteraturpreis erhalten hat. (Guggenmos wurde beide Male, 1968 und 1993, mit Sonderpreisen geehrt.) Bis 1980 war Spohn als Bilderbuchkünstler bekannt; so jedenfalls stellte ihn Horst Künnemann 1979 im Lexikon der Kinder- und Jugendliteratur vor. Daß er neben den Texten für seine Bilderbücher auch "freie" Gedichte schrieb, war den Lesern der 'Jahrbücher der Kinderliteratur' seit 1971 bekannt, und für die Anthologie 'Die Stadt der Kinder' hatte Spohn 1969 drei Nonsense-Texte beigesteuert, darunter, zwischen den Senioren Höllerer, Leip, Baumann und Schnurre

Vier

Ein Murmeltier
zum Murmeltier:
Wie wär's mit einem Murmelbier,
gleich hier bei mir?
...

Unverkennbar sind bereits einige Kennzeichen seiner Lyrik: optisch wirken die Texte immer schmal, d.h. die Zeilen sind kurz; sie folgen selten einem metrischen Schema, sondern behalten ihren natürlichen, alltäglichen Sprechrhythmus; schließlich ist der Auslöser nicht das Tier, der reale Gegenstand, eine Situation, sondern die Wortgestalt, das Auflösen des sprachlichen Schematismus, der Sprachnorm, die Idee vom klanglichen Miteinander, kurz: der Reim hat das Murmeltier zum Murmelbier verführt. Dann geht es jedoch ganz logisch weiter, wenn auch sprachlich nicht ganz logisch:

Seither gibt es
bei Murmeltieren
(vom vielen Murmelbierprobieren)
nur Milch und Brot
und – Bierverbot!

In den 70er Jahren hat Spohn auf seine Weise der antiautoritären Welle seinen Tribut gezollt, speziell in den ersten drei Bänden des 'Jahrbuchs für Kinderliteratur', in denen seine, in viele Lesebücher übernommenen Texte mit dem Titel *Kindergedicht* bzw.*Kinderlied* 'veröffentlicht wurden. Im Abstand von zwei Jahren erschienen zwei 'Kindergedichte', eines mit den Zeilen "Honig, Milch/ und Knäckebrot-/ manche Kinder/ sind in Not" beginnend und den makaber zupakkenden "manche Kinder/ sind schon tot" schließend, das andere, später auch unter der Überschrift *Der Riese*, kritisiert die Unterdrückung des Kindes in Familie und Schule. Schlaglichtartig und stark rhythmisiert wird die Biographie vom 5. bis zum 10. Lebensjahr vorgestellt: "5 Jahre alt,/ ich kenne/ keinen Wald,/ die Stadt/ ist meine Wiese,/ der Vater ist/ der Riese". Absichtlich wird auf das Schreiben in Reimzeilen verzichtet, weil dadurch der Ton zu "soft" würde. Auch der Titel *Kinderlied* ist verschiedenen Texten zugeordnet: im 3. Jahrbuch (1975) findet sich darunter "KINDERZIMMER/ sind zu klein", in dem Posterbilderbuch 'Nanu' aus demselben Jahr hat das 'Kinderlied' den Untertitel "Manche Kinder sind im Heim": eine textkritische Aufgabe für den Herausgeber einer Gesamtausgabe! Überhaupt sind Spohn niemals die Ideen ausgegangen, wohl aber die Gedichttitel. Unter *Endlich* laufen zwei Texte (Ja ja 12 und Schnepfen 9), unter *O* bzw. *Oh* sogar drei (Drunter 13; Schnepfen 28; Pardauz 56); Fragen haben ihn immer wieder beschäftigt: *Ernste Frage* (Drunter 32), einmal sogar zwei in einem Buch; *Frage* (Ja ja 54) und *Fragen* (Ja ja 68) und schließlich *Frage* (Pardauz 84). Dabei liegen die Inhalte oft Welten auseinander.

'Nanu' ist nicht nur eine typische Form der Formulierung seiner Titel, sondern Spohn überrascht auch mit einer ungewöhnlichen Form der Präsentation: ein Buch, das aus zwei Postern besteht, die als farbige Wandbilder zur Wohnumwelt werden. Und noch ein Unikum ist anzuzeigen: zu Bildern und Texten im visuellen Medium kommt in diesem Fall die akustische Vermittlung. Im Jahre 1977 erscheint unter dem Label 'für Dich' im Jahreszeiten-Verlag (hergestellt bei der TELDEC) die Platte 'Spohn's Sprüche: süß und sauer' mit dem Untertitel (Spohn liebt Untertitel) 'Für- & (Spohn liebt dieses Zeichen) Widersprüchliches'. Im fetzigen Heavy-Rock dürfen sich die Kids, die damals noch nicht so hießen, ihren Frust von der Seele singen: über die Sonne, die vor lauter Umweltdreck finster dreinschaut, über die zu braven Kinder, über die Eltern, die keine Zeit haben, über die kaputten Familien (*Heinerle*), über die *Lust*, alles das zu tun, was bisher tabu war: "dich anzufassen...mich nackt zu besehen...auf die Welt zu fluchen/ ich habe Lust/ nach Gott zu suchen." Diesem plötzlichen Umschlag werden wir noch häufig, auf ganz verschiedenen Ebenen, begegnen: vom Alltäglichen ins "Metaphysische", vom Derben ins "Poetische", vom Komischen ins Ernste, ins Makabre, vom freundlichen Humor in den schwarzen, vom Sinnenhafte ins Sinnlich-Erotische, vom Bedeutungsvollen ins Belanglose, vom Spielerischen ins Gesellschaftskritische.

'Drunter & drüber' sammelt nun nicht, wie das verständlich wäre und bei anderen Autoren Usus, das bisher disparat Gedruckte, sondern nimmt keines der "alten" Gedichte auf. Es scheint nur ein "Remake" zu geben, das aber Spohn selbst 1988 für den Coppenrath Verlag zusammengestellt hat. Der Titel 'Hallo du da' bezieht sich auf ein Gedicht aus 'Drunter & drüber', das aber im Band nicht vorkommt; stattdessen wird er eröffnet mit *Halloh, wer da* aus dem Band 'Darum' (1984), von dem er auch den Untertitel übernommen hat: 'Ganzkurzgeschichten, Verse & Wünschelbilder'. Unvorstellbar, daß dieses Spiel mit den Titeln nicht beabsichtigt war!

In der Preisbegründung für den Deutschen Jugendliteraturpreis in der Sparte Kinderbuch wird Spohn als Moralist neben Kästner gestellt, der "seine -oft strenge und unbequeme – Botschaft mit Humor und Witz" vermitteln kann, d.h. der Ton der 70er Jahre ist deutlich vernehmbar, durchaus nicht typisch für die gleichzeitige Kinderlyrik anderer Autoren. Es ist immer noch hervorhebenswert, daß "ihre Inhalte sich auf den Alltag, auf Erfahrungen und Gefühle beziehen, die allgemein sind". Immer wieder wird auch in Rezensionen hervorgehoben, was die Jury begeistert hat: "Text, Illustration, Umbruch der Seiten und Buchgestaltung sind bis zur Auswahl des Papiers von musterhafter Einheit." Liegt es an dieser strikten Forderung nach dem Optimum buchkünstlerischer Ausstattung, die Spohn von einem Verleger zum andern getrieben hat? Von Mohn mit seinen ersten Bilderbüchern ab 1966 über Bertelsmann und Annette Betz, Beltz & Gelberg und Carlsen, Thienemann und Maier bis schließlich zu Nagel & Kimche hat er alles ausprobiert, was Rang und Namen hat. Die Illustrationen kommentieren die Texte, sind nicht, wie später, Voraussetzungen für sie; die Holzschnitte, bis zur Größe einer halben Buchseite, stehen allein den Texten gegenüber, haben also gleiches optisches Gewicht. Die großflächig angelegten Figuren, auf chamoisfarbenem Papier gedruckt, scheinen den Bildrahmen zu sprengen.

Das knappe Hundert Gedichte, häufig kürzer als zehn Zeilen, selten zu vierzeiligen Strophen gebunden, kaum einmal über eine Seite hinausreichend, ist im Inhaltsverzeichnis alphabetisch angeordnet; eine Kapitelgliederung hätte eine unangemessene Deutungsvorgabe gemacht. Diese Merkmale finden sich, mit leichten Abweichungen, auch in den beiden anderen größeren Gedichtbüchern 'Das Schnepfen-Köfferchen' (1985) und 'Pardauz & Co' (1991), wobei der Untertitel das erste und das letzte beziehungsreich verbindet: 'Verse zum Vorsagen, Nachsagen, Weitersagen.' Spohn ist mit seiner Zeichensetzung äußerst zurückhaltend; bewußt von der Norm abweichend; deswegen muß vermerkt werden, daß die Kommata nur im früheren Untertitel ergänzt wurden. Wie wichtig ihm die graphischen Elemente der Sprache waren, wie konkret er mit ihnen umging, hat er in einem Text erläutert.

Komma

Ein Hauptsatz
sagt zum Nebensatz
wir sind so nah
komm, sei mein Schatz

Das Komma
muß verschwinden
Dann können wir
uns finden
(Pardauz 25)

Kurz wie die Gedichte sind die Gedichttitel; auffallender jedoch ist eine andere Eigenart, die sich später noch verstärkt. Neben den bekannten Formen der Substantivüberschrift: *Befragung, Fink, Floh, Flugsicherung* oder den Sätzen, angefangenen Sätzen und Redewendungen stehen Ausrufe: *He!, Hoppla, Hurra, Hallo du da, Oh, Oh weh*; bedeutungsleere Einzelwörter: *Für, Mit, Aus*, und – noch merkwürdiger, beiläufig hingeworfene Floskeln: *Nanu, Siehste, Je nachdem*. Mit den Präpositionen lassen sich trefflich Ketten basteln, "Das Leben ist/ zum Leben da/ für: Picknick/ im Himalaya/ für: eine Katze/ zum Schnurren bringen..." oder völlig überraschend, die Funktion der Wortart abwandelnd, existentielle Erfahrungen des Sterbens (eines Käfers) behandeln. Das Gedicht *Aus* endet:

denkt noch mal
an die Lieben zu Haus
und dann
ist es aus
(Drunter 58)

Lebensweisheiten, humorvoll verpackt, völlig absichtslos hingeworfen, nach dem Motto: es weiß ja eigentlich jeder, verbergen sich einerseits unter den floskelhaften Überschriften, andererseits unter so pompösen wie: Erkenntnis, Diagnose, Schicksal. Nie weiß man jedoch mit Sicherheit, was einen erwartet. Unter dem hoch bedeutsamen Titel *Idee* wird "Lebensphilosophie" vermittelt:

Fragt sich
das Huhn:
Was kann ich
für die
Nachwelt tun
in diesem
Alltagseinerlei
Ach ja, ich hab's
ich leg ein EI

(Drunter 87)

Wo unter ebenso bedeutsamem Titel Bedeutsames mitgeteilt werden soll, gerät die gute Absicht in die Nähe des Kalauers (oder hat man das damals "überlesen", weil die Sache ja richtig ist?)

Fortschritt

Der Fortschritt
ist ein Ungeheuer
gefräßig, emsig
und recht teuer

Er frißt Milliarden
und Millionen
und hintenraus
ja, hintenraus
da kommen
Industrienationen

(Drunter 34)

Auch das Thema "Umweltzerstörung" wird allzu prosaisch, plakativ auf den Punkt gebracht, läuft ebenfalls auf ein Schlagwort zu. *Was hat sie nur* (Schnepfen 90), die Natur? "...Der letzte Laubfrosch/ sagt adé/ Schwefeldioxyd im Schnee/ Im Champignon/ ist Cadmium/ Warum – warum?// Die Erklärung/ kennt man schon:/ Der Preis für -/ Zivilisation." Geralde Schmidt-Dumont visiert in ihrer Rezension zwar als Publikum "nicht mehr Bilderbuchkinder" an; die Gedichte wendeten sich "an die älteren Kinder".(Informationen Jugendliteratur und Medien 2/82) Die als oberlehrerhaft diffamierte Frage, wie alt sie denn sein sollten und ob nicht eher Jugendliche oder besser Erwachsene vielleicht nicht die intendierten, aber die tatsächlichen Leser sind, diese Frage stellt sich bei verschiedenen Texten auf verschiedene Weise. Selbst wenn man sich in Erinnerung ruft, daß die Bewahrpädagogik zu den Hauptangriffszielen der 70er Jahre gehörte, daß Spohn in der Tat Alternativen bot, "die man Kindern ins Poesiealbum schreiben kann, ohne daß sich die Feder sträubt", wie es in der genannten Rezension heißt, selbst wenn eingeräumt werden muß, daß Kindern politische Sachverhalte, tabuisierte Themen wie Liebe und Tod, depressive Urteile über den Zustand der Menschheit nicht vorenthalten werden dürfen, so ist gerade in diesen Bereichen bei der Vermittlung erhöhtes Fingerspitzengefühl vonnöten. Allzu schnell gerät Vereinfachung zur Vergröberung oder der ästhetische Spaß, das Spiel mit den Wörtern, gedacht als Vehikel für die Aussage, macht sich selbständig und kommt der Mitteilungs-, auch der Belehrungsabsicht in die Quere. Abgesehen davon, daß in der *Zoologie* (Darunter 99) die Begriffe "Übermensch, Untermensch, Herrenmensch" ein gerüttelt Maß an Vorkenntnissen voraussetzen, fragt man sich, ob es bei dem Spaß bleiben kann/ soll, in den der Menschenzoo mit "Menschenskind, Unmensch, Mitmensch" mündet: "der Untermensch/ ist vorn gezähnt/ ein Herrenmensch/ der meistens gähnt". Dagegen gibt es geglückte Beispiele für das schwierige Geschäft, Kindern die Welt zu erklären.

Frage

Ach, Sie sind tierlieb?
Ja, tierlieb. Ich bin tierlieb.
Ich auch.
Ich bin auch tierlieb.
So, so, und Sie?
Oh, ich bin tierlieb.
Ja, ist denn keiner, ich meine,
ist denn keiner menschenlieb?
(Ja ja 54)

Das Redundante, sonst gar nicht Merkmal des Spohn'schen Stils, wird hier zum Charakteristikum. Kritik an menschlichen Verhaltensweisen gelingt Spohn immer dort am überzeugendsten, wo er unverkrampft, locker untertreibend aus Sprechsituationen heraus freundlich zwinkernd seine Meinung sagt wie etwa in *Getuschel* (Drunter 27), wo das Spiel mit "Die da/ ist mit/ der da da" sich lautmalerisch im Kreis dreht. Nicht nur das alltägliche Problem des Zusammenlebens, sondern auch die 'Ernste Frage' (Drunter 32) nach dem Überleben wird, durchaus dem Thema angemessen und ohne verniedlichende Verkürzung, Kindern entwickelt. (Vgl. auch das thematisch ähnliche *Hirn?* Ja ja 96)

Kinder mögen makabre Späße, und sie sind heute einiges an Porno und "Sado" gewöhnt; ob sie den galligen Humor in die richtige Kehle kriegen, wie er aus *Vorsicht* spricht, mag dahingestellt bleiben.

Vorsicht

Vater Schwein
und Mutter Schwein
die riefen
ihre Kinderlein:
Ihr lieben Schweinchen
habet acht
daß keiner aus euch
Würstchen macht
                    (Drunter 72)

Warum empfinden wir diesen "Spaß" anders als die bekannten Katz-Maus-Gedichte, die man zum Vergleich heranziehen könnte (*Warnung* Drunter 83; *Ende* Pardauz 24)

Versucht man, das eigene Profil der Spohn'schen Kinderlyrik zu beschreiben, dann werden sich natürlich viele Parallelen zum sogenannten neuen Kindergedicht finden lassen, das er mitgeprägt hat.(Vgl. Gabriele Strobels unveröffentlichte Diplomarbeit 'Elemente der Modernität in der neueren Kinderlyrik unter besonderer Berücksichtigung von Jürgen Spohn, Bamberg 1992, die ich dankbar eingesehen habe). Beim nonsensehaften Reihen von Reimen, den Kettengedichten also bringt er es einmal , bei dem Text *Braucht* auf sechs Seiten; das ist absolut einmalig, hat er doch sonst in wenigen Zeilen alles gesagt. Typisch ist jedoch, daß der absichtslose Spaß am Ende in Ernst umschlägt, einen für Spohn sehr wichtigen Ernst. "Das Kleinhirn/ braucht/ den Sachverstand/ Ich – brauche/ deine zarte Hand"(Schnepfen 20). Beim Phantasieren über Gedankenwürmer und Kragenknöpfe, Riesenrad und halbe Doppelschweine werden neue Sachverhalte erfunden oder Wörter von ihrem festgelegten Sinn befreit. Wie Kinder fragt er ganz naiv nach Wortbedeutungen und nimmt den *Gabelbissen* zum Aufhänger, auch weil er sich auf natürliche Weise zum Reimen anbietet:"Was ist denn das/ ein Gabelbissen/ möchte eine/ Gabel wissen" (Schnepfen 55). Beim Umgang mit dem Metrum, dem Klang, dem Rhythmus nutzt er die neuen Freiheiten, ohne daß ihm kunstvolle Neuschöpfungen am Herzen liegen. Wo er es nicht tut, etwa in den zu sauber gebauten Zeilen des 'Ali Gator auf der Suche' (1987), eine der seltenen fortlaufenden Reimerzählungen Spohns, dort verliert die Sprache an Spannung, und der Text der Liebesgeschichte bleibt recht blaß. Manchmal muß man genau hinschauen, gerade in den Bänden, in denen Ganzkurzgeschichten und Verse gemischt sind, ob man das eine oder das andere vor sich hat. Dies und das, könnte er sagen, und *Dies & Das* ist ein Beispiel für die Lässigkeit (oder Ironie), mit der er reimt; der Gag ist ihm wichtiger.

Dies & Das

Meine Zeit
ist eh um
sagt die Maus
ich geh rum
in das
Mauseleum
> *(Schnepfen 54)*

Neu – und mit dieser durchgängigen Deutlichkeit, um nicht zu sagen Obsession einmalig in der deutschen Kinderlyrik – ist ein Thema, das sich unter das Motto "Ein VIVAT/ für die/ Zweisamkeit" stellen ließe (*Gute Nacht* Pardauz 72). In einer erstaunlichen Variationsbreite findet es sich im Flehen nach Zuneigung, aber auch in der erotischen Anspielung oder in der drastischen sexuellen Begierde. Zarte Liebesgedichte gelingen ihm wie "Wo ist die Zeit/ vom letzten Jahr/ als ich mit dir/ so fröhlich war" (Drunter 85) oder "Komm mich/ mal besuchen/ Ich back dir/ einen Kuchen/ Ich zeig dir/ meinen Leberfleck/ und puste deine Sorgen weg" (Drunter 107).Verhüllende, aber dadurch um so deutlichere Anspielungen sind über sein ganzes Werk verstreut, ohne daß sich Unterschiede in Häufigkeit oder Intensität im Laufe der Zeit nachweisen ließen. Die Lust, ein Wort, das bei ihm ständig vorkommt, wird zunächst nicht beim Namen genannt.

Was denn

Des Nachts
da ist es finster
im Eichelkraut
im Ginster

Da habe ich
mit dir ganz dicht
im Schummerlicht
im Schlummerlicht
von Angesicht

zu Angesicht
mit dir ganz dicht
im Schummerlich
im Schlummerlicht
ich sag es nicht
ich sag es nicht

Des Nachts
da ist es finster
im Eichelkraut
im Ginster
                    (Ja ja 41)

Gespielte Empörung, aber gleichzeitig Genuß über das, was da auf dem Kanapee zwischen Kurt und der Annemarie passiert, spricht aus dem Gedicht *Moral* (Schnepfen 102).Ist er sich zunächst nicht sicher, ob das Küssen "mit Vernügen/ oder Lust" geschieht (*Fragezeichen* Drunter 23), nennt er zunächst den Unfug, Lebertran ins Bier zu gießen, "die kleine Lust" (Pardauz 53), überspielt den semantischen Lapsus, wo "der Lustige/ auf seine Lust" wartet (Drunter 88), so kommt er doch im 'Schnepfen-Köfferchen' "zur Sache", ganz titelgerecht, wenn man weiß (und welches Kind weiß das schon?), daß Prostituierte als Schnepfen bezeichnet werden. Da kommen die Frühlingsgefühle "dem Frieder/ in die Glieder/ und bei/ der Ida/ unters Mieder" (Schnepfen 68); das poetische Muster des Gewitters als Naturbild für den Liebesakt wird wieder aufgenommen, wie es sich schon in Mörikes Gedicht *Begegnung* fand mit den Anfangszeilen: "Was doch heut' nacht ein Sturm gewesen" (*Ein Paar* Schnepfen73). Die Tradition der Bettgedichte wird fortgeführt: "Mein Sofa ...hält mir/ einen Traum bereit/ von Liebeslust/ und Glück zu zweit" (Schnepfen 74); *Am Strand* werden nicht nur "Busenmassen/ die kaum in die/ Blusen passen" wahrgenommen, sondern "Auch so/ manches Tadellose/ steckt in/ mancher Badehose" (Schnepfen 86). Dazwischen stößt man auf zarte Liebesgedichte, die Verständnis für das Bedürfnis nach menschlicher Nähe hervorrufen: "Es konnten sich/ zwei Weiden/ gut leiden" (*Nähe* Schnepfen 69) oder, schon in 'Drunter & drüber' das ganze schlichte *Du* (102). Geradezu abgeklärt wirkt *Besuch*, reflektierend und keine Lustbefriedigung durch das Evozieren der Bilder mehr spürend.

Besuch

Leis kam
die Lust
Sie hat
an mir
vorbei gemußt
Und blieb
na ja
ein Weilchen
da

(Flausensausen 31)

Fragt man sich nach den Gründen dafür, daß Spohn derartig fasziniert war vom Thema Sexualität, so liegt einerseits der zeitgeschichtliche Bezug auf der Hand: Kein anderes Tabu saß so tief und wurde deshalb so aggressiv und natürlich auch genußvoll "entzaubert"; gerade die heftig verleugnete kindliche Sexualität sollte sich, so praktizierten es aufgeklärte Eltern und Kinderläden, ausleben dürfen. In vielen Zimmern dürfte das Poster aus "nanu" gehängt haben mit der "Po-Tasse" und dem erläuternden Text:"Erfindung:/ Eine Tasse, die zwar nicht steht -/ die man aber streicheln kann".'Das Schnepfen-Köfferchen' wird zehn Jahre später deutlicher.

O

Das O
ist rund
und deshalb
rollt es
aus dem Mund
Ach wo
Doch doch
und innendrin
da ist
ein Loch
So so
Ist außen glatt
so wie
ein Po
das O

(Schnepfen 28)

Eine andere Erklärung, die der ersten nicht widerspricht, bietet ebenfalls das Poster; unter einer geöffneten Schachtel steht: "Eins, zwei Kinderlein/ die steigen in die Schachtel ein/ Was taten sie da drin zu zwein?/ Sie liebten sich, sie liebten sich/ und schliefen dicht beisammen ein." Das erinnert an den alten literarischen Topos von der Kinderminne, dem Männer nachgeträumt haben, Theodor Storm z.B.in seiner Novelle 'Pole Poppenspäler', wo die beiden sich liebenden Kinder in einer Kiste übernachteten. Wieviele Lehrer mögen bei dieser klassischen Schullektüre versonnen und geheime Wünsche unterdrückend auf ihre Kinder geblickt haben?

Die ausgehenden 80er scheinen gute Bären-Jahre gewesen zu sein; nach Frantz Wittkamp, wie Spohn Graphiker und Lyriker, der 1987 in dem Bändchen 'Ich glaube, daß du ein Vogel bist' eine Serie von Bären-Gedichten veröffentlichte, erschienen zwei Jahre später die 'Bärereien', 34 Texte mit 34 dazugehörigen Strichzeichnungen, die vom Stil her schon vom 'Schnepfen-Köfferchen' bekannt waren. In der Schachtel sitzt nun der Bär allein, "als armes Schwein", er liebt einen Bären aus Plüsch und Sägemehl, beim *Donnerschlag* geht es um Streit und nicht um Liebe, und wenn er zwischen zwei Bärinnen in Bikinis steht, so hat er ein Leiden, er kann sich nicht entscheiden "zwischen Ruth und Ursula" (*Zweifel*). Auffallend ist zuweilen der resignative Ton: "Der Bär der/ ist so fit/ nicht mehr" (*Ach*), in einem anderen Text hat er das Zipperlein. *Pardauz* zeigt ebenfalls einen strauchelnden Bär; es endet "Es findet/ sich ein/ Stolperstein/ gewiß auch für/ ein Bärenbein". Nebenbei sei angemerkt, daß wieder ein Gedichttitel später zum Buchtitel wird, ohne daß der Text selbst übernommen würde. Ein gereimter Vierzeiler ist auf elf Zeilen in die Länge gezogen. In diesem Band ohne Sprachspiele und Nonsense-Elemente begegnet er besonders häufig, wie übrigens auch bei Wittkamp, nur sieht er anders aus, eben nach Spohn'scher Manier schlank auf mindestens acht Zeilen verteilt. Es dürfte nicht abwegig sein, dafür graphische Ursachen heranzuziehen; acht kurze Zeilen "passen" besser ins Hochformat des Buches als der breite Vierzeiler.

Wie eng sich bei Spohn Sprach- und Bilderspiele aufeinander beziehen, das läßt sich am besten an seinen Bilderbüchern zeigen. Vor dem ersten Gedichtband, dem prämiierten 'Drunter & Drüber', hatte er die Arbeiten von 12 Jahren in dem 'Großen Spielbaum' zusammengefaßt, vom 'Spielbaum' (1966) bis zum 'Papperlapapp-Apparat' (1978). Schon in den Untertiteln geben sie sich als zusammengehörig zu erkennen: Reime & Bilder; die immer gleich bleibende Blockschrift würde sie schließlich als Typus Spohn ausweisen. Weitere Merkmale sind das große Format, die großflächigen Bilder auf jeweils einer Doppelseite, die ganz knappen Texte. Auffallend häufig sind Reihungen, teils nach den Zahlen, teils nach dem Alphabet: vier Waschzuber, vier Kisten, viermal die Tante Hilde. Im Kontext der bisherigen Ausführungen ist der 'Papperlapapp-Apparat' am aufschlußreichsten. Einige Themen der späteren Gedichte scheinen deutlich hervor, der antiautoritäre Gestus ist nicht zu übersehen. Das große gelbe Rüsseltier darf nicht nur "mit Lust und Gier sich & dich" mit Tintensaft und Rüsselbier vollspritzen, sondern die wohlgeformten Pobacken = Schenkel des Federviehs sind gar nicht zu übersehen. Es folgt (mit offenem Maul und roter Zunge wie beim Rüsseltier) das Sägetier, das den Großen in die Beine sägen soll, "wenn sie was haben gegen Kleine". Zum zeitgenössischen Erziehungsarsenal gehörte das (nun nicht mehr verbotene) Aussprechen "böser Wörter": "Ein A aus einem schlimmen Wort ...das schämte sich und stahl sich fort..."; Buchstaben sind durch Schuhe und Gesichter zu menschlichen Wesen geworden. Zweimal werden Körperkontakte vorgelebt bzw. gewünscht: "Zwei Honigkuchen/ frisch & frech/ die küßten sich/ auf einem Blech" und "Ein Aal zum Aal: 'Ach laß mich mal ...'" Am lustvollsten ist der Striptease der Modemade, die aus lauter Brust- und Po- und sonstigen Rundungen besteht und mit Kußmund und verrucht niedergeschlagenen Augen das Herz (der Kleinen?) erfreut. Spohn scheint die Maden besonders geliebt zu haben, denn er hat sich ihnen später noch häufiger gewidmet: einmal hat sie den *Vorrang*, zuerst im Käse gewesen zu sein, bevor ein anderer sich ihm zugewandt hat (Drunter 100), ein andermal lieben sich Mädchen und Made, und die beiden Strophen gehen sehr effektvoll in die Prosafrage über:"Da wollte/ das Mädchen/ wissen/ wie es/ weitergeht." (Flausen 23).

Spohns Doppelbegabung legt schließlich eine Frage nahe, die sich vielleicht nur im Miteinander von Kunst- und Literaturwissenschaft beantworten läßt: gibt es bei ihm in Bildern und Texten vergleichbare Formen? An zwei Merkmalen könnte man sich diesem Problem nähern. So widersinnig es scheint, so ist nicht zu übersehen, daß in seinen Texten keine Bilder entstehen, keine Stimmungen, keine Atmosphäre, ja, man hat den Eindruck, er wehrt sich dagegen. Es ließen sich viele Beispiele anführen wie das folgende; es werden Strukturen, Denk- und Sprachstrukturen zugrundegelegt oder in Frage gestellt, aber die Texte kommen weitgehend ohne Anschaulichkeit aus; und es werden immer wieder Zustände analysiert, messerscharf und aphoristisch knapp, so daß Hellmuth Becker in der Laudatio 1981 sich an Epigramme erinnert fühlte.

Tun & Lassen

> *Es gibt solche*
> *die was tun*
> *und solche*
> *die so tun*
> *als ob sie was tun*
> *und solche*

die so tun
als ob sie so tun
daß sie was tun
(Ja ja 74)

Es gibt sogar einen Text, in dem Spohn unsere Frage selbst thematisiert. Unter dem Titel *Frage* wird dem Problem nachgedacht, was der Inhalt eines Eimers, der eine Form angenommen hat, anfängt, wenn er den Eimer verlassen hat (Pardauz 84). Lassen sich in seinen Bildern analoge Strukturen, Verfahrensweisen finden?

Und schließlich eine zweite Beobachtung, die schon einmal kurz gestreift wurde: das Umschlagen aus dem Nonsense in den Ernst. Das ist fast nicht zu schaffen, weil eine unvorbereitete Schlußzeile wie etwa "Ich habe Lust/ nach Gott zu suchen" zu aufgesetzt wirkt, zu absichtsvoll – und dennoch versucht es Spohn immer wieder. Es ist nicht die Doppelbödigkeit, die Nonsense besitzen kann, sondern wirklich ein Wechsel der Sprechebenen. Nirgends kann man sich "einrichten", Verständniskoordinaten einziehen, wenn z.B. in *Wieviel* die erste Strophe anbietet: "Wieviel Himmel/ braucht ein Wesen/ Wieviel Borsten/ hat ein Besen". Kettengedichte wie dieses müssen zu einem Ende gebracht werden, und Spohn liebt Schlüsse folgender Art: "Wieviel Schreie/ hältst du aus/ wenn du lebst/ in Saus & Braus ..." (vgl. auch das o.g. *Braucht*). Um recht verstanden zu werden: nicht das Nutzen des Nonsense für ernste Aussagen ist das Besondere, das findet sich, soweit Kindern mehr als Spaß zugemutet wird, hier und da in der modernen Kinderlyrik, neu ist das Wechselbad, in das Spohn seine Leserinnen und Leser schickt, und wen wundert es, wenn dieses waghalsige Unternehmen zuweilen die Absicht zu deutlich erkennen läßt, mit der der Moralist und Spieler agiert. Ein gelungenes Beispiel für den Ausgleich von Bild und Struktur, von Sprachspiel und Ernst ist Spohns *Begegnung*, wiederum an Mörike (*Um Mitternacht*) erinnernd:

Begegnung

Es gab sich
daß im
Morgengrau'n
die Nacht
dem Tag
der Tag
der Nacht

sich flüchtig
in die
Augen schau'n
(Pardauz 47)

Ein Schmetterling ist ein Schmetterling
oder: Gibt es eine Naturlyrik für Kinder?

Geradezu unnatürlich erscheint diese Frage angesichts unserer Kenntnisse und Erfahrungen mit Kindergedichten. Kein anderer Themenbereich neben der Natur ist vergleichsweise dicht und vielfältig besetzt, traditionsreich und (wie wir denken) "kindgemäß". Wem fielen nicht sofort die Hey-Speckterschen Fabeln ein und die *Kinderheimath* von Friedrich Güll oder durchsichtige Rollenklischees wie Dieffenbachs

> *Frau Schwalbe ist 'ne Schwätzerin*
> *Sie schwatzt den ganzen Tag,*
> *Sie plaudert mit der Nachbarin,*
> *So viel sie plaudern mag.*

Hoffmann von Fallersleben, Reinick und Seidel kommen in den Sinn, Sonne, Mond und Sterne, Blüthgen, Falke, Löwenstein, Mäuslein, Blümlein, Bienelein – und es geht weiter mit Mythisierungen zur Jahrhundertwende, Kreidolf vor allem. Busta, Borchers, Brecht schließen sich an – und natürlich Guggenmos. Selbst die neuen Stars von Kinder(verkaufs)kultur, Bären, Mäuse, Elefanten haben Einlaß ins Kindergedicht gefunden, nicht nur bei Wittkamp und Spohn. Es ist nicht auszuschliessen, daß die Kindheitsmuster der Romantik latent wirksam geblieben sind: Kindheit und Natur bilden eine harmonische Einheit, die für den Erwachsenen zerbrochen ist, der er nachtrauert, die er zurückwünscht und gerade im Kindergedicht herbeizuschreiben sich bemüht. Novalis reflektiert, daß die Natur "sich dem Kinde kindisch zeigt, und sich gefällig seinem kindlichen Herzen anschmiegt" (*Die Lehrlinge zu Sais*), und Tieck schreibt im *William Lovell*:

Ich erinnere mich aus meiner Kindheit, daß uns die weite Natur ... wie mit einem gewaltigen Entsetzen ergreifen kann; ... die wankenden Bäume sprechen in verständlichen Tönen zu uns, und es ist, als wollte sich das ganze Gemälde plötzlich zusammenrollen, und das Wesen unverkleidet hervortreten und sich zeigen, das unter der Masse liegt und sie belebt ...[1]

Auch wenn in jüngerer Zeit die klassischen Themen der Kinderlyrik Erziehung und Natur (und häufig beides miteinander) etwas zurückgetreten sind, so-

---

1 zit. nach Hans-Heino Ewers (Hrsg.), Kinder- und Jugendliteratur der Romantik. Eine Textsammlung, Stuttgart 1984, S. 23.

wohl bei neuen Texten als auch in Anthologien und Schulbüchern, sie behaupten sich neben der Nonsense-Lyrik, den sozialen und psychologischen Themen, den Klangspielen und Bildgedichten. Zwar heißen die Zwischentitel nicht mehr "Wie hoch mag wohl der Himmel sein?", "Frühling, Sommer, Herbst und Winter" und "Wie ist doch die Erde so schön!" (*Gedichte für Kinder*, Hirschgraben 6. Auflage, 1965). Zwar orientieren sich die Titel nicht mehr an den Jahreszeiten (*Jahreszeiten*, Schöningh 1983 und *Blätter für meinen Kalender*, einen Titel von Peter Hacks leicht abwandelnd, Schroedel 1979), aber dennoch ist die Natur, auch in Form der sogenannten Ökolyrik, ein zentraler Bereich im Kindergedicht geblieben. Diese enge Beziehung, die Natur und Kindergedicht wie zwei Seiten einer Medaille zu sehen scheint, ist sowohl in Pädagogik wie Literaturwissenschaft keiner Nachforschungsfrage wert gewesen. In einen Nebensatz verbannt, findet sich in einem Lehrerbegleitheft eine marginale Erwähnung: "Stimmungslyrik, die inhaltlich oft Naturlyrik ist, ist eng verbunden mit der Klanglyrik".[2] Das Übergewicht struktureller Kategorien in der Literaturdidaktik, die fast völlige Abstinenz gegenüber inhaltlichen Fragestellungen tritt besonders deutlich hervor, wenn man vergleichsweise die Forschung zur Kinderlyrik in der DDR heranzieht. Edith George widmete in ihrer Dissertation *Zur Ästhetik und Leistung der sozialistischen deutschen Lyrik für Kinder* (1971) dem Naturbild große Aufmerksamkeit. Auf dem Hintergrund der Marx'schen Theorie vom Verhältnis Mensch – Natur und der *Gedanken zur Naturlyrik* von Georg Maurer, dessen *Dreistrophenkalender* (1962) sie eingehend analysiert, zeigt sie an Beispielen von Brecht, Hacks und Fürnberg, wie "Naturerleben im Dienste der Erhellung gesellschaftlicher Veränderungen für Kinder lyrisch organisiert" wird.[3]

In einem anderen Kontext und mit anderen Begründungen kommt Magda Motté zu dem Ergebnis: "Da sich in der Lyrik für Kinder die gleichen Themen, Formen, Intentionen wie in der Lyrik für Erwachsene finden", gibt es die gleichen "Unterarten" Naturlyrik, Liebeslyrik, Reflexionslyrik, politische Lyrik usw. Das ist umso erstaunlicher, als der Vergleich zweier themengleicher Naturgedichte eigentlich zu einem anderen Schluß kommt.[4] Während Guggenmos in seinem Rätselgedicht *Wer bin ich?* den Schmetterling "ganz gegenstandsbezogen"

---

2 Ursula Schiebel/Hans-Heinrich Plickat: Lesebuch für das 3. Schuljahr der Grundschule. Lehrerbegleitheft. Stuttgart 1968, S. 60

3 Edith George: Zur Ästhetik und Leistung der sozialistischen deutschen Lyrik für Kinder. Berlin 1976, (= Schriftenreihe zur Kinderliteratur 3), S. 95

4 Magda Motté: Moderne Kinderlyrik. Begriff, Geschichte, Literarische Kommunikation, Bestandsaufnahme. Frankfurt/Main 1983, S. 26ff. vgl. die Wiederholung Magda Motté: Kinderlyrik – Begriff und Geschichte. In: *Lyrik für Kinder – gestalten und aneignen*, hg. von Claus Forytta/Eva Hanke. Frankfurt/Main 1989, (= Beiträge zur Reform der Grundschule 76) S. 12

darstelle, er das Kind anrege, "die Tierwelt aufmerksam zu betrachten ... und zu bewundern", seinem Gedicht aber "die Tiefe" fehle, müsse andererseits *Schmetterling* von Nelly Sachs "im Lichte jüdischer Symbolik gelesen werden", "unübersetzbare Metaphern" ließen das Tier "zum Sinnbild einer umfassenderen Wirklichkeit werden."

Das Fazit müßte eigentlich heißen: wenn Gedichte für Kinder und Erwachsene auch in Themen, Motiven, Formen und Intentionen übereinstimmen, würden wichtige Beschreibungskategorien übersehen, die die Differenz deutlich gemacht hätten.

Die Diskussion um die Naturlyrik basierte in der DDR auf einem gesellschaftspolitischen Konzept; demgegenüber geraten die Begründungen der Identität von Kinder- und Erwachsenenliteratur mithilfe gattungspoetischer Beschreibungen leicht in die Nähe der Proklamationen von Autorinnen und Autoren, von Wissenschaftlerinnen und Wissenschaftlern, die die Dignität der Kinderliteratur erhöhen wollen. Dem ist grundsätzlich zuzustimmen, nur müssen die Begründungen weiter ausgearbeitet und eventuell auch revidiert werden.

In der Literaturwissenschaft hat Ende der 70er Jahre im Zusammenhang mit der zunehmenden Bewußtwerdung der Umweltproblematik eine neue Auseinandersetzung mit der Naturlyrik eingesetzt[5], nachdem schon zehn Jahre zuvor Erich Fried das *Gespräch über Bäume* (aus *Anfechtungen* 1967) wieder aufgenommen hatte und mit dem Text *Neue Naturdichtung* (aus *Die Freiheit den Mund aufzumachen* 1972) sich nochmals auf Brecht bezogen hatte. Am Beispiel dieser zeitkritischen Dimension der Naturlyrik läßt sich denn auch generell zeigen, daß eine einfache stofflich-motivliche Definition nicht ausreicht, etwa: es sind Gedichte, deren Hauptmotive Naturerscheinungen sind und die auf Naturerlebnis oder Naturbeobachtung aufbauen. Für Fingerhut gehören

die im Naturgebriff enthaltenen sozialen Perspektiven ebenso zum Gegenstandsbereich der Naturlyrik wie der Bereich der Emotionen, gesellschaftliche und geschichtliche Erfahrungen von Gruppen und Individuen.[6]

Die Naturlyrik kann somit nicht Inbegriff zeitloser Poesie sein, wie dies u.a. in der Anthologie *Ergriffenes Dasein* (1953) für eine Reihe von Naturlyrikern postuliert wurde. Sie hätten die Funktion,

---

5 Norbert Mecklenburg (Hrsg.), Naturlyrik und Gesellschaft. Stuttgart 1977; Gerolf Fritsch: Das deutsche Naturgedicht. Der fiktionale Text im Kommunikationsprozeß. Stuttgart 1978
6 Margret und Karlheinz Fingerhut: Naturlyrik. Ein Arbeitsbuch. Begleitheft für den Lehrer. Frankfurt/Main 1985, S. 7

natürliche Widerstandsordnungen zu behaupten gegen die aufreibenden Tendenzen des geschichtlichen Prozesses und den von kulturpessimistischen Schwindelanfällen bedrohten Geist des Menschen an die zeitlosen Mächte des Seins zu erinnern.[7]

Naturlyrik ist vielmehr an die sich wandelnde Ideologie des Naturbegriffs gebunden, denn lyrisches Sprechen über das Thema Natur meint immer den Menschen, der sich mit ihrer Hilfe seiner selbst bewußt zu werden versucht, gleichzeitig aber seines Verhältnisses zu ihr, deren Teil er schließlich ist. Dieses komplizierte Geflecht ist nicht nur die Domäne der Naturphilosophie, es reicht in theologische und anthropologische Dimensionen.

Gedichte für Kinder bleiben dagegen in der Regel auf der Ebene des Anschauens. Aufschlußreich ist ein Blick in zwei Modellanalysen zur Naturlyrik für die Schule: man wird berechtigte Zweifel haben, daß sich die von Fritsch zusammengetragenen Texte und Dokumente auszugsweise für die höheren Klassen der Primarstufe eignen, wo sie sich mit theoretischen Texten von Herder und Friedrich Schlegel, von Adorno und Bloch an die Sekundarstufe II richten. Unter den 150 Gedichten von Walther von der Vogelweide bis Theobaldy, die Fingerhut zu 13 didaktischen Einheiten für die Oberstufe ordnet, begegnen 6 Texte, die aus Kindergedichtanthologien bekannt sind; neben zwei Brechtbeispielen sind es Klassiker der Naturlyrik: das *Abendlied* von Claudius, Mörikes *Er ist's*, Uhlands *Frühlingsglaube* und seine *Einkehr*, die schon 1821 in einer Kindergedicht-Anthologie auftauchte.[8]

> *Die linden Lüfte sind erwacht,*
> *Sie säuseln und weben Tag und Nacht,*
> *Sie schaffen an allen Enden*

Man könnte mit Edgar Marsch nicht zur zeigen, wie "der Aufbruch des Jahres zu neuem Wachstum Analogon auch menschlicher Erneuerung" ist: Nun armes Herze sei nicht bang! / Nun muß sich alles, alles wenden."[9], sondern auch Beispiele finden, wie z.B. Geibels Gedicht *Hoffnung* sich leicht politisch ausschlachten ließe. So empfahl ein *Ratgeber für den Leseunterricht* von 1937:

---

7 zit. nach Bekes 1982, 51
8 vgl. Ewers (Anm. 1), S. 87
9 Edgar Marsch (Hrsg.): Moderne deutsche Naturlyrik. Stuttgart 1980, S. 296

So gewinnt der Dichter aus dem Erlebnis des Winters den hochgemuten Sinn des Kämpfers, der sich allen Gewalten trotzend entgegenstemmt und dadurch die Arme der Götter herbeiruft. Das Gedicht wird dadurch zu einem Leitbild des Nationalsozialisten.[10]

Jahres- und Tageszeiten geben am ehesten den "unentbehrlichen Halt" für das Nachfühlen und Nachdenken, wie Uhland in seinem Aufsatz *Über die deutschen Volkslieder* schreibt; dabei sei Natur nicht nur Stimme für den Menschen, Vehikel seiner Aussageabsichten, sondern sie sei selbst Stimme; der Mensch verlege nicht erst "seine Stimmung in die fühllose Natur".[11] Kinder sind natürlich in der Lage, den Schritt von der Anschauung zur Reflexion zu gehen, nur haben die Kindergedichtautoren selten von ihnen verlangt, daß sie ihn tun, am ehesten noch in der Fabel.

Die wenigen Texte, die Kinder aus der umfangreichen Tradition der Naturlyrik adaptiert haben, lassen sich vielleicht dadurch kennzeichnen, daß sie auf der Anschauungsebene verharren bzw. sehr schematische, leicht einsehbare Übertragungen erlauben. Das ändert sich vollkommen, wo die Verbindung zwischen Natur und Sprache in Frage gestellt wird. Dafür ist in unserem Zusammenhang eine Äußerung Rilkes über Trakls Gedicht *Sommer* interessanter als die Berufung auf die sprachtheoretischen Äußerungen Hofmannsthals im *Lord-Chandos-Brief*; es sei gekennzeichnet "durch seine inneren Abstände, es ist gleichsam auf seinen Pausen aufgebaut, ein paar Einfriedungen um das grenzenlos Wortlose: so stehen diese Zeilen da. Wie Zäune in einem flachen Land, über die hin das Eingezäunte fortwährend zu einer unbesitzbaren großen Ebene zusammenschlägt."[12] Diese Sprachskepsis durchzieht als Tenor die gesamte Lyrik unseres Jahrhunderts, auch die Naturlyrik. Hans-Jürgen Heise artikuliert dieses erkenntnistheoretische Problem als poetologisches in seinem Text *Kleine Genesis* von 1968.[13]

Wenn der Fluß und
das Wort Fluß
in die Empfindung Fluß münden
wird die Schönheit die abstrakte Göttin
zur Wasserader.

---

10 Karl Herzog/Heinrich Löckel: Ratgeber für den Leseunterricht. III. Band. Ein Erläuterungswerk zum Deutschen Lesebuch für Volksschulen für das 5. und 6. Schuljahr. Langensalza 1937, S. 39
11 zit. nach Marsch (Anm. 9), S. 297
12 zit. nach Johann Bauer (Hrsg.), Lyrik interpretiert. Lernzielplanung und Unterrichtsmodelle für das 7. – 10. Schuljahr. Darmstadt 1972, S. 86
13 zit. nach Marsch (Anm. 9), S. 299

Auf den ersten Blick scheint auch Eva Strittmatters Gedicht *Die Drossel singt* diese Problematik aufzunehmen; es findet sich in der von Edith George im Kinderbuchverlag herausgegebenen Anthologie *Was sieht die Ringeltaube? Gedichte für Kinder* (1978).

Wenn ich sage: DIE DROSSEL SINGT,
So will das nicht viel sagen
Für den, der nicht weiß, wie der Drosselsang klingt.
Er kann nicht übertragen,
Was an meinen Worten wirklich ist.
Ihm fehlen Bilder und Töne.
Nur wenn man sie an Erfahrungen mißt,
Verwandeln sich Worte ins schöne
Gefühl. Man erweitert sie
Um Zeiten und um Welten.
Wem nie die Drossel sang märzmorgenfrüh,
Dem kann mein Wort nicht gelten.

Es ist wie bei Heise die Rede von Worten und Wirklichkeit, es ist ebenfalls ein poetologischer Text, aber das Weltbild ist heil: wer den Drosselgesang erfahren hat, der kann ihn auch im Gedicht nachfühlen. Es gibt kein "wenn", keinen Riß zwischen Objekt und Subjekt, sei es das Subjekt der Autorin oder sei es das des Lesers/der Leserin. Es ist zu vermuten, daß für Strittmatter nicht Rücksicht auf Kinder als Ursache gelten kann, sondern sie Vorstellungen leiten von einer harmonischen sozialistischen Gesellschaft und einer intakten Sache-Sprache-Beziehung. Für westliche Gesellschaften dagegen sind Versuche obsolet geworden, aus der Natur heilende Kräfte für eine zerrüttete Gesellschaft zu ziehen. Sie ist Bestandteil und Opfer von Marktstrategien, sie verliert ihre Rolle als Gegenüber, für Fingerhut ist die jahrhundertealte Korrespondenz von äußerer Natur und innerer Natur nicht mehr gegeben.

"Aus Naturerlebnis und Lyrikerlebnis lassen sich keine Kontrastwirkungen zum sozialen Erleben mehr gewinnen. Es ist evident, daß der heutige Gesellschaftszustand die Zweiteilung zwischen 'Leben in der Natur' und 'Leben in der Gesellschaft' nicht zuläßt."[14]

Ob die Ökolyrik die einzige Antwort darauf ist, ob Kinder dann wieder erreichbar sind, erreicht werden müssen, soll später erörtert werden.

In der Naturlyrik des 20. Jahrhunderts gibt es einen Versuch, sich der Sprachskepsis entgegenzustemmen, jedoch ebenfalls ins hermetische Gedicht

---

14 Fingerhut (Anm. 7), S 10

mündend. Wilhelm Lehmann, neben Loerke der wichtigste Theoretiker der naturmagischen Schule, untersucht das Verhältnis von Ding und Sprache und beginnt seinen programmatischen Aufsatz *Bewegliche Ordnung* (1947):

"Es gibt eine Art der Betrachtung, die mit dem Betrachteten eine magische Bindung eingeht. Zwar beginnt alle Sprache mit dem Wechselspiel des Geistes zwischen Subjektivem und Objektivem .... Es gibt jedoch im Verhältnis zwischen Subjektivem und Objektivem verschiedene Abstände. Je geringer ein solcher wird, desto mehr nähern wir uns der mythischen Auffassung."[15]

Und, so dürfen wir ergänzen, desto privater, dunkler, chiffrenhafter werden die Texte. Hilde Domin schrieb 1970[16]

Wort und Ding
lagen eng aufeinander
die gleiche Körperwärme
bei Ding und Wort.

Das Ding erscheint im Gedicht als das in der Betrachtung 'Gegebene' und 'Vorhandene'; erst Reflexion führt zur 'Trennung'; die Nähe zur Geistfeindlichkeit der NS-Ideologie ist nicht zu übersehen. Aus der Betrachtung eines Schmetterlings wird für Lehmann eine Symbiose mit der Natur:

Mich überfiel die geschöpfliche Macht des Daseienden ... Ich war in der siedenden Einsamkeit plötzlich allein mit dem Tier. Sein Anblick überfiel mich, und mit höchster Anspannung suchte ich, seines Aussehens inne zu werden. ... Ich verging in das Tier – glichen wir einander nicht im Eifer des Seins? – ich löste mich auf, ich kam wieder zu mir aus dem mesmerischen Bann."[17]

Darf noch Naturlyrik genannt werden, wie auf einer ganz anderen Ebene von einem Schmetterling gesprochen wird, wo ein Schmetterling einfach ein Schmetterling ist wie bei Guggenmos? Es wird niemanden verwundern, daß Naturlyrik von Lehmann und Loerke, Huchel und Eich, Krolow und Bobrowski, um aus jeder der drei von Marsch vorgestellten Generationen Beispiele zu nennen, Kinder erreicht hat. Sieht man von einem unbedeutenden Text Rudolf Hagelstanges ab, *Heidekraut und Heckenrose*, der 1991 in das Unterrichtsmaterial *Lyrik für Kinder. Die Dichterwerkstatt*[18] aufgenommen wurde, so gibt es nur drei Ausnah-

15 Wilhelm Lehmann: Bewegliche Ordnung. Aufsätze. Heidelberg 1947, S. 119
16 zit. nach Marsch (Anm. 9), S. 301
17 Lehmann (Anm. 16), S. 142 f.
18 Karin Heinrich/Rita Holverscheid: Lyrik für Kinder. Die Dichterwerkstatt. Mülheim/Ruhr 1991

men, die allerdings verschieden gelagert sind: das stark literarästhetisch orientierte Lesebuch *schwarz auf weiß* nahm Ende der 60er Jahre den *Bauerngarten* von Weinheber und zwei Texte von Britting in den Kanon für die Grundschule auf. Besonders das Herbstgedicht *Goldene Welt*, erst in der Nachkriegszeit entstanden, als die Naturlyrik die Tradition der 30er Jahre wieder aufnahm, fand Eingang in die Schulen.

> *Im September ist alles aus Gold:*
> *Die Sonne, die durch das Blau hinrollt,*
> *das Stoppelfeld,*
>
> *die Sonnenblume, schläfrig am Zaun,*
> *das Kreuz auf der Kirche,*
> *der Apfel am Baum.*
>
> *Ob er hält? Ob er fällt?*
> *Da wirft ihn geschwind*
> *der Wind in die goldene Welt.*

Gerhard Haas weist auf den Bezug zur naturmagischen Schule hin, indem er im Lehrerhandbuch schrieb:

> Die Natur besitzt bei Britting in der Regel ein starkes, häufig mythisch verstandenes Eigenleben. Auch da, wo Zeugnisse menschlicher Einwirkung sichtbar werden (Zaun, Kreuz auf der Kirche), sind diese Gegenstände zu Naturdingen geworden. Die 'goldene Welt' ist eine autonome, nicht den menschlichen Ordnungen untertane Welt, auch kein Spiegel menschlicher Gefühle und Gedanken."[19]

Dennoch heißt "autonom" nicht, "Ein Schmetterling ist ein Schmetterling" – das dürfte Lehmann deutlich gemacht haben. Aber für ihn war auch klar: "Es gibt jedoch im Verhältnis zwischen Subjektivem und Objektivem verschiedene Abstände." Bei Britting sind sie so groß, daß kindliches Verständnis sich dazwischenschieben kann.

Und bei längerem Suchen stößt man auch auf einen Fall, wo eine Naturlyrikerin für Erwachsene und für Kinder schreibt: die vor kurzem verstorbene österreichische Lyrikerin Christine Busta veröffentlichte seit 1950 eine Reihe von Gedichtbänden, für *Die Sternenmühle* erhielt sie 1959 den Österreichischen Staatspreis für Kinderliteratur, 1979 kam das zweite Kinderbuch heraus, *Die*

---

19 Gerhard Haas in: *Handbuch zu schwarz auf weiß, 2. bis 4. Schuljahr*, hg. von Johann Bauer. Darmstadt 1969, S. 56

Zauberin Frau Zappelzeh. Was läge näher, als die Texte einer Autorin zu vergleichen unter der Fragestellung, ob sie sich trotz verschiedener Zielgruppen unter den Begriff 'Naturlyrik' subsumieren lassen. Der erste Text stammt aus dem Band *Der Regenbaum* (1951), der zweite aus *Die Sternenmühle*.

Die Sonnenblume

Schon senkt das dunkle Auge sie zur Erde
von goldnen Flammenwimpern schön umsäumt,
indes das Jahr die müden Felder räumt.
O reifer Stolz, o Demut der Gebärde!

Die Vögel fliegen gierig ins Gesicht
der Dulderin und lösen ihr vom Grund
die Samensterne. Doch das leere Rund
träumt noch erblindet neuer Sonnen Licht.

Der Sommer

Er trägt einen Bienenkorb als Hut,
blau weht sein Mantel aus Himmelsseide,
die roten Füchse im gelben Getreide
kennen ihn gut.
Sein Bart ist voll Grillen. Die seltsamsten Mären
summt er der Sonne vor, weil sie's mag,
und sie kocht ihm dafür jeden Tag
Honig und Beeren.

Beide Texte arbeiten mit der für die Naturlyrik traditionell verwendeten Personifikation; beide Texte malen anschauliche Bilder von einer Pflanze, von einer Jahreszeit; und dennoch erhält das erste eine andere Dimension durch die Anrufungen, durch die Übertragungen in menschliche Verhaltensweisen: Stolz, Demut. "Die Dulderin" öffnet die für Busta kennzeichnenden Bereiche des Religiösen, und die abschließende Genitivkonstruktion hebt die Sonnenblume in den naturmythischen Zusammenhang mit den Gestirnen.

Bei allen Bedenken, die man gegen solche Vergleiche zwischen zwei Subsystemen der Literatur vorbringen kann, weil die Gefahr der offenen oder verdeckten Wertungen kaum auszuschließen ist, jenes Signum des "Noch nicht" für die Kinderliteratur, bei aller Skepsis also gegen das Verfahren hat es den Vorteil, zu Beschreibungen und Abgrenzungen zu kommen, die die Eigenständigkeit der Subsysteme herauszuarbeiten hätte. Das ständige Schielen auf die große Schwester verhindert die Herausbildung von Kriterien, mit denen z.B. die Entwicklung der Gattungen innerhalb der Kinderliteratur verfolgt werden könnte, oder Beurteilungen der Qualität. Genauso wie es gute und schlechte Trivialliteratur gibt (das Beispiel ist schlecht gewählt, weil es bekannten Vorurteilen Nahrung geben könnte!), müssen Wertunterschiede im System ermittelt werden. Die Abgrenzung der Systeme ist dazu die Voraussetzung, nicht das Ziel.

An einer Textsequenz soll das nochmals exemplifiziert werden, die jedoch das Problem zuspitzt, weil bei der Lyrik, vielleicht deutlicher als bei den anderen Gattungen, zwischen der Erwachsenen- und der Kinderliteratur jene dritte Gruppe steht, die man manchmal im Unterschied zur Kinderlyrik als "Lyrik für Kinder" bezeichnet oder schlichtweg als nicht-existent und als Hirngespinst der Didaktiker erklärt. Vom Rezipienten her gesehen mag das zutreffen, vom Autor her nicht. Bei aller Schwierigkeit, theoretisch das Schreiben für sich und das Schreiben für den Leser zu trennen – das Schreiben für den kindlichen Leser verändert die Haltung, setzt einen Übersetzungsmechanismus in Gang, der den Text verändert. Für die Frage, ob es Naturlyrik für Kinder gibt, kann nur diese letztgenannte Textgruppe untersucht werden, denn daß teilweise Naturlyrik aus der Erwachsenenliteratur Kindern zugänglich ist, bleibt unbestritten. Es wäre nur aufschlußreich, und dafür habe ich Beispiele genannt, worin die Adaptionsmöglichkeit ihre Ursache hat.

Begegnung

Was doch heut nacht ein Sturm gewesen,
Bis erst der Morgen sich geregt!
Wie hat der ungebetne Besen
Kamin und Gassen ausgefegt!

Da kommt ein Mädchen schon die Straßen,
Das halb verschüchtert um sich sieht;
Wie Rosen, die der Wind zerblasen,
So unstet ihr Gesichtchen glüht.

Ein schöner Bursch tritt ihr entgegen,
Er will ihr voll Entzücken nahn:
Wie sehn sich freudig und verlegen
Die ungewohnten Schelme an!

Er scheint zu fragen, ob das Liebchen
Die Zöpfe schon zurecht gemacht,
Die heute nacht im offnen Stübchen
Ein Sturm in Unordnung gebracht.

Der Bursche träumt noch von den Küssen,
Die ihm das süße Kind getauscht,
Er steht, von Anmut hingerissen,
Derweil sie um die Ecke rauscht.

Lied vom Winde

Sausewind, Brausewind!
Dort und hier!
Deine Heimat sage mir!

"Kindlein, wir fahren
Seit viel vielen Jahren
Durch die weit weite Welt,
Und möchten's erfragen,
Die Antwort erjagen,
Bei den Bergen, den Meeren,
Bei des Himmels klingenden Heeren,
Die wissen es nie.
Bist du klüger als sie,
Magst du es sagen.
– Fort, wohlauf!
Halt uns nicht auf!
Kommen andre nach, unsre Brüder,
Da frag wieder."

Halt an! Gemach,
Eine kleine Frist!
Sagt, wo der Liebe Heimat ist,
Ihr Anfang, ihr Ende?

"Wer's nennen könnte!
Schelmisches Kind,
Lieb ist wie Wind,

Rasch und lebendig,
Ruhet nie,
Ewig ist sie,
Aber nicht immer beständig.
– Fort! Wohlauf! auf!
Halt uns nicht auf!
Fort über Stoppel und Wälder und Wiesen!
Wenn ich dein Schätzchen seh,
Will ich es grüßen
Kindlein, ade!"

Geschichte vom Wind

Am Abend spielte ein Hauch
um Wange, Blume und Strauch.
Da war der Wind
noch ein Kind.
Aber dann
in der Nacht
wurde aus dem Kind ein Mann.
Der zeigt, was er kann.
Der weiß, wie man's macht,
daß alles rasselt und prasselt und kracht,
daß jeder erwacht!
Die Linden in der Allee
ächzen: "O weh,
wir werden gestohlen!
Haben wir Zweige, haben wir Flügel?
Bald sausen wir über Stadt und Hügel
als grüne Dohlen!"
Hei! Mit Hi-, Hu-, Ha-, Heulen
rast der Wind um den Turm.
Aus dem Schalloch gucken drei Eulen.
"Fliegen wir aus bei diesem Sturm?
Nein,
das kann nichts taugen!"
Und sie schauen einander an
mit großen Augen.

Auf der Kirchturmspitze der Wetterhahn
dreht sich kreischend im Kreis:
"Das ist der schönste Sturm, den ich weiß.
Bald ist's kein Sturm mehr, bald ist's ein Orkan!"
Drei Stunden tobte der Sturm.
Er warf Autos um wie ein Riese.
Doch am Morgen spielte der Wind wieder sanft
wie das Lämmlein auf der Wiese.
Ein Seemann sprach:
"Es weht eine leichte Brise."

Zwei Mörike-Gedichte, ein Guggenmos-Gedicht sprechen vom Wind; *Begegnung* ist ein Liebesgedicht mit Natureingang, *Lied vom Winde* ein Naturgedicht, das zur Frage nach der Beständigkeit der Liebe hin überleitet. Das eine wird Kindern nicht zugänglich sein, das andere können sie mit Gewinn lesen: nicht nur, weil das "schelmische", wißbegierige Kind angesprochen wird, sondern weil das Naturthema anschaulich dargestellt wird und die Übertragung in der erkennbaren, leicht nachvollziehbaren Form des Vergleichs geschieht: "Lieb ist wie Wind" – und "Lieb" ist nicht die stürmische Liebesnacht, sondern das Gefühl der Zuneigung, wie zwischen Kind und Eltern, von Kind zu Kind, trotz des familiären "Schätzchens" am Schluß.

Vergleichen wir den "Sausewind, Brausewind" Mörikes mit Guggenmos, so steht er ihm, was die sprachliche, die klangliche und rhythmische Gestaltung angeht, nicht nach. Eulen und Wetterhahn kommentieren den Sturm; er bleibt jedoch eine Wettererscheinung, ihm fehlt die "Beseelung", die Mörikes Wind zu Elementargeistern werden läßt. Sie verbrüdern oder verschwistern sich mit einem andern elementaren Phänomen, der Liebe.

Abschließend will ich auf den Anfang meiner Ausführungen zurücklenken. Das beginnende Interesse an der Naturlyrik Ende der 70er Jahre signalisierte zugleich deren Ende, wenn man die heutige Art, im Gedicht mit der Natur umzugehen nicht nur als neues Paradigma der alten Form lesen möchte. Über zehn Jahre alt ist die Anthologie *Im Gewitter der Geraden. Deutsche Ökolyrik* von Mayer-Tasch (1981), die nicht nur eine "Artikulation des Unbehagens" an der zunehmenden Zerstörung der Lebensgrundlagen ist, sondern sie läßt eine grundsätzliche Veränderung von Naturlyrik erkennen. Ökolyrik hat sich weitgehend der ästhetischen Muster entledigt, mit denen Naturlyrik bis ins 18. Jahrhundert zurückreichte.

Der kritische, ja apokalyptische Gestus zielt auf breite Verständlichkeit, meidet metaphernhafte Verdunklungen und privates Sich-Versenken. Selbst jene besondere Spielart der meditativen, auf den Häuptling Seattle sich berufende "Kirchentagslyrik" braucht das schnelle Mitgefühl der Gruppe und nicht die ausgrenzende Exklusivität. Martin Auers *Über die Erde sollst Du barfuß gehen*, ursprünglich bezeichnenderweise in Mundart geschrieben, wäre zu nennen oder Dorothee Sölles *Vom Baum lernen* (beide Texte in Kliewer *Die Wundertüte*[20]).

Macht man sich diesen grundsätzlichen Wandel in der Entwicklung der Naturlyrik klar (er korreliert schließlich – was den Umgang mit der Natur angeht – mit einem langsam, zu langsam sich ausbreitenden Bewußtseinswandel und einer deprimierenden Unfähigkeit, angemessen zu handeln), dann wird man sich nicht wundern, daß der Hiatus zwischen einem Fried-Gedicht und Gedichten, die für Kinder geschrieben werden, nicht mehr existiert. Umweltgedichte, die das Ende der Natur vor Augen führen, die Kinder und Erwachsene aufrütteln wollen, entsprechen vielleicht den ästhetischen Mustern der Naturlyrik nicht mehr, aber sie sind notwendiger.

Erich Fried

Neue Naturdichtung

Er weiß daß es eintönig wäre
nur immer Gedichte zu machen
über die Widersprüche dieser Gesellschaft
und daß er lieber über die Tannen am Morgen
schreiben sollte
Daher fällt ihm bald ein Gedicht ein
über den nötigen Themenwechsel und über
seinen Vorsatz
von den Tannen am Morgen zu schreiben

Aber sogar wenn er wirklich früh genug aufsteht
und sich hinausfahren läßt zu den Tannen am Morgen
fällt ihm dann etwas ein zu ihrem Anblick und Duft?
oder ertappt er sich auf der Fahrt bei dem Einfall:
Wenn wir hinauskommen
sind sie vielleicht schon gefällt
und liegen astlos auf dem zerklüfteten Sandgrund
zwischen Sägemehl Spänen und abgefallenen Nadeln
weil irgendein Spekulant den Boden gekauft hat

---

20 Heinz-Jürgen Kliewer (Hrsg.), Die Wundertüte. Stuttgart 1989

*Das wäre zwar traurig
doch der Harzgeruch wäre dann stärker
und das Morgenlicht auf den gelben gesägten Stümpfen
wäre dann heller weil keine Baumkrone mehr
der Sonne im Weg stünde. Das
wäre ein neuer Eindruck
selbsterlebt und sicher mehr als genug
für ein Gedicht
das diese Gesellschaft anklagt*

Fredrik Vahle

Unnatürliches Naturgedicht[21]

*Als das Wasser ertrank
und das Feuer verbrannte,
fiel der Himmel aus allen Wolken,
und die Erde fragte:
Soll ich mich jetzt begraben lassen?*

Jürgen Spohn

Ernste Frage

*Drei Mäuse besprachen
die ernste Frage:
Was tut man
gegen die Menschenplage*

*Wie wär's mit
einer Menschenfalle?
Aber damit fangen wir
nicht alle*

---

21 aus: Fredrik Vahle: Wieviel Lieder weiß der Wind. – Düsseldorf 1991

Oder ein Gift
in den Kaviar mischen?
So können wir auch
nicht alle erwischen

Da sagte
die allerklügste Maus:
Die rotten sich
demnächst selber aus!

Kinder brauchen Gedichte – brauchen Kinder Gedichte?

1. Ein Konzert mit einer Stimme

Eine Antwort zu finden, ist offenbar schwieriger als beim Märchen, denn bei jenem wird niemand der Behauptung die skeptische Frage folgen lassen. Wem soll man denn die Frage stellen, ob Kinder auch Gedichte brauchen? Selbst bei Büchern wird man schon keine einhellige Meinung mehr vorfinden, je nachdem ob man die Leseförderer und die Verleger und Buchhändler nimmt oder die Eltern und die Medienerzieher. Wenn es um das Zeitbudget der Kinder geht, dann wird die Literatur neben anderen Freizeitbeschäftigungen sich mit einem ganz kleinen Anteil zufriedengeben müssen, und in diesem wiederum wird sich das Gedicht mit einem ganz klitzekleinen Eckchen begnügen müssen. Peter Maiwald hat sich 1973 in dem bekannten Kinderlieder-Band *Baggerführer Willibald*, der den noch bekannteren Songtitel von Dieter Süverkrüp trägt, seine Gedanken über unser Thema gemacht (aus Nr.25/239; in dieser Weise werden die Titel der Liste zitiert); die Bücher gehören für ihn (weil er selber ein „Büchermensch" ist?) zum lebensnotwendigen Bedarf eines Kindes.

So bedenklich es auch zu sein scheint, sich zunächst an die Lyriker selbst zu wenden mit der Frage nach ihrem Selbstverständnis, „warum schreiben Sie Gedichte für Kinder?", fangen wir mit ihnen an! Bedenklich ist es freilich nur, wenn man ihre Aussagen ohne Kontexte liest oder sich vom Kontext entsetzt abwendet wie Harald Reger, der in der obigen Sammlung „ideologische Perspektiven" auszumachen vermag. (REGER 1990/30)

- Dieter Mucke ist nicht der erste und nicht der einzige, der von den eigenen Kindern zum Schreiben gebracht wurde. Auch mit dem folgenden Urteil steht er nicht allein: „Kinder haben in der Regel sogar ein ursprünglicheres Verhältnis zur Poesie als Erwachsene." (BAUMERT 1979/ 77)
- Josef Guggenmos schreibt im Nachwort zu dem Buch, das ihm den Durchbruch brachte *Was denkt die Maus am Donnerstag?* (1966): „Der Dichter schreibt das Gedicht für sich selber. Auf andere Art kommt kein echtes Gedicht zustande. Da beißt keine Maus den Faden ab."
- Die Motivation zum Schreiben ist sehr häufig eine pädagogische; man möchte verstehen helfen, und gereimte Informationen merkt man sich besser. Das hat mit Weiße 1765 angefangen und hat mit Michael Schobers *Klitzekleine Kinderreime* (1992) u.ä. noch lange nicht aufgehört. Wenn man weiß, wieviele gute Kindergedichte in der DDR geschrieben wurden, dann wird auch das folgende Zitat von Mißverständnissen frei bleiben: „Das Kinderge-

dicht ist eine Chance für den Sozialismus, so wie der Sozialismus eine Chance für das Kindergedicht ist." (Viktoria Ruika-Franz 1974 nach REGER 1990/31)

Fragte man die Verleger und die Buchhändler, so wäre die Antwort vermutlich ganz eindeutig: „Gedichte gehen nicht"; die Auflagen sind sehr klein; es gehört eine Portion Mut dazu, hin und wieder einen Band neu ins Programm zu nehmen. Die Zahl der neuen Kinderlyrik-Bände pro Jahr läßt sich sicher an einer Hand aufzählen. Zwei Große haben es – und das ist eine Besonderheit – via Lesebuch und Deutschunterricht geschafft: Krüss und Guggenmos. Alle anderen sind nur noch Insidern bekannt, sogar der Schweizer Hans Manz, der 1993 den Österreichischen Staatspreis für Kinderlyrik erhielt, den einzigen dieser Art (der deutsche Sonderpreis für Kinderlyrik wurde nur einmal vergeben, 1993 an Guggenmos) und Frantz Wittkamp, dessen *Ich glaube, daß du ein Vogel bist* bald 10. Geburtstag feiert und der 1995 mit dem Preis geehrt wurde. In den Kinderbüchereien bleiben die Gedichtbände stehen, wenn nicht hie und da eine kenntnisreiche Mutter einen zum Vorlesen mitnimmt. Kindergedichte sind typische Vorleseliteratur – mit einer Ausnahme, die oft übersehen wird: die Bilderbücher mit gereimten Geschichten, aber in der Regel handelt es sich bei ihnen nicht um Lyrik, wenn man darunter mehr versteht als Texte in Zeilen. Wirft man noch einen Blick auf das Rezensionswesen, so geht man mit den wenigen Exoten auf dem Markt sehr freundlich um, damit die Verleger nicht noch mehr verschüchtert werden und die Autoren vollends den Mut verlieren. Es dürfte ersichtlich sein, daß diese Rücksichtnahmen keine ernstzunehmende Kritik zulassen und den Eindruck erwecken, daß die Qualität den Urteilen entspräche.

Am beredtesten äußern sich natürlich jene, die LehrerInnen motivieren wollen, Gedichte mit Kindern in der Schule zu lesen und zu „besprechen", d.h. die Lehrpläne und die DidaktikerInnen. Dabei genügt ein Beispiel für die einen, die andern sollen etwas ausführlicher zu Wort kommen. Im Lehrplan Deutsch für die Grundschule Rheinland-Pfalz aus dem Jahre 1984 sollen verschiedene Textarten berücksichtigt werden, aber „Dabei sind Gedichte wegen ihrer sprachlichen Verdichtung, Kürze, Überschaubarkeit und sprachlichen Vorbildwirkung von besonderer Bedeutung." (S. 19)

- Es wäre interessant festzustellen, ob LehrerInnen den Gedichten tatsächlich einmütig diesen zentralen Wert zugestehen, den sie übrigens auch in Lesebüchern haben. Wie nüchtern liest sich ein solcher Lehrplantext aus den 80er Jahren im Vergleich zu den Sätzen, mit denen der Pädagoge Fritz Blättner 1956 seine Broschüre *Die Dichtung in Unterricht und Wissenschaft* eröffnete: „Ob Dichtung und Unterricht etwas miteinander zu tun haben? Das mag gerade denen eine gewichtige Frage sein, die im Umgang mit ihr die Erhebung über den Alltag, das freie Schwingen in Rhythmus und Farbe, das Zusichselberkommen im Ergriffensein tief empfunden haben." (BLÄTTNER 1956/5) Wer dürfte SchülerInnen diese Erfahrungen vorenthalten wollen? Es wird nur leider allzu oft übersehen, daß wir uns in einen Zirkel begeben haben: die schreibende Zunft – und dazu gehören natürlich auch WissenschaftlerInnen – berichtet über ihre literarische Sozialisation und bietet sie den „Nachgeborenen" als die einzige und richtige an. Die Stummen haben andere und vielleicht ebenso wichtige Erfahrungen, vielleicht mit anderen Künsten, aber sie schreiben nicht. So bleiben die LiteratInnen unter sich oder versuchen, ihren Alleinvertretungsanspruch im Reich der Künste durchzusetzen.

- Dazu gehört auch die Vorstellung, daß Kinder „aus sich heraus" einen angeborenen Sinn für Lyrik haben. Meist wird das an den Kinderreimen festgemacht, jenen sinnfreien Spielen aus Rhythmus und Klang, und man folgt Ruth Lorbe in der Schlußfolgerung: „Das Kind liebt dieses Spielzeug Sprache. Also ist das Kind auch prädestiniert, lyrische Dichtung zu lieben" (LORBE 1954/28.), wobei sich diese von den Reimen dadurch unterscheidet, daß sie das volle Wesen der Sprache enthält, auch das Logische, das Begriffliche. Auch der russische Psychologe Kornej Tschukowski, auf den sich die Autoren des Bandes *Zur Literatur für das Vorschulkind* berufen, spreche vom „Hang zum Reim beim Vorschulkind" und folgere: „Wer den Hang hat, selbst zu reimen, ist auch anderen Versen aufgeschlossen." (ARNDT 1969/ 87) Winfried Pielow baute 1965 auf dieser Entwicklung vom Kinderreim zum lyrischen Gedicht sein didaktisches Modell auf; Kinder müßten diesen Weg nachgehen, ich verkürze sehr stark und bringe dennoch viele wortreiche Konzepte auf den Punkt: Kinder brauchen Kindergedichte, damit sie später Erwachsenengedichte brauchen – und die brauchen sie sowieso!
- Was dem Kind sozusagen in die Gene eingeschrieben ist, das hat man sich angewöhnt „kindgemäß" zu nennen – und die Lyrik gehört dazu. „Warum haben Kinder eine Vorliebe für Verse", fragt Karl Ernst Maier in seinem *Jugendschrifttum* (1970/41), aus dem über Jahrzehnte hin LehrerInnen ihr Wissen und ihre Meinung auch über Kindergedichte bezogen. Sie könnten es selber nicht wissen, weil einerseits der Spieltrieb und andererseits das vorbewußte ästhetische Erleben (nach Meinung der Entwicklungspsychologie) dafür verantwortlich seien. Auch Richard Bamberger hat in seinem immer wieder aufgelegten Standardwerk *Jugendlektüre* (erstmals 1955, 2. Auflage 1965) die Symbiose von Kind und Kinderreim eher beschworen als belegt, das ist ein Merkmal der ständig wiederholten (Vor?)urteile, das eher als Mythologem denn als Faktum betrachtet werden kann. Wieder wird der Weg vom rhythmisch-klanglichen Spiel zum Kinderreim nachgezeichnet, um daraus eine Begründung abzuleiten: „Mit Staunen aber erfüllt uns die Tatsache,

daß aus dem Sprach- und Bewegungsspiel, das zur Entstehung des kindgemäßen Volksgutes führte, so wundervolle Zeugnisse ästhetischen Empfindens entstehen konnten....Hier ist alles, was wir zur ersten Entfaltung der Sinne und der Anlagen im frühen Kindesalter wünschen: Sprachmusik, Wortfreude, lebendiger Rhythmus! Da ist Anschauung und köstlicher Humor, Freude am Verweilen und an der Wiederholung!" (BAMBERGER 1965/114f.) Den Ausrufungszeichen sieht man die erhobene Stimmung an, in der sich der Autor befindet.

- War Lorbe (in der Nachfolge Staigers) noch bereit, die begriffliche Seite der Lyrik zu sehen, so überläßt sich Bamberger ganz Theodor Storm, der gern als Gewährsmann für die Kinderliteratur herangezogen wird. „Von einem Kunstwerk will ich, wie vom Leben, unmittelbar und nicht erst durch die Vermittlung des Denkens berührt werden; am vollendetsten erscheint mir daher das Gedicht, dessen Wirkung zunächst eine sinnliche ist, aus der sich dann die geistige von selbst ergibt wie aus der Blüte die Frucht." (nach BAMBERGER 1965/660) Für Pielow ist ein Gedicht „das non plus ultra an Absichtslosigkeit" (PIELOW 1985/9), und es ist nur folgerichtig, daß Gedichte als Gegengewicht zur Zweckrationalität des Alltags, auch zu naturwissenschaftlich-technisch orientierten Schwerpunkten in der Schule betrachtet werden. In ganz anderer Richtung, und dennoch ebenfalls mit Bezug zur Lebenswelt der Kinder beantwortet Ruth Lorbe zwanzig Jahre nach ihrem genannten Aufsatz die Frage nach dem Gebrauchswert von Kinderlyrik auf dem Hintergrund des *Streit-Buchs für Kinder* (1973) von Günther Stiller und Irmela Brender: Kinderkunstlyrik (d.h. moderne Lyrik für Kinder) erfüllt „auch gesellschaftspolitische Zielvorstellungen; denn die Tatsache, daß die Kinderlyrik die Kinder zu selbständigem Denken, Urteilen, Entscheiden und Handeln anhält, ist Ausdruck einer Pädagogik, deren Ziel es ist, die Kinder zu kritischen, vorurteilslosen, aufgeschlossenen Bürgern innerhalb der menschlichen Gemeinschaft heranzuziehen." (LORBE 1974/214)

- DidaktikerInnen lassen sich häufig von Wunschvorstellungen leiten, von denen nicht einmal sicher ist, ob sie jemals Realität waren; sie bauen ihre Zielkataloge auf schwankendem Boden und scheuen sich zu prüfen, ob die Bedingungen noch stimmen und ob sie generalisierbar sind. Maier schrieb bis ins achte Jahrzehnt unseres Jahrhunderts fort, was schon Rüttgers 1914 in seinem Buch *Dichtung in der Volksschule* nicht bewiesen, sondern vermutet hatte: „Die Zahl der Erwachsenen, die sich nicht wenigstens etlicher Texte aus ihrer Kinderstube oder von den Spielplätzen ihrer Jugend zu erinnern wissen, muß wohl sehr klein sein...Wenige Kinder werden so unglücklich groß werden, daß ihre Eltern und Pfleger nicht hie und da eine glückliche Stunde finden, mit ihnen zu singen und zu spielen." (nach MAIER 1970/34)

Es bezweifelt ja niemand, daß literarisch interessierte Eltern noch heute so handeln, aber es ist ebenso unzweifelhaft, daß ihre Erfahrungen nicht generalisiert werden dürfen. Wieviele Kinder können sich in dem Erlebnis wiederfinden, das Ute Andresen zum Angelpunkt ihres Berichts, natürlich mit der Aufforderung zur „Nachfolge", macht: „Viele Eltern lesen ihren Kindern vor, etwa vor dem Einschlafen...Meiner Tochter hatte ich, als sie drei Jahre alt war, ein Gedicht neben ihr Kopfkissen an die Wand gehängt...Es hat sie all die Jahre begleitet, getröstet und beschützt." (ANDRESEN 1992/ 17)

Daß Kinder Gedichte brauchen, aus all den genannten und noch anderen Gründen, gehört zum kulturellen Selbstverständnis aller, die sich mit dieser Frage beschäftigen. Negative Antworten würden als Banausentum abgetan, als Minderheitenvotum von Außenseitern. Befragungungen würden nur dieses „So sollte es sein" zutage bringen, nicht die wahren Meinungen. Daß die Realität in sehr vielen Familien anders aussieht, dürfte jedem klar sein, daß Kinder in der Schule andere Antworten geben würden, wäre nicht hinreichender Grund, von den für richtig gehaltenen Forderungen nach dem zentralen Stellenwert der Lyrik im Deutschunterricht abzugehen: man müßte nur die Methode ändern. Um den Frust vieler SchülerInnen und LehrerInnen in den Gedichtstunden abzubauen, sollte die Frage, ob und wozu Kinder Gedichte brauchen, „nicht so schnell" beantwortet werden; weniger ideologiegeladene Auseinandersetzungen über das „Wesen" der Dichtung und des Gedichts würden didaktische Fragen auf tragfähigeren Grund stellen. Vieles, was Kindern (nur manchen Kindern?) als angeboren angedichtet wird, ist entweder verschüttet worden, nicht gefördert oder war noch nie da und muß deshalb erst angebahnt und entwickelt werden.

2. Welche Gedichte sollen Kinder gebrauchen?

Alle! Die eigenen und die gefundenen, auf der Straße oder im Lesebuch, als Werbespruch oder als Kinderlied, alt oder neu, schön illustriert und schön gesetzt oder auf Packpapier mit Ringbindung, die deutschen und die übersetzten, die hochdeutschen und die im Dialekt, die lustigen und die traurigen, die verständlichen und die zunächst unverständlichen, die sinnlosen und die sinnträchtigen, die nützlichen und die unnützen, solche, die mit einem kurzen Auflachen oder Schmunzeln erledigt sind und solche, die sich festhaken, die anspruchsvollen, die einen immer wieder einholenden, die guten und – die schlechten auch? Darüber müßte man mit Kindern sprechen, damit wir ihren qualitativen Erwartungshorizont erst einmal kennenlernen und nicht gleich mit einer Überforderung einsetzen. Dieser Bauchladen der Kindergedichte wird manchen nicht zufriedenstellen, aber die Auswahl wird eh jeder für sich treffen. Das Angebot in den Buchläden ist groß und doch wieder überschaubar, weil vieles schnell aus den Regalen verschwindet, weil der „Umsatz", das was umgesetzt werden muß, schneller geworden ist. Was stehen bleibt, kommt in den Ramsch, aber selten kommt was Gutes nach. Die folgende Liste ist nicht vollständig, aber sie hilft bei der Suche, und vielleicht wird man auch bei den sauber gebliebenen Exemplaren in der Bücherei fündig, an denen sich niemand vergriffen hat.

GEDICHTE FÜR KINDER

Eine Auswahl (Stand: Februar 1996)

Borchers, Elisabeth
(1)   Und oben schwimmt die Sonne davon. Bilder Dietlind Blech (1965). – München: Ellermann 6. Auflage 1981 (DM 26.00)

Busta, Christine
(2)   Die Sternenmühle. Gedichte für Kinder und ihre Freunde mit Bildern von Johannes Grüger.- Salzburg: Otto Müller 1959, 5. Auflage (DM 14.80)

Bydlinski, Georg
(3)   Die bunte Brücke. Reime, Rätsel und Gedichte. Ill.Winfried Opgenoorth.- Wien: Herder 1992 (DM 19,80)

Ende, Michael
(4)   Das Schnurpsenbuch. Ill. Rolf Rettich.- Stuttgart: Thienemann 1979 (DM 18,00)

Ferra-Mikura, Vera
(5)   Lustig singt die Regentonne. Ill. Romulus Candea.- Wien: Jungbrunnen 1964, 8. Auflage 1989 (DM 19.80)

Gernhardt, Robert
(6)   Mit dir sind wir vier. Ill. Almut Gernhardt.- Frankfurt: Insel (1983), 1992 (DM 14.00)

Guggenmos, Josef
(7)   Oh, Verzeihung, sagte die Ameise. Ein Kinderbuch mit Bildern von Nikolaus Heidelbach. – Weinheim: Beltz & Gelberg 1990, 2. Auflage 1993 (DM 45.00)

(8)   Ich will dir was verraten. Ein Kinderbuch mit Bildern von Axel Scheffler, Nachwort von Hans-Joachim Gelberg. – Weinheim: Beltz & Gelberg 1992 (DM 29.80)

(9)   Was denkt die Maus am Donnerstag? 123 Gedichte für Kinder mit 56 Grafiken von Günther Stiller.- Recklinghausen: Paulus 1966, 10. Auflage Bitter 1985 (DM 14.80), dtv junior (7.90)

154

(10)   Ein Elefant marschiert durchs Land. Geschichten und Gedichte. Ill. Eva
        Johanna Rubin.- Recklinghausen: Bitter 1972 (DM 16.80)
(11)   Gugummer geht über den See.- Recklinghausen: Bitter 1957; Neuausgabe
        Kempten:Dannheimer/Recklinghausen: Bitter 1993 (DM 16.80)

Krüss, James
(12)   Der wohltemperierte Leierkasten. Illustrationen und Gestaltung von El-
        friede und Eberhard Binder, mit einem Nachwort von Erich Kästner
        (1961). – München: Bertelsmann überarb. Neuauflage 1989 (DM 24.80)

Kunze, Reiner
(13)   Wohin der Schlaf sich schlafen legt. Gedichte für Kinder. Ill. Karel Fran-
        ta.- Frankfurt: Fischer 1991 (DM 39.90), Fischer Taschenbuch 1994 (DM
        9.90)

Manz, Hans
(14)   Die Welt der Wörter. Sprachbuch für Kinder und Neugierige. Im Anhang
        Beiträge über Hans Manz und seine Texte. – Weinheim: Beltz & Gelberg
        1991, 3. Auflage 1993 (DM 19.80)
(15)   Mit Wörtern fliegen. Neues Sprachbuch für Kinder und Neugierige.-
        Weinheim: Beltz & Gelberg 1995 (DM 19.80)

Mucke, Dieter
(16)   Von Affenstall bis Ziege Bocksprünge zur Genüge. Ill. Regine
        G.Heinecke.- Berlin: Kinderbuchverlag 1991 (DM 10.80)

Spohn, Jürgen
(17)   Pardauz & Co. Verse zum Vorsagen, Weitersagen, zum Vorlesen für
        Kinder, Ill. vom Verfasser. – Frauenfeld: Nagel & Kimche 1991 (DM
        22.80)

Steinwart, Anne
(18)   Da haben zwei Katzen gesungen. Kindergedichte. Einband und Buch-
        schmuck Pia Eisenbarth. – Hamburg: Carlsen 1992 (DM 18.00)

Wittkamp, Frantz
(19)   Ich glaube, daß du ein Vogel bist. Verse und Bilder – Weinheim: Beltz &
        Gelberg 1987 (DM 16.80), 1990 (=Gulliver für Kinder 83) (DM 7.80)
(20)   Alle Tage, immer wieder. Kalendermerkbuch mit Versen. – Weinheim:
        Beltz & Gelberg 1990 (DM 19.80)

Anthologien (chronologisch)

(21)   *So viele Tage wie das Jahr hat.* 365 Gedichte für Kinder und Kenner.
        Hrsg. James Krüss, Ill. Eberhard Binder-Staßfurt.- München: Bertels-
        mann 1959, .. Auflage 1986 (DM 29.80)

(22)   *Allerleirauh.* Viele schöne Kinderreime. Hrsg. Hans Magnus Enzens-
        berger.- Frankfurt: Suhrkamp 1961, Insel Taschenbuch 115, 1974 (DM
        19,80)
(23)   *Die Stadt der Kinder.* Gedichte für Kinder in 13 Bezirken. Hrsg. Hans-
        Joachim Gelberg, Ill. Werner Blaebst.- Recklinghausen: Bitter 1969,
        2.Auflage 1982 (DM 16.80)
(24)   *Überall und neben dir.* Gedichte für Kinder in sieben Abteilungen. Hrsg.
        Hans-Joachim Gelberg, mit Bildern von Künstlern.- Weinheim: Beltz &
        Gelberg 1986 (DM 14.80)
(25)   *Die Wundertüte.* Hrsg. Heinz-Jürgen Kliewer.- Stuttgart: Reclam 1989
        (DM 22.00)
(26)   *Das große Reimebuch für Kinder.*Hrsg.Barbara Bartos-Höppner, Ill. Mo-
        nika Laimgruber.- Wien: Betz 1990 (DM 39.80)
(27)   *Im Pfirsich wohnt der Pfirsichkern.* Gedichte für Kinder. Hrsg. Wolf Har-
        ranth, Ill. Christine Sormann.- Mödling-Wien: St. Gabriel 1994 (DM
        32.00)

Sammlungen für die Grundschule (chronologisch)

(28)   *Gedichte für die Grundschule.* Hrsg. Hans Schorer.- Frankfurt: Diester-
        weg 1969 (DM 23.00)
(29)   *Bilder und Gedichte für Kinder* zu Haus, im Kindergarten und für den
        Schulanfang. Hrsg. Werner Halle und Klaus Schüttler-Janikulla,Ill. Ja-
        nosch.- Braunschweig: Westermann 1971, Würzburg: Arena 1990 (DM
        19.80)
(30)   *Klang, Reim, Rhythmus.* Gedichte für die Grundschule. Hrsg. Fritz Bach-
        mann u.a.-Frankfurt: Hirschgraben 1972 (DM 19.90)
(31)   *Jahreszeiten.* Gedichte und Geschichten für ein ganzes Jahr. Hrsg. Wolf-
        gang Finke.- Paderborn: Schöningh 1983 (DM 14.80)
(32)   *Der Wünschelbaum.* 151 Gedichte für Familie, Schule und Kindergarten.
        Hrsg. Georg Bydlinski.- Wien: Herder 1984, 3. Auflage 1992 (DM 19,80)
(33)   *Gefunden.* Gedichte für die Grundschule. Hrsg. Mascha Kleinschmidt und
        Margarethe Kolbe, Ill. Helge Nyncke.- Frankfurt: Diesterweg 1985 (DM
        24.80)
(34)   *Und mittendrin der freche Hans.* Gedichte für Grundschulkinder. Hrsg.
        Gerhard Sennlaub.- Berlin: CVK 1986 (DM 16.90)
(35)   *Frühmorgens bis Silvester.* Gedichte für Kinder.Hrsg. Baumgärtner/ Col-
        dewey.- Bochum: Kamp 1993 (DM 24.80)

Hörkassetten

(36)　*Goethe für Kinder.* Sprecher: Lutz Görner.- ivgs/CVK 6. Auflage 1992
　　　(DM 24.00)

(37)　*Gefunden.* Gedichte für die Grundschule. Hrsg.M.Kleinschmidt und
　　　M.Kolbe.- Frankfurt: Diesterweg o.J. (DM 29.50)

(38)　*Überall und neben dir.* Sprecher: Hans-Joachim Gelberg.- Deutsche
　　　Grammophon 1994 (DM 16.80)

Die Zahl der KlassikerInnen ist ganz klein: dazu gehört *Die Sternenmühle*
der österreichischen Lyrikerin Christine Busta (1959, Nr.2), aus der einige Gedichte auch Lesebuchklassiker geworden sind und die vielleicht auch wegen ihrer Bilder von Johannes Grüger überlebt hat. Genau so alt ist die unsterbliche
Anthologie von James Krüss *So viele Tage wie das Jahr hat* (Nr.21), ebenfalls
ohne ihre Illustrationen des DDR-Künstlers Eberhard Binder gar nicht denkbar.
Die Österreicher pflegen ihre Tradition, denn auch *Lustig singt die Regentonne*
(1964, Nr.5) von Vera Ferra-Mikura, wiederum mit Illustrationen eines Meisters,
Romulus Candea, sind nach über dreißig Jahren noch zu kaufen. Zu den schönen
Büchern gehören zweifelsohne *Und oben schwimmt die Sonne davon* (1965,
Nr.1) von Elisabeth Borchers, illustriert von Dietlind Blech, die erste bekannte
und die letzte Ausgabe mit Gedichten von Josef Guggenmos: *Was denkt die
Maus am Donnerstag?* (1966, Nr.9) mit den Holzschnitten von Günther Stiller
und *Oh, Verzeihung, sagte die Ameise* (1990, Nr.7) mit den Bildern von Nikolaus Heidelbach sowie schließlich die Anthologie *Im Mondlicht wächst das Gras*
(1991, schon vergriffen), zusammengestellt von Ute Andresen, mit Illustrationen
von Dieter Wiesmüller.

Zu den Longsellern zählen ein Buch von Michael Ende, von dem kaum bekannt ist, daß er Kinderlyrik geschrieben hat: *Das Schnurpsenbuch* (1979, Nr.4),
ein Band von James Krüss (Nr.12) und zum Glück Hans Manz (Nr.14, 15) Sehr
zu bedauern ist, daß Jürgen Spohn nur noch mit einem Titel auf dem Markt vertreten ist (Nr.17) und – aber das ist ein eigenes Kapitel – daß die gesamte DDR-
Kinderlyrik im Orkus der Wende untergegangen ist. Nur schwer scheint sich der
oben genannte Frantz Wittkamp in den Lesebüchern durchzusetzen, obwohl seine beiden Bücher (Nr.19, 20) eine Fundgrube von Kindergedichten darstellen
mit einem neuen, witzigen, sprachspielerischen Ton, der Kinder und Erwachsene
begeistert. Weitere 55 seiner Vierzeiler, die er „Findlinge" nennt, hat Hans-
Joachim Gelberg in sein 9. Jahrbuch der Kinderliteratur *Was für ein Glück*
(1993) aufgenommen. Überhaupt ist zu begrüßen, daß die beiden Gelberg-
Anthologien immer noch da sind (Nr.23, 24). Sie unterscheiden sich von den
übrigen (Nr.21, 22, 25, 26, 27) dadurch, daß er fast ausschließlich Erstveröffent-

lichungen versammelte, während alle andern einen Querschnitt durch die Geschichte der Kinderlyrik geben wollen. Zur letzteren Kategorie gehören natürlich auch die Gedichtsammlungen der Schulbuchverleger, die es teilweise auf ein respektables Alter bringen. Zu den ältesten gehört das von Janosch illustrierte *Bilder und Gedichte für Kinder* (1971, Nr.29); der Markt scheint zu stagnieren, denn das jüngste ist auch schon drei Jahre alt: *Frühmorgens bis Silvester* (1993, Nr.35). Vorbei sind die Zeiten, wo jeder Schulbuchverlag meinte, eine eigene Sammlung anbieten zu müssen. Ein Curiosum ist das Bändchen, auf dessen Titelblatt folgendes zu lesen ist: *„Gedichte für Grundschulkinder*. Laut Bekanntmachung des Bayerischen Staatsministeriums für Unterricht und Kultus vom 17. Februar 1986, ZN 12/272/85-V" – da weiß man doch, woran man ist!

Einen besonderen Hinweis verdient die Sammlung *Al fin serafin* (1993, nicht mehr lieferbar) von Silvia Hüsler, die Kinderreime aus verschiedenen Ländern in der Originalschrift, einer Umsetzung in unsere Schrift und einer Übertragung anbietet, dazu gibt es eine Hörkassette mit dem Klang der Herkunftssprache. Aus der großen Zahl der Sammlungen von Kinderreimen sollen wenigstens zwei herausgehoben werden: die schon klassische *Allerleihrauh* (1961, Nr.22) von Hans Magnus Enzensberger und die fast gleichzeitig erschienene von Ruth Dirx (1963), die in einer schönen Neuausgabe mit Bildern von Renate Seelig (1987 nicht mehr lieferbar) herauskam. Nur selten ist bisher der Versuch unternommen worden, Kindern die Gedichte über das Ohr nahezubringen (Nr.36 – 38), vielleicht ein guter Weg des unverschulten Zugangs.

Literatur:

ARNDT, Marga (Redaktion): Zur Literatur für das Vorschulkind. Studienmaterial für den Deutschunterricht an den Pädagogischen Schulen für Kindergärtnerinnen.- Berlin (DDR) 1969
ANDRESEN, Ute: Versteh mich nicht zu schnell. Gedichte lesen mit Kindern.- Weinheim 1992
BAMBERGER, Richard: Jugendlektüre.- Wien 1955, 2. Auflage 1965
BAUMERT, Inge/ Ilse Ploog (Hrsg.): Für Kinder geschrieben. Autoren der DDR.- Berlin (DDR) 1979
BIESE, Alfred: Wie unterrichtet man Deutsch? Ein Wegweiser.- Leipzig 1920
BLÄTTNER, Fritz: Die Dichtung in Unterricht und Wissenschaft.- Würzburg 1956
LORBE, Ruth: Spuren. Elemente der Lyrik im Kinderreim.- Akzente 3 (1954) 280-291

LORBE, Ruth: Kinderlyrik *in:* Gerhard Haas (Hrsg.): Kinder- und Jugendliteratur. Zur Typologie und Funktion einer literarischen Gattung.- Stuttgart 1974, S.178-219

MAIER, Karl Ernst: Jugendschrifttum. Formen, Inhalte, pädagogische Bedeutung.- Bad Heilbrunn 1965; zit. nach der 4. Auflage 1970; 8. Auflage 1980

PIELOW, Winfried: Das Gedicht im Unterricht. Wirkungen, Chancen, Zugänge.- München 1965; 5.erw. Auflage Baltmannsweiler 1985

REGER, Harald: Kinderlyrik in der Grundschule. Literaturwissenschaftliche Grundlegung, schhülerorientierte Didaktik.- Baltmannsweiler 1990

Metaphorisches Sprechen im neueren Kindergedicht

"fare d'occhio di triglia" – sagen die Italiener und meinen *liebäugeln*. Auf einen Deutschen wirkt die in der Fremdsprache sog. "tote" Metapher durchaus "kühn": *das Auge der Seebarbe machen*. Wie wenig Metaphern einzuordnen sind in Kategorien, zeigt dieses Beispiel: Facetten von konkreter Bildlichkeit, ironischer Sprechweise; sprachliche Kraft setzt Phantasie in Bewegung auf vorstellbare Situationen hin, ohne das Prinzip des Übertragens aus dem Auge zu verlieren. Metaphern sind nicht dies oder das, entziehen sich Definitionsversuchen immer wieder erfolgreich. Vielleicht liegt darin der Grund, daß sich die Wissenschaft an ihnen so genußvoll die Zähne ausbeißt; Wilhelm Köller fragte 1986: "Was treibt Amateure und Professionelle immer wieder dazu, sich auf diesen Markknochen zu stürzen und sich an ihm zu Tode zu nagen?" (nach Schumacher 1997:11).

Auch Kindergedichte zu definieren ist fast ebenso schwierig wie sich im Gestrüpp der Metapherndiskussion zu bewegen. Wenigstens über die Zeitangabe "neuere" ist man sich weitgehend einig und meint: nicht älter als 50 Jahre, nennt Namen, wie James Krüss und Josef Guggenmos, Elisabeth Borchers und Christine Busta. Daß auch heute noch "alte" Gedichte geschrieben werden, versteht sich von selbst. Wichtiger ist die Beobachtung, daß derlei Fragen typisch sind für die Literaturwissenschaft, die Linguistik dagegen wohl kaum interessieren. Geht es der einen um Texte, so der anderen um den Text oder in der Regel um einen; vergleicht die eine z.B. literarische Formen und ihre Traditionen, das Verhältnis von Innovation und Fortwirken des Alten, so wird die andere hierin keinen Forschungsgewinn für ihre Disziplin finden. Gerade die Metapher böte ideale Möglichkeiten, so meint Siegfried Grosse, die Barrieren zwischen den feindlichen Schwestern zu überschreiten, und das "nicht auf der theoretischen Metaebene, sondern realiter auf der gemeinsamen Grundlage: dem Text" (1997:16). Auf der Jahrestagung des Instituts für deutsche Sprache 1997 habe er den Vorschlag gemacht, gemeinsam die Lyrik der letzten dreißig Jahre zu analysieren; als Grund nennt er u.a.: "Es werden neue Wörter, Wortkombinationen und Metaphern geschaffen [...]. Dazu tritt die wichtige Funktion der Semantik, deren Assoziationsmöglichkeiten in freier Kombination das feste syntaktische Gefüge auf- und ablösen" (ebd.). Auch ein Wörterbuch der poetischen Sprache hält er für ein geeignetes Arbeitsfeld. Kommt aber bei Kooperationsversuchen mehr dabei heraus oder kann mehr dabei herauskommen als z.B. beim interdisziplinären Wuppertaler Kolloquium "Metapher und Modell" von 1994 (Bergem u.a. 1996), wo die Disziplinen (wie hier) in einem Raum sitzen und – häufig vergeblich – versuchen, den Turm von Babylon abzutragen, d.h., wenigstens die Wissenschaftssprache der anderen zu verstehen. Was hat der Mathematiker oder Theologe davon, wenn ihm z.B. am Thema "Literarische und wissenschaftliche Formen der Wirklichkeitskonstruktion" (so der Untertitel des Tagungsbandes) der Germanist die Metaphern in der politischen Lyrik von Günter Grass erläutert? Meinen sie überhaupt dasselbe, wenn sie "Metapher" sagen? Im literaturwissenschaftlichen Proseminar wird vielleicht der Unterschied zwischen Metapher und Metonymie gelehrt, und man bewegt sich (sicher?) auf dem Boden der antiken Rhetorik, erklärt Tropen und Figuren wie weiland Heinrich Lausberg. Der Linguist könnte den Literaturwissenschaftler belehren: Metonymien und Metaphern sind Tropen. Setzen wir also den Fuß ins andere Lager und distanzieren uns von Rhetorik und Stilistik, wie es etwa Gerhard Strauss gleich im dritten Abschnitt seines Aufsatzes "Metaphern – Vorüberlegungen zu ihrer lexikographischen Darstellung" tut (1991:127). Nicht jene Metapher meine ich, wenn ich vom "Metaphorischen Sprechen" spreche, auch nicht (mit einer Ausnahme) von der menschlichen Fähigkeit, mit Hilfe seiner Sprache, ihrer metaphorischen Kraft, Wirklichkeit zu konstituieren, sondern mein Interesse gilt dem literarischen Verfahren, "eins durch das andere zu sagen". Mit dieser Formulierung umgehe ich das sog. "uneigentliche" Sagen, weil ja gar nicht sicher ist, wie ein "eigentliches" Sagen zu fassen ist. Vielleicht wäre René Schumacher auch mit dieser Formulierung nicht einverstanden, denn "'Nicht-Metapher' und 'Metapher' sind nicht zwei eigentlich verschiedene Kategorien, es sind gradmässig zu unterscheidende Ausprägungen innerhalb derselben Kategorie. Alle Wörter sind grundsätzlich metaphorisch, und sie befinden sich, so wird das hier genannt, in mehr oder weniger hohem Mass in diesem Zustand, in der Schwebe von 'Metapher'" (1997:19).

Außerdem entgehe ich mit dem Vermeiden der Termini "eigentlich" und "uneigentlich" dem Irrtum, nicht nur das schulmeisterliche Interpretieren, sondern auch die Literaturwissenschaft habe die Aufgabe, das "uneigentliche" Sprechen des Dichters in das "eigentliche" zu übersetzen. Im Gegenteil: das andere ist nicht die Substitution des einen; ihre Spannung aufzuheben bedeutet Zerstörung der zu erhaltenden Ambivalenz.

"Eins durch das andere sagen" ist auch etwas anderes als "Schmuck der Rede", und nur teilweise trifft vielleicht der Vorwurf von Marie-Cécile Bertau, daß die gegenwärtige, geradezu inflationäre wissenschaftliche Beschäftigung mit der Metapher damit zusammenhängt, daß ihre kognitiven und erkenntnistheoretischen Leistungen, ihre epistemische Funktion dem Denken der Moderne entsprechen, die klassisch-rhetorische Tradition dagegen in der Neuzeit als "trivial" und uninteressant herabgesetzt wird (vgl. Bertau 1996). Tatsache ist jedenfalls, daß die Metapher Konjunktur hat in verschiedenen Wissenschaften, nur nicht in der Literaturwissenschaft. Während Systematisierungsversuche sich häufen, bleiben empirische Arbeiten, die das Metaphernverständnis und die Metaphernfähigkeit, also auch die Ursachen des "Schwebens", wie René Schumacher es nennt, untersuchen, äußerst rar. Nicht weniger als drei Dutzend Attribute zum Lemma "Metapher" listet das Register von Marie-Cécile Bertau auf: kühne und tote Metaphern, innovative, konventionalisierte und teilkonventionalisierte Metaphern, elite und mundane metaphors, aber die Frage, für wen eine Metapher trivial oder unangemessen ist, wie Umgang mit Metaphern sich entwickelt, welcher Kontext, nicht der innertextliche Weinrichs, sondern der pragmatische, die Urteile des Metaphernbenutzers bestimmt, auf diese Fragen findet man kaum Erklärungsversuche.

Verwundert stellt man fest, daß Marie-Cécile Bertau in dem Abschnitt "Kinder und Metaphern" (246ff.) in ihrem Kapitel "Das Fehlen der Metapher" sich auf amerikanische Studien aus den 70er Jahren bezieht, und ebenso merkwürdig mutet es an, daß ihm der Abschnitt folgt: "Hirngeschädigte Erwachsene und Metaphern". Was beide Gruppen verbindet ist die noch nicht erworbene oder verlorene Fähigkeit, mit Metaphern umzugehen. "Das Beherrschen der Metapher", so die Beobachtung Marie-Cécile Bertaus, "setzt ein Beherrschen der Konvention sowie der damit verbundenen Orientierung auf den Hörer voraus" (1996:249). Zu ganz ähnlichen Ergebnissen war 1965 Hermann Helmers gekommen, der die Entwicklung von "Sprache und Humor des Kindes" untersucht hatte: erst wo die sprachliche Regel erfaßt ist, kann der Regelverstoß goutiert werden. Nun ist das Kind auch in der Lage, das Spiel in der anderen Richtung zu spielen, d.h., es vermag die Komik der Eulenspiegel-Geschichten zu durchschauen, bei denen Redensarten nicht als metaphorische Abweichung verstanden werden wollen, sondern wörtlich. Gerhard Kurz formuliert dieses Phänomen: "Es ist konstitutiv für Metaphern, daß die relevante usuelle Bedeutung kopräsent mit der metaphorischen Bedeutung bewußt ist. Die metaphorische Bedeutung liegt nicht außerhalb des usuellen Bedeutungsspektrums, sondern bildet sich *durch die relevante usuelle Bedeutung hindurch*" (zit. nach Wolff 1984:95).

An Gedichten, die für Kinder geschrieben wurden bzw. von Kindern verstanden werden können, so soll "Kinderlyrik" knapp definiert sein, sollen jene Fähigkeiten des Denkens auf zwei Ebenen, im Sinne von Kopräsenz, benannt werden, die AutorInnen bei ihren LeserInnen erwarten. Bei diesem Blick auf die Texte ist die Frage irrelevant, in welchem Alter, mit welchen Bildungs- und Erfahrungsvoraussetzungen sie dazu in der Lage sind, und es soll auch unberücksichtigt bleiben, worin sich einfachere und schwierigere Formen des metaphorischen Sprechens unterscheiden sowie schließlich das Problem, auf welchem Wege Verständnis angebahnt oder gefördert werden kann.

Eva Strittmatter

> *Die Drossel singt*
>
> *Wenn ich sage: DIE DROSSEL SINGT.*
> *So will das nicht viel sagen*
> *Für den, der nicht weiß, wie der Drosselsang klingt.*
> *Er kann nicht übertragen,*
> *Was an meinen Worten wirklich ist.*
> *Ihm fehlen Bilder und Töne.*
> *Nur wenn man sie an Erfahrungen mißt,*
> *Verwandeln sich Worte ins schöne*
> *Gefühl. Man erweitert sie*
> *Um Zeiten und um Welten.*
> *Wem nie die Drossel sang märzmorgenfrüh,*
> *Dem kann mein Wort nicht gelten.*

Ein Kuriosum stellt der Text von Eva Strittmatter dar, die weder als Autorin noch als Kinderlyrikerin im Westen Deutschlands bekannt war (und heute noch weniger ist). Metapherntheorie wird zum Gegenstand eines Kindergedichts gemacht; das eine, die akustischen und visuellen Wahrnehmungen, muß an das andere, die sprachlichen Benennungen gebunden bleiben. Expressis verbis ist von der Metapher = "Übertragung" die Rede, und auch ein Beispiel für die metaphorische Kraft der Neuschöpfung bietet Eva Strittmatter: *märzmorgenfrüh*. Aus dem usuellen *am frühen Morgen eines Märztages* oder *Frühlingstages* wird der unkonventionelle Stabreim, der seinerseits ein Adjektiv in ungewöhnlicher Weise präzisiert. Metaphorik läßt sich jedoch nicht nur auf der Wort- und Satzebene beobachten, sondern gerade Lyrik ist dadurch gekennzeichnet, daß sie auf dem Weg über Klang und Rhythmus weitere Informationen vermittelt. Nimmt man also den auffallenden Rhythmus der Zeile *Wem nie die Drossel sang märzmorgenfrüh* mit ihren zwei fehlenden Senkungen hinzu sowie die Reimgliederung als weitere von der Konvention abweichende Phänomene, dann zeigt sich die Metaphorisierung auf verschiedenen Ebenen – übereinander geschichtet. Hans Messelken schlägt vor, zwei Klassen von Metaphern anzunehmen, die direkten oder Textmetaphern, die auf Lexikalisches beschränkt bleiben, aber auch Wortverbände, wie Redensarten und Sprichwörter, umfassen, und die indirekten oder Rhythmusmetaphern, die "sich auf sprachliche Strukturen beziehen: Textformen und Morpheme, Satzformen, Laute und Rhythmus" (1976:13). Als Beispiel für die Metapher "Textform" nennt er die von Bertolt Brecht sehr bewußt als Gestaltungskategorie eingesetzte Zeilengliederung. Mit diesem Vorschlag werden sich Literaturwissenschaftler sicher identifizieren können, weil sich mit den genannten Merkmalen die Literarizität des Textes, seine Spezifik (wenn auch nicht vollständig) greifen läßt.

Aus der älteren Kinderlyrik kennen wir, wenn denn überhaupt Bildebenen gemischt und nicht einfach Beschreibungen aus dem kindlichen Alltag versifiziert werden, Fabeln und Tiergedichte, Personifikationen und ausgeführte Wie-Vergleiche.

"Sonne hat sich müd gelaufen, spricht: 'Nun laß ich's sein!'"

Mit dieser Zeile beginnt das Schlaflied "Im Herbst" von Robert Reinick aus der ersten Hälfte des vergangenen Jahrhunderts. Das Kind soll einschlafen und sich die personifizierte Sonne zum Vorbild nehmen. In der Regel kommt die frühere Kinderlyrik ohne direkte Metaphern aus; so auch ein Gedicht, das bis in die 50er/60er Jahre kaum in einem Lesebuch fehlte. "Im See" von Adolf Holst stammt aus dem Beginn unseres Jahrhunderts und enthält außer zwei schönen Beispielen für den Wie-Vergleich keine sprachlichen Bilder.

TEXT 2

Adolf Holst

Im See

Heute ist das Wasser warm,
Heute kann's nichts schaden,
Schnell hinunter an den See!
Heute gehn wir baden!

Eins, zwei, drei – die Hosen aus,
Stiefel, Wams und Wäsche!
Und dann – plumps ins Wasser rein!
Grade wie die Frösche!

Und der schönste Sonnenschein
Brennt uns nach dem Bade
Brust und Buckel knusperbraun,
Braun wie Schokolade!

Josef Guggenmos

>*Auf dieser Erde*
>
>*Zwei Pferde gingen bekümmert*
>*im Gänsemarsch durch den Schnee.*
>*Sie traten in ein Gartenhaus,*
>*das hatten sie selber gezimmert.*
>*Dort zogen sie ihre Halfter aus*
>*und tranken Kaffee.*
>*Doch unter dem Deckel der Zuckerdose*
>*fanden sie keine süßen Brocken,*
>*fanden sie eine Herbstzeitlose*
>*mit angezogenen Knien hocken*
>*(sie hatte sich vor dem Frost verkrochen*
>*und sah nun mit blaßlila Augen her).*
>*Ich kann nicht mehr,*
>*sagte das eine der Pferde,*
>*es ist alles so Winter auf dieser Erde.*

Im Unterschied zur Lehrhaftigkeit der traditionellen Fabel wollte die Hey-Specktersche Fabel des 19. Jahrhunderts den Kindern zusätzlich Sachinformationen vermitteln. Es sollte eine gefühlvolle Beziehung zwischen ihnen und den Tieren aufgebaut werden. Pferde z.B. waren Freunde und die gutwilligen Helfer auf dem Bauernhof. Kinder kennen sie auch heute aus Pferdebüchern als Seelentröster und treue Begleiter ohne Falsch und ohne Launen. Wie völlig anders begegnen sie ihnen in dem Gedicht von Josef Guggenmos. Sie können nicht mit ihnen in Dialog treten, sie stehen dem Menschen nicht gegenüber, sondern Pferde stehen für Menschen, aber nicht in der Form der traditionellen Metapher, nicht nach dem Muster *Achill ist ein Löwe*. Denn was hieße: *der Mensch ist ein Pferd*? Es ist nicht gemeint, was noch denkbar wäre: *er arbeitet wie ein Pferd*. Es wird nicht die Eigenschaft eines Menschen bildlich umschrieben, sondern es wird eine generelle Aussage gemacht. Und die Wahl des Bildes *Pferd* erscheint nicht zwingend, eine "frische" Metapher, würde René Schumacher sagen, aber keine "kühne", weit auseinanderliegende Bildbereiche zusammenziehende, wie sie für moderne Lyrik typisch wäre. Das Bildpaar *Mensch – Tier* wird durch ein zweites ergänzt: *die Herbstzeitlose* zeigt nochmals die Befindlichkeit des Menschen. Wichtiger als ein Blick auf die Pferde, die Guggenmos augenzwinkernd *im Gänsemarsch* laufen läßt (Remetaphorisierung, d.h. Spiel mit einer verblaßten Metapher, könnte man das nennen), ist die Gestaltung der Quintessenz in der letzten Zeile. Wo ein Adjektiv erwartet wird, *winterlich* wäre freilich zu "einsinnig", träfe nur die äußere Situation der Pferde, dort schießt im Substantiv *Winter* die Grundstimmung des Textes, die Verallgemeinerung einer Lebensstimmung wie in einem Fokus zusammen. Bedeutsamer für die ästhetische Qualität des Textes, nach der der Literaturwissenschaftler gewohnt ist zu fragen, als das Vorhandensein der Bildkomplexe ist ihre Verknüpfung, ihre Einbettung in eine, übrigens auch für Kinder nachvollziehbare Geschichte, wobei die Zukkerdose noch ein wichtiges Element darstellt, schließlich die syntaktische und rhythmische Gliederung des Textes. Zugegeben, solch komplexe Gebilde sind selten in der Kinderlyrik, und es hat eine besondere Bewandtnis mit diesem Gedicht. Es stammt aus einem frühen Gedichtband für Erwachsene; "Gugummer geht über den See" erschien 1957 im Mitteldeutschen Verlag in Halle, und Josef Guggenmos hat dieses Gedicht 1986 seinem Verleger Hans-Joachim Gelberg für die Kinderlyrik-Anthologie "Überall und neben dir" angeboten.

TEXT 4

Christine Busta

Der Sommer

Er trägt einen Bienenkorb als Hut,
blau weht sein Mantel aus Himmelsseide,
die roten Füchse im gelben Getreide
kennen ihn gut.
Sein Bart ist voll Grillen. Die seltsamsten Mären
summt er der Sonne vor, weil sie's mag,
und sie kocht ihm dafür jeden Tag
Honig und Beeren.

Aus derselben Zeit wie "Auf dieser Erde" stammt der Gedichtband "Sternenmühle" (1959) der österreichischen Autorin, die in der Tradition der metaphernreichen Naturlyrik steht. Hier nur von Personifikation wie bei Robert Reinick zu sprechen, würde dem Text nicht gerecht. Die Figur wird ausstaffiert mit *Hut* und *Mantel* und dem ungewöhnlichen *Bart*, um darin die *Grillen* unterbringen zu können. Noch offensichtlicher als bei Josef Guggenmos wird der Text nicht nur von den Bildern getragen, sondern von ihrer Verknüpfung. Summt der Sommer oder sind es die Bienen im Korb, kocht die Sonne den Honig für den Sommer oder für die Bienen? Alle Merkmale des Sommers werden zu einem Tableau vereint: *blauer Himmel, gelbes Getreide, kochend heiße Sonne, Beeren.* Entscheidend für ein Kindergedicht ist jedoch sicherlich, daß dieses Bild lebt, es geschieht etwas, es gibt menschliche Beziehungen zwischen dem Sommer und den Füchsen, dem Sommer und der Sonne, der eine erzählt, die andere kocht. Das Erlebnis *Sommer* wird Kindern nicht durch ihr Tun verdeutlicht, nicht beschrieben wie etwa bei Adolf Holst, sondern die Phänomene der Natur bleiben unter sich, aber das Gedicht lädt ein, sich mit allen Sinnen in sie einzulassen. Von Kindern erwartet Christine Busta, das war unsere Ausgangsfrage, daß sie nicht nur die *Himmelsseide* als Wortneuschöpfung und das *Blau des Mantels* als Bilder für Erfahrungen aus ihrer Realität erkennen, sondern auch das literarische Verfahren beherrschen, bei dem Teile eines Bildgeflechts sich gegenseitig erklären. Wenn hier von "Bildlichkeit" statt von "Metaphorik" gesprochen wird, dann handelt es sich bei beiden um synonym gebrauchte, grundlegende Kategorien; das Fischer Lexikon Literatur von 1996 behandelt z.B. das Thema unter dem ersten Terminus. Es scheint jedoch in dem Artikel nicht die Absicht zu bestehen, der Weite des Begriffs "Metapher" durch einen für die Literatur spezifischeren zu begegnen.

TEXT 5

Elisabeth Borchers

> *November*
>
> *Es kommt eine Zeit*
> *da lassen die Bäume*
> *ihre Blätter fallen*
> *Die Häuser rücken*
> *enger zusammen*
>
> *Aus den Schornsteinen*
> *kommt ein Rauch*
> *Es kommt eine Zeit*
> *da werden die Tage klein*
> *und die Nächte groß*
> *und jeder Abend*
> *hat einen schönen Namen*

Einer heißt Hänsel und Gretel
Einer heißt Schneewittchen
Einer heißt Rumpelstilzchen
Einer heißt Katherlieschen
Einer heißt Hans im Glück
Einer heißt Sterntaler

Auf der Fensterbank
im Dunkeln
daß ihn keiner sieht
sitzt ein kleiner Stern
und hört zu

Jahreszeitengedichte bzw. Gedichte über einzelne Monate, den April zumal, gehören zum klassischen Repertoire der Kinderlyrik. Überraschend (für die Kinderlyrik) an dem Kalenderzyklus "Und oben schwimmt die Sonne davon" aus dem Jahr 1965 ist zunächst der völlige Verzicht auf alle Traditionen in der Form: keine Reimbindung, keine regelmäßige Zeilenfüllung, kein durchgehender Rhythmus, keine erkennbare Strophenbildung, wohl aber Abschnittsgliederung, sogar die Tradition der Zeichensetzung ist aufgegeben. Die zwölf Texte beginnen jeweils mit der Zeile *Es kommt eine Zeit* und der Fortsetzung *da ...* am Anfang der zweiten; manchmal wird das im Gedicht wiederholt. Auf den ersten Blick nimmt man vielleicht gar kein metaphorisches Sprechen wahr; man zögert nur am Ende des dritten Abschnitts und beim vierten Abschnitt. Das Beschreiben weicht einer anderen "Sprechweise", der *Stern* am Schluß wird schnell als Personifikation erfaßt. Für den Literaturwissenschaftler ist neben der reinen Textform das Original von Bedeutung, d.h. hier die Herkunft des Textes aus einem Bilderbuch. Die Texte sind in großformatige Farbbilder von Dietlind Blech eingefügt, die die Grundstimmung des Monats wiedergeben. Schriftform und Anordnung der Textblöcke auf den Seiten schließlich haben ein buchkünstlerisches Meisterwerk entstehen lassen. Auch für die Bildgestaltung ließe sich der Begriff "metaphorisch" benutzen, insofern als "das eine durch das andere gesagt" wird. Undeutlich sind nahe beieinanderstehende Häuser zu erkennen und Rauch; bei den aufgerissenen Holzdruckflächen überwiegen Grautöne, die Grundfarbe der beiden Seiten (der Text steht nur auf einer) ist ein schmutziges Grüngelb, in das wie beleuchtete Fenster gelbe Pinselstriche gesetzt sind. Es wäre der Mühe wert, die visuelle Metaphorik mit der sprachlichen in Verbindung zu bringen: eine schöne Aufgabe für ein interdisziplinäres Projekt.

Beim genaueren Hinsehen finden sich im Text weitere Übertragungen. Die Blätter fallen nicht von den Bäumen, sondern *da lassen die Bäume/ihre Blätter fallen*. Nicht die Häuser rücken enger zusammen, sondern Nebel und frühe Dunkelheit lassen den Eindruck entstehen, und das Bild steht für die Menschen, die sich in die Häuser zurückziehen, soweit sie den Wechsel der Jahreszeiten überhaupt noch bewußt wahrnehmen. Tage und Nächte werden nicht kürzer oder länger, sondern Zeitdimensionen, von denen behauptet wird, sie ließen sich überhaupt nur metaphorisch ausdrücken, erhalten ein anderes, in diesem Kontext ungewöhnlicheres Maß. Das auffälligste Merkmal des Gedichts ist die Benennung der Abende, der langen Abende, die zum Erzählen einladen. Sie verlaufen unterschiedlich wie die verschiedenen Märchen und doch alle gleich. Sogar beim Sprechen der Namen merkt man ihre Unterschiedlichkeit, nur *Rumpelstilzchen* und *Katherlieschen* sind rhythmisch gleich. Beim Aufdröseln der Bedeutungsschichten kann man auch an den *schönen Namen* nicht vorbei. Die schönen Geschichten sind es, auch wenn sie heute anders heißen mögen, märchenhaft sind sie meist immer noch, die die Menschen zur Ruhe und zum Nachdenken kommen lassen. Die Aufzählung der Märchentitel ist am Ende offen, will heißen: jeder findet seine Geschichten schön. Elisabeth Borchers arbeitet weitgehend mit Beschreibungen, die man geneigt ist, für das Gegenteil metaphorischen Sprechens zu halten, und erreicht dennoch einen hohen Grad an Poetizität, d.h. an präziser Bildlichkeit und damit verbundener Deutungsoffenheit. Die *fallenden Blätter* wirken wie ein Zitat aus Herbstgedichten; also selbst das Traditionelle gewinnt durch das Verpflanzen in einen neuen Kontext, durch das erneute Fremd-machen metaphorische Kraft.

TEXT 6

Janosch

Das Liebesbrief-Ei

Ein Huhn verspürte große Lust
unter den Federn in der Brust,
aus Liebe dem Freund, einem Hahn, zu schreiben,
er solle nicht länger in Düsseldorf bleiben.
Er solle doch lieber hier – zu ihr eilen
und mit ihr die einsame Stange teilen,
auf der sie schlief.
Das stand in dem Brief.

Wir müssen noch sagen: Es fehlte ihr
an gar nichts. Außer an Briefpapier.
Da schrieb sie ganz einfach und deutlich mit Blei
den Liebesbrief auf ein Hühnerei.
Jetzt noch mit einer Marke bekleben
und dann auf dem Postamt abgegeben.
Da knallte der Postmann den Stempel aufs Ei.
Da war sie vorbei.
Die Liebelei.

Es ist vor allem James Krüss, der mit seinen 12 mal 12 Gedichten des "Wohl-temporierten Leierkastens" 1961 den Bierernst und den erhobenen Zeigefinger aus dem deutschen Kindergedicht verbannt hat. Erich Kästner hatte das Nach-wort geliefert, und nun zogen Spaß und Spiel, Ironie und ein bißchen Satire ein. Spiel mit Sprache und Bedeutung, Nonsens und auch experimentelle Formen wurden zum neuen Markenzeichen, bis sich um 1970 daneben ernsthafte The-men zu Wort meldeten: nicht mehr die heile Kinderwelt wurde nostalgisch be-schworen, sondern auch soziale und politische Probleme fanden Einlaß in die Kinderlyrik. Während es bei der "ironia" nicht schwer fällt, für sie einen Platz in der Rhetorik auszumachen, als Sprungtropus quasi eine Schwester der Metapher, so müßte man Komik, was legitim erscheint, als Abweichung von konventionel-len Vorstellungen definieren. Eins wird erwartet, aber das andere tritt ein. Noch einen Schritt weiter in der Strapazierung des Begriffs "Abweichung" zur Be-gründung von Metaphorik geht Ludwig Völker in seinem Artikel "Lyrik" im ge-nannten Fischer Lexikon Literatur. Sie sei, ohne daß er das "metaphorisch" nennt, "durch das Merkmal der *Abweichung von alltagssprachlicher Norm* be-stimmt, sei es, daß solche Abweichung durch den Zwang zur Realisierung einer bestimmten 'Form' [...] gefordert wird, sei es, daß in ihr eine bewußt 'andere' Form des Sprechens gewählt und angewandt wird" (Völker 1996:1204). Es ist schon kompliziert, mit dieser Definition auch die sog. Alltagslyrik der 70er/80er Jahre zu erfassen, die sich ausdrücklich gegen die Metaphern in der Lyrik wehr-te. Ludwig Völker sieht darin lediglich eine "Verlagerung vom Akustischen zum Visuellen" (1219), Lyrik sei durch die Zeilengliederung, das visuelle Kriterium, von der Prosa zu unterscheiden, wenn die Gliederung "neuen 'Sinn' zu provozie-ren vermag". Der Exkurs macht deutlich, daß offensichtlich der Begriff "Meta-pher" unterschiedlich benutzt wird und zu Verwirrung führt. Als rhetorischer Schmuck wird sie von den Autoren der Alltagslyrik und von Ludwig Völker ab-gelehnt, als Verfahren aus dem Blick der Linguistik bleibt sie als Definitions-merkmal für Lyrik erhalten. Ständig laviert der Literaturwissenschaftler zwi-schen diesen beiden Polen.

Die Komik setzt bei Janosch schon im Titel ein: *Liebesbrief* und *Ei* liegen denkbar weit auseinander. Für Kinder kaum nachvollziehbar spielt er mit dem traditionellen Reim von *Brust* und *Lust*, die sich, da Hühnerwelt, unter den *Federn* tummelt. Der Wohnort des Angebeteten wird ganz wichtig, er solle mit ihr Tisch und Bett teilen, so die konventionelle Redensart. Alles "Verrückte", von der Norm Abweichende, erscheint völlig normal; die Pointe bringt erst der Postmann. Tier- und Menschenwelt sind nun sauber getrennt, nachdem zuvor das Huhn sehr "menschlich" gehandelt hatte. Im ersten Teil des Textes liegt die Komik allein im Sprachlichen; Tiere verhalten sich "bekanntlich", d.h. aus literarischer Erfahrung, wie Menschen, auch wenn es im neueren Kindergedicht andere Tiere sind als früher; da gibt es nur die sehr traditionelle Fabelübertragung. Die Fortsetzung bezieht auch eine andere Ebene ein: das Bemalen von Ostereiern ist Kindern bekannt, wie häufig gehen sie dabei zu Bruch; das Ende mit dem Briefstempel wird von vornherein vorausgeahnt. Im Schlußteil schlägt die Komik denn auch in Situationskomik um. Die beiden Schlußzeilen bilden auch sprachlich den Höhepunkt. Der dreifache Reim enthält immer das *ei*, sogar in dem Sprachspiel *Liebel-ei*.

TEXT 7

Julius Becke

> ### *Maria schickt den Michael auf den Schulweg*
>
> *Morgen*
> *werd ich dir zeigen,*
> *wie man den Wecker stellt.*
>
> *Hier ist der Ranzen,*
> *dein Brot,*
> *dein Mantel.*
>
> *Den Schlüssel*
> *mußt du dir um den Hals hängen.*
>
> *Beiße nicht*
> *auf deine Nägel,*
> *sondern argumentiere,*
> *wenn du im Recht bist.*

Überhöre Kommandos
und schlage dich nicht
mit den Verschlagenen.

Nun geh schon.
Du darfst weinen.

Wenn auch diese Form der Alltagslyrik, das Beispiel stammt aus dem Jahre 1979, nicht repräsentativ für die Zeit ist, sie begegnet, wie in der zeitgleichen Erwachsenenlyrik, recht häufig als neues Paradigma in der Kinderlyrik. Alltagssprache, also die Prosa, und Alltagsthematik entsprechen einander, und die Zeilengliederung ließe sich leicht "überlesen". Keine Metaphorik auf der literarischen Ebene also? Beim Hören des zweiten Abschnitts werden Erinnerungen an die deutsche Nachkriegslyrik geweckt: das klingt wie Kopie oder Zitat der berühmten Zeilen von Günter Eich aus seiner "Inventur" von 1948, das wir als klassisches Beispiel der Kahlschlagliteratur kennengelernt haben, mit der Anfangsstrophe:

Dies ist meine Mütze,
dies ist mein Mantel,
hier mein Rasierzeug
Im Beutel aus Leinen.

Die notwendigen Dinge zum Überleben werden gereiht; das sind für Michael die Dinge zwischen Weckerstellen und Hausschlüssel. Das Mittel äußerster Verknappung, Aufzählung von Substantiven, Verzicht auf jeglichen Schmuck als Reaktion auf den Metaphernschwulst, die in Metaphern verpackte Lüge der zwölf Jahre; Verzicht auch auf verallgemeinernde Aussagen: Günter Eich spricht für sich, eine bestimmte Maria gibt einem bestimmten Michael Ratschläge – und natürlich gelten sie dennoch für jeden Leser. Übertragungen von der privaten Ebene dieser Alleinerziehenden auf die Problematik generell liegen allein in der Veröffentlichungsform; da erzählt nicht jemand einen Einzelfall, sondern er publiziert den Text, gibt ihn zur Übertragung frei. Die Lebensweisheiten sind zwar nicht mehr in einer Fabel verpackt, wie das ältere Gedichte getan hätten, aber sie sind ebenfalls metaphorisch gesprochen. Die Empfehlung, zu *argumentieren*, statt *auf den Nägeln zu beißen*, ist in ein gesuchtes Bild eingebettet, und das Wortspiel am Schluß des Abschnitts gar ist alles andere als alltagssprachlich. Gerade weil sie nicht argumentiert, wirken die Sätze *Marias* fast wie Kommandos; auch wenn wir geneigt sind, ihr Erziehungskonzept für richtig zu halten, kann man dem Text den manipulativen Charakter anmerken, der den Neueren der 70er Jahre oft zum Vorwurf gemacht wird. Für die damalige Zeit war es offensichtlich ein gutes Gedicht, das als innovativ eingeschätzt wurde, vor allem auch in seiner Form; nach fast zwanzig Jahren ist es historisch geworden. Sprachspiele, auch wenn es zum Teil nur fade Aufgüsse ehemals spritziger Ideen sind, leben länger als "problemorientierte" Texte.

Auch wenn das Gedicht von Julius Becke zunächst als Gegenbeispiel eines "nicht-metaphorischen" Sprechens im neuen Kindergedicht dienen sollte, sich jedoch bei näherer Betrachtung eine Reihe von Merkmalen doppelbödigen, stellvertretenden Sprechens finden ließen, so ist dennoch ein deutlicher Unterschied auszumachen zu den anderen Texten. Je stärker der informierende, ja belehrende Anteil, die Überredung und das Zuwenden an den Leser werden, desto stärker tritt das Metaphorische zurück, was sich an älteren Kindergedichten belegen ließe. Das scheint zunächst der Einsicht zu widersprechen, daß zu den zentralen Funktionen der Metapher neben dem Verständlichmachen schwieriger Sachverhalte, quasi ihre didaktische Fähigkeit, ihre phatische Kraft gehört, also ihr Angebot, Kommunikation herzustellen oder zu erleichtern. Beides macht sie für Kindergedichte besonders geeignet. Während früher mit einem relativ kleinen Repertoire an metaphorischen Mitteln gearbeitet wurde (Personifikation, Fabel, Wie-Vergleich), hat sich die neue Kinderlyrik (wie auch die Kinderliteratur) der ganzen Vielfalt und Komplexität der poetischen Mittel in der Erwachsenenliteratur bemächtigt. Sie ist farbiger, aber auch schwieriger geworden; Metaphern sind nicht nur Einstiegshilfen in Fremdes, sondern sie verfremden auch und bieten Barrieren, allerdings übersteigbare: das macht sie zu Kindergedichten.

Abschließend sollen einige im Verlauf der Interpretationen aufgetauchte Fragen nochmals aufgegriffen werden. Dabei können Siegfried Grosses provokante Thesen über das Verhältnis von Literaturwissenschaft und Linguistik hilfreich sein. Nicht "Konfrontation" oder "Kooperation" habe es in den vergangenen dreißig Jahren gekennzeichnet, sondern "Gleichgültigkeit" und "Ignoranz". "Der Linguist empfindet die Hermeneutik literaturwissenschaftlicher Interpretation als beliebig und nicht exakt nachvollziehbar; der Literaturwissenschaftler steht der linguistischen Formelsprache verständnislos gegenüber und empfindet Sätze wie 'Karlchen fährt Roller' als Textgrundlage für eingehende und wortreiche Analysen als befremdlich" (Grosse 1997:12). Ob sein Vorschlag, die germanistische Linguistik solle ihre Scheu vor literarischen Texten ablegen, schon ein Näherrücken zur Folge hätte? Immerhin hat m.W. Hans Glinz seine Grammatiktheorie an Friedrich Hölderlin entwikkelt; ich habe mich immer gefragt, ob es eine Sportreportage nicht auch getan hätte. Solange nur beabsichtigt ist, daß die Poesie das Analysieren adelt, und Siegfried Grosse nicht sagt, welche zusätzlichen Qualitäten der andere Text für das linguistische Verfahren bringt, kommt die Linguistik sicher mit ihren traditionellen Textcorpora aus. Jedenfalls können weder der andere Text für die Linguistik noch das linguistische Textbeschreibungsverfahren für den Literaturwissenschaftler ein interdisziplinäres Fundament legen. Was literaturwissenschaftliches Arbeiten charakterisiert, ist, um nur ein paar Beispiele zu nennen, der Auftrag zur Wertung, das Auffinden von Beziehungen von Texten untereinander, zum Autor, zur Epoche, zur Gattung, jeweils unter theoretischem und historischem Aspekt, die Art der Verknüpfung von Bildern im Text und mit anderen Form- und Inhaltselementen, schließlich das Aufspüren von Rezeptionsvoraussetzungen beim einzelnen Leser bzw. in einer Gesellschaft. Das ist alles bekannt und muß bei der Frage, welche Ziele und welchen Erkenntnisgewinn eine diziplinenübergreifende Kooperation haben soll, bedacht werden.

Ist gerade die Metapher, das metaphorische Sprechen der geeignete Gegenstand, um Pfeiler für Brücken zu setzen, ein Begriff, den René Schumacher konsequent nur noch mit Anführungszeichen benutzt, der zur Beliebigkeit verkommen zu sein scheint, wenn es in einem Beitrag über die Architektur der griechischen Tempel plötzlich heißt: "Wir können die Säule also nicht irgendwie 'wörtlich' verstehen, sondern müssen sie als Abstraktion oder eher noch als eine Metapher verstehen" (Kostof 1993:121). So wie in einem sehr weiten Verständnis von "Metapher" Lyrik generell als metaphorisch, als Abweichung von der Alltagssprache gesehen wird, so soll offenbar das von Menschen Aufgerichtete der Natur gegenübergestellt werden. Wie erfolgversprechend für eine gemeinsame Arbeit ist ein Phänomen, das in sich so viele Probleme birgt. Das zentrale Hindernis bringt Jacques Derrida in seinem Aufsatz "Der Entzug der Metapher" auf den Punkt: "Ich kann sie nicht behandeln, ohne gleichzeitig mit ihr zu handeln, ohne mit ihr über die Anleihe zu verhandeln, die ich bei ihr vornehme. Es gelingt mir nicht, eine Abhandlung über die Metapher zu schreiben, die nicht ihrerseits einer metaphorischen Behandlung unterworfen wäre, so daß sich im selben Zug die Metapher als unbehandelbar erweist" (zit. nach Müller-Richter 1996: 21). Dennoch stellt sich die Frage nach der Metasprache, nach dem Instrumentarium, mit dem metaphorisches Sprechen aufzuschlüsseln ist. Als Literaturwissenschaftler kann ich nicht, wie Linguisten das tun, die zweitausendjährige rhetorische und poetologische Tradition über Bord werfen, habe deren Kategorien zur Textbeschreibung als Grundlage der Deutung gebraucht (wer Literatur als Literatur, nicht nur als Text beschreiben will, kommt ohne sie nicht aus!), wenn ich auch andererseits die sehr offene, sprachphilosophische Dimension des Metaphorischen für meine Interpretationen zu übernehmen versucht habe. Vielleicht kann als Fazit und als nicht sehr ermutigende Grundlage des interdisziplinären Arbeitens das Urteil Anselm Haverkamps gelten, der auch in der Neuausgabe seiner "Theorie der Metapher" von 1996 stehen läßt: "Anders als man Forschungsberichten und Überblickswerken glauben könnte, gibt es keine einheitli-

175

che Metaphernforschung und eine Theorie der Metapher nur als Sammelnamen konkurrierender Ansätze [...]. Sie lassen sich nicht zu einer übergreifenden Theorie zusammenfassen, sondern bleiben als Teile alternativer Ansätze unvereinbar" (1996:2).

Literatur

Bergem, Wolfgang u.a.(1996): *Metapher und Modell. Ein Wuppertaler Kolloquium zu literarischen und wissenschaftlichen Formen der Wirklichkeitskonstruktion.* – Trier: WVT Wissenschaftlicher Verlag (= Schriftenreihe Literaturwissenschaft 32).

Bertau, Marie-Cécile (1996): *Sprachspiel Metapher. Denkweisen und kommunikative Funktion einer rhetorischen Figur.* – Opladen: Westdeutscher Verlag.

Grosse, Siegfried (1997): *Literaturwissenschaft und Linguistik.* – In: Mitteilungen des Deutschen Germanistenverbandes 44 (1997) 3, 12-18.

Haverkamp, Anselm (Hg.) (²1996): *Theorie der Metapher* (1983). – Darmstadt: Wissenschaftliche Buchgesellschaft.

Helmers, Hermann (1965): *Sprache und Humor des Kindes.* – Stuttgart: Klett.

Kostof, Spiro (1993): *Geschichte der Architektur.* Band 1. *Von den Anfängen bis zum Römischen Reich.* – Stuttgart: Deutsche Verlagsanstalt.

Messelken, Hans (1976): *Sprachbilder. Basisartikel.* – In: Praxis Deutsch 16 (1976), 8-15.

Müller-Richter, Klaus; Larcati, Arturo (1996): *Kampf der Metapher! Studien zum Widerstreit des eigentlichen und des uneigentlichen Sprechens. Zur Reflexion des Metaphorischen im philosophischen und poetologischen Diskurs.* – Wien: Verlag der Österreichischen Akademie der Wissenschaften (= Veröffentlichungen der Kommission für Literaturwissenschaft 16).

Schumacher, René (1997):*'Metapher'. Erfassen und Verstehen frischer Metaphern.* – Tübingen: Francke (= Basler Studien zur deutschen Sprache und Literatur 75).

Strauß, Gerhard (1991): *Metaphern – Vorüberlegungen zu ihrer lexikographischen Darstellung.* – In: G. Harras u.a.: *Wortbedeutungen und ihre Darstellung im Wörterbuch.* – Berlin: de Gruyter (= Schriften des Instituts für deutsche Sprache 3), 125-211.

Völker, Ludwig (1996): *Lyrik.* – In: U. Ricklefs (Hg.): *Fischer Lexikon Literatur.* – Frankfurt: Fischer Taschenbuch Verlag, 1186-1222.

Wolff, Gerhart (Hg.) (1982): *Metaphorischer Sprachgebrauch.* – Stuttgart: Reclam (= Arbeitstexte für den Unterricht).

Alle Gedichte aus:
Kliewer, Heinz-Jürgen (Hg.) (1989): *Die Wundertüte. Alte und neue Kindergedichte*. – Stuttgart: Reclam.

Überlegungen zur Epochengliederung der westdeutschen Kinderlyrik nach 1945

Folgt man einem Werbeprospekt des Otto Maier Verlages, dann hat sich ein Wechsel des Paradigmas Kinderlyrik 1987 vollzogen, als Gutzschhahn die Reihe 'RTB Gedichte' begann, als „das brave deutsche Kindergedicht" abgelöst wurde durch „eine 'packende' Auswahl aus dem Werk namhafter deutschsprachiger Gegenwartsautoren." Überschaut man die westdeutsche Kinderlyrik nach 1945, dann wird es nicht um Texte gehen, die Kinder mit Erfolg rezipieren können, „Gedichte für Kinder" nach der Definition von James Krüss, sondern um „Kindergedichte", um sogenannte Zielgruppenliteratur. Beschäftigt man sich mit „Gedichten für Kinder" – und das tut man auch dort, wo die Grenze zwischen Erwachsenen- und Kinderliteratur eingeebnet wird nach dem Muster: ein Kindergedicht ist gut, wenn es auch Erwachsenen etwas zu sagen hat – dann bewegt man sich in didaktischem Terrain. Man fragt (oder unterläßt es): was können Kinder in welchem Alter, mit welchen methodischen Hilfen, unter welchen sozialisationsbedingten Voraussetzungen, mit welcher Zielsetzung und welchem Erfolg (auch für sie selber) verstehen mit dem Kopf, erfassen mit allen Sinnen? Richten wir den Blick auf „Kindergedichte", so stellen sich andere Fragen: wer publiziert wann, mit welchem Erfolg Texte von welcher (wie auch immer zu ermittelnden) literarischen Qualität, mit welcher Innovationskraft? Nur auf die letzteren will ich mich einlassen, zur ersten nur noch ergänzen, daß „Kinder", wenn man denn Kindheit und Jugend voneinander trennt wie auch Kinder- und Jugendliteratur, noch Zehn-, Elf- und Zwölfjährige meinen kann, es jedoch in hohem Maße ungewöhnlich ist, mit dieser Altersgruppe die Kindheit erst beginnen zu lassen, wie das Gutzschhahn tut. Diese altersbezogene Eingrenzung ist plausibel, weil es keine Jugendlyrik gibt bzw. einige Ansätze in dieser Richtung schnell wieder verstummt zu sein scheinen (Anthologie 'Tagtäglich' von Joachim Fuhrmann 1976). Den Vorschlägen von Ewers, der „spezifische Kinderlyrik" als Oberbegriff von dem Terminus „Kindergedicht" abhebt, das „seit den 70er Jahren respektablen lyrischen Texten für Kinder" Platz macht, kann ich mich nicht anschließen, weil mir damit der Einschnitt eine absolute Bedeutung erhält, die ihm nicht zukommt.

Bevor in einem ersten Teil die Entwicklung der Kinderlyrik in den 50er und 60er Jahren verfolgt wird, in einem zweiten der Übergang zu den 70er und 80er Jahren untersucht werden soll, müssen ein paar grundsätzliche Beobachtungen voraufgehen. Im Unterschied zur epischen Kinder- und Jugendliteratur ist eine Jahresproduktion im Bereich der Kinderlyrik leicht überschaubar; selten werden es mehr als zehn Buchpublikationen sein. Die Erstveröffentlichungen in Jahrbüchern, Anthologien, Lesebüchern und Kinderzeitschriften sind in einzelnen Fällen für die Frage einer Epochengliederung der Kinderlyrik sehr relevant, können in anderen Fällen getrost vernachlässigt werden, da eine tiefgreifende Signalwirkung von ihnen nicht zu erwarten ist. Es ist weiterhin zu beachten, daß Einflüsse aus fremdsprachlichen Literaturen in ihnen praktisch nicht existieren; sieht man von dem englischen Klassiker 'The Child's Garden of Verses' von Stevenson in den Übersetzungen von Krüss (1960) und Guggenmos (1969) ab, nimmt ein paar Einzelgedichte der Polen Lengren und Tuwim, der Russen Barto, Marschak und Michalkow, von Rodari und Richards hinzu, schließlich den jüngsten, gescheiterten Versuch, das amerikanische Multimediatalent Shel Silverstein mit seinen Kindergedichten in Übersetzungen von Hohler, Rowohlt und Vahle bei uns einzuführen, dann kann man den Schluß ziehen: Kinderlyrik greift über den deutschsprachigen Raum nicht hinaus.

Auch bei Rezeptionen stoßen wir auf Besonderheiten, die von der übrigen Kinder- und Jugendliteratur abweichen. Während man über die individuelle Verarbeitung ebenfalls kaum Aussagen machen kann, gibt es neben den üblichen Kriterien zur Wirkung von Texten wie Auflagenhöhe, Verkaufszahlen und Dauer der Vermarktung die spezifischen Möglichkeiten der Analyse. Da Kinderlyrik vorwiegend auf dem Weg über Lesebücher und Anthologien in Kindergärten und Schulen ihre Leserinnen und Leser findet, kann ein Wandel der Textbestände Aufschlüsse über die Entwicklung der Gattung geben. Das heißt nun freilich nicht, daß ausgerechnet die Schule zum Vorreiter des Neuen wird, eher ist das Gegenteil der Fall: das bewährte Alte ist das Gute oder Gutgeeignete. Aber es ist dennoch gerade in den 70er Jahren leicht zu belegen, daß Lesebücher und Anthologien neue Strömungen in der Kinderlyrik bereitwillig aufnehmen. Sie bilden neben den Neuerscheinungen eine zuverlässige und gut überschaubare Materialgrundlage für die Frage einer möglichen Epochengliederung.

Zwei Einschränkungen sollen die Kanonbildung, die für die literarische Erziehung vorgenommen wird, näher erläutern. Die Herausgeber wollen mit ihrer Auswahl Maßstäbe setzen; nur in wenigen Fällen leben ganze Gedichtbücher weiter wie etwa die 'Sternenmühle' von Christine Busta oder 'Und oben schwimmt die Sonne davon' von Elisabeth Borchers, wie 'Das Schnurpsenbuch' von Michael Ende oder 'James' Tierleben' von Krüss. In der Regel halten sich, und das war nie anders, einzelne Gedichte, und ich behaupte: mit geringen Ausnahmen sind es die ehemals innovativen Texte, was sich an Guggenmos und Halbey ebenso nachweisen ließe wie an Krüss und Hacks. Zum andern: wenn nach einem Wandel der Funktionen des Kindergedichts gefragt wird, dann müßte eine Geschichte der Didaktik der Lyrik geschrieben werden. Jedes Lesebuch folgt einem eigenen, bestimmten zeitgenössischen Trends verpflichteten

Konzept, legt einmal mehr Wert auf Einführen in die literarischen Formen, die Klangwelt der Sprache, die Imaginationskraft lyrischer Bilder, ein anderes Mal mehr auf inhaltliche und thematische Aspekte, eventuell unter Beachtung der historischen oder aktuellen, persönlichen Dimension. Nur unter dieser Einschränkung bieten Lesebücher ein aussagekräftiges Material für die Untersuchung des jeweils Neuen in der Entwicklung der Kinderlyrik.

Und eine letzte Vorbemerkung: auch wenn von einem Wandel des Paradigmas erst gesprochen werden kann, wenn sich ein allgemeiner neuer Trend abzeichnet, er also nicht an einer einzelnen Veröffentlichung oder einem einzelnen Autor festgemacht werden kann, so ist doch eine genaue Datierung der Texte wichtig. Sie wird dadurch erschwert, daß Einzeltexte häufig lange, bevor sie in Gedichtbänden des Autors aufgenommen werden, in Anthologien oder Lesebüchern abgedruckt werden. Gerade sie sind im Nachweis der Quellen häufig sehr unzuverlässig oder sie verzichten ganz darauf. Sehr beliebte Gedichte von Peter Hacks z.B. werden aus dem 'Flohmarkt' des Jahres 1965 übernommen oder gar aus der Lizenzausgabe in der Bundesrepublik von 1973, obwohl sie schon 1956 in 'Das Windloch' zu finden sind, 1957 in dem Band 'Wir spielen durch das Jahr' (Leipzig: Hofmeister) bzw. Krüss für seine Anthologie 'So viele Tage wie das Jahr hat' 1959 überlassen wurden. 1954 sollen die beiden an der jugoslawischen Adriaküste gemeinsam Kindergedichte verfaßt und sie später geteilt haben! (Mitteilungen des Oetinger-Verlags zum 60. Geburtstag von Krüss).

Versucht man sich die Kinderlyrik der unmittelbaren Nachkriegszeit zu vergegenwärtigen, stößt man auf zwei Sammlungen, die als Steinbruch für die ersten neuen Lesebücher und Schulanthologien gedient haben: 'Tausend Sterne leuchten' aus dem Jahr 1937; die andere, aus dem Jahr 1938, ist darüber hinaus eine wahre Fundgrube für die Geschichte des Kindergedichts im 20. Jahrhundert: 'Sonniges Jugendland' von Paul Faulbaum erschien erstmals 1922, in ständigen Überarbeitungen bis 1979, nach dem Krieg erstmals wieder 1954. Neben den Klassikern des 19. Jahrhunderts (Rückert, Reinick, Seidel, Güll, Hey, Hoffmann von Fallersleben, Trojan, Dieffenbach, Löwenstein) und den Autoren aus der Zeit der Jahrhundertwende (Richard und Paula Dehmel, Gustav Falke, Theodor Blüthgen, Freudenberg und Emil Weber, Frida Schanz) dominieren (nicht zahlenmäßig, aber mit Klassikern) die „Neuen", d.h. Sergel, und Morgenstern, dessen Kindergedichte 1921 unter dem Titel 'Klein Irmchen' bzw. 1943 als 'Liebe Sonne, liebe Erde' ihren Siegeszug beginnen; sie stammen jedoch aus der Zeit um 1906. Ringelnatz wird erst (allerdings in domestizierter Form) salonfähig, nachdem Krüss in seiner Anthologie von 1959 das Eis gebrochen hatte.

Beim Blick auf die Neuproduktionen der 50er Jahre wird man nicht sehr fündig, soweit er nicht systematisch die Allgemeinbibliographien durchforstet, sondern nach jenen Autorinnen und Autoren sucht, die entweder weitergeschrieben haben oder mit wenigen Texten aus jener Zeit weiterleben. Auf Lene Hille-Brandts stößt man 1950 mit 'Seht mich an, ich bin die Suse'; 1956 begegnen neben dem immer wieder abgedruckten Bilderbuchtext 'Der schwarze Schimmel' von Ernst Heimeran und der 'Kunterbunten Welt' von Sichelschmidt die Erstlinge von Guggenmos und Hacks: 'Lustige Verse für kleine Leute' und 'Das Windloch', (übrigens bei Bertelsmann erschienen), denen die beiden schon ein Jahr später zwei weitere Bände folgen lassen. Die Fünfziger enden mit dem 'Immerwährenden Kalender' von Guggenmos und dem Kinderbuch der Lyrikerin Christine Busta, dessen Titel 'Die Sternenmühle' schon programmatisch auf einen neuen Ton vorausweist. Und Krüss? Seine ersten Gedichte, die etwas rührselige 'Versgeschichte von Adele' etwa über die Wolke, die sich „verregnet", um Menschen vor dem Verdursten zu retten, sind in dem Buch 'Der Leuchtturm auf den Hummerklippen' (1956) versteckt; zwei Jahre später folgen die 'Spatzenlügen' in Berlin/Ost, dann eine Auswahl von sieben Texten 1959 in seiner Anthologie und die erste Sammlung 1961 unter dem Titel 'Der wohltemperierte Leierkasten. Zwölf mal zwölf Gedichte für Kinder'. Unter den elf Neulingen, die Krüss aus dem Manuskript in seine Anthologie übernimmt, z.B. Bull, Hille-Brandts, Kästner, Eva Rechlin ragen schon von der Quantität her Hacks mit insgesamt sechs, er selbst mit sieben und Guggenmos mit dreizehn Texten heraus.

'Soviele Tage wie das Jahr hat', so darf man, ein Urteil vorwegnehmend, folgern, sondert nicht nur für die Tradition der Kindergedichte die Spreu vom Weizen, Krüss zieht auch ein erstes Resümee der Neuanfänge seit der Mitte der 50er Jahre. Dabei ist auffallend, besonders wenn man noch die Busta hinzunimmt, daß das Grundmuster der Kinderlyrik durchbrochen wird, wie es am schlagendsten an der Morgenstern-Rezeption ablesbar ist: 1906 geschrieben, 1943 mit Erfolg auf den Markt gebracht! Und etwas Zweites muß ebenfalls gleich hervorgehoben werden, weil es symptomatisch für Epochenfragen auch in der Folgezeit bleibt: Das Neue läßt sich nicht auf einen Nenner bringen, das heißt, es fehlt die Voraussetzung, um im literaturwissenschaftlichen Verständnis von einer „Phase" zu sprechen, es fehlen die gemeinsamen Merkmale. Das läßt sich vielfältig nachweisen. Sicher, den Vieren: Busta, Guggenmos, Hacks und Krüss geht das verbissen oder betulich Pädagogische ab, aber das war teilweise schon bei Kästner der Fall, bei Ringelnatz ohnedies. Eine gewisse Leichtigkeit, gar Ironie ist kennzeichnend, eine Skurrilität, aber bei Busta und Guggenmos in geringerem Maße als bei den beiden anderen. Dabei darf jedoch nicht Krüss allein zum Wegbereiter des lyrischen Humors und der Nonsense-Poesie gemacht werden (EWERS, Eselsohr 9/1992); Guggenmos setze erst mit 'Ein Elefant marschiert durchs Land' (1968) als „lyrischer Sprachkomiker" ein. Dagegen spricht nicht nur, daß das Titelgedicht zehn Jahre alt ist; ein Blick auf die Texte in der

Krüss-Anthologie zeigt, daß bei Guggenmos von Anfang an beide Themen nebeneinander auftauchen: die Natur und der Nonsense, freilich mit wechselndem Gewicht.

Als zweites Merkmal des Neuen wird stets die Geschmeidigkeit und Lebendigkeit der rhythmischen Gestaltung des Verses erwähnt, besonders bei Guggenmos, dagegen wirken Krüss und Hacks in dieser Hinsicht zuweilen antiquiert. Weiterhin: auch wenn Busta und Guggenmos nicht Naturlyriker genannt werden können, wenn man sie neben das Werk Lehmanns, Brittings, Loerkes, u.a. in den 50er Jahren hält (vgl. meinen Beitrag 'Ein Schmetterling ist ein Schmetterling. Gibt es eine Naturlyrik für Kinder?' noch nicht veröffentlicht), ihre Behandlung eines beliebten Themas der Kinderlyrik unterscheidet sich von den bisherigen Tier- und Pflanzengedichten. Vielleicht ist es der franziskanische Geist, der über das bisherige Parallelisieren von Natur und Kind/Mensch hinausgreift und von der Basis eines Aufeinander-Angewiesen-Seins die Einheit der Schöpfung beschwört. (vgl. EWERS in seinem Geburtstagsaufsatz im ESELS-OHR 9/1992 und meinen gleichzeitig, davon unabhängig entstandenen Beitrag „Aber vielleicht kann man auch mit Sprache schweigen" – Zu den Tiergedichten von Josef Guggenmos' in der Festschrift für Oswald Beck 1993; noch nicht erschienen). Mit dieser Deutung würde sich die Meinung von Ewers nicht vereinbaren lassen, der den späten Guggenmos „wieder als den menschenflüchtenden Naturlyriker von ehedem" sieht. Schließlich, und das ist ein weiterer Hinweis auf die Disparatheit der Szene am Ende der 50er Jahre, sind auch Hacks und Krüss nicht zu verwechseln (trotz ihres möglichen Texttauschs); Brechtsche Anleihen wird man bei dem Westdeutschen vergeblich suchen.

Wenn es um die Frage eines Epocheneinschnitts geht, dann unterscheiden sich die Vier untereinander deutlich, aber sie heben sich auch von dem voraufgehenden Kindergedicht generell ab. Die Datierung Gelbergs und anderer müßte neu überdacht werden. Er schreibt im Nachwort seiner Anthologie 'Die Stadt der Kinder' (1969) im Blick auf 'Was denkt die Maus am Donnerstag?' aus dem Jahre 1967: „Seither kann man optimistisch davon sprechen, daß das vorige Jahrhundert seinen Einfluß verloren hat: Das Kindergedicht nimmt Abschied von der althergebrachten Reim- und Spaßpoesie." Die Wende setzt vielmehr zehn Jahre früher ein, und es wird zu klären sein, ob sie tiefgreifender war als jene von 1970.

Was bringen die 60er Jahre Neues? Sie bringen eine außergewöhnliche Fülle von Neuerscheinungen, aber fast keine neuen Namen, und sie bringen wieder keine erkennbaren Trends. Was hat die Lautakrobatik eines Halbey in 'Pampelmusensalat (1965) mit den Bildern, den poetischen der Elisabeth Borchers und den gemalten der Dietlind Blech in 'Und oben schwimmt die Sonne davon' aus demselben Jahr gemeinsam? Die Österreicherinnen finden keinen eigenen Ton, denn Ferra-Mikura mit 'Lustig singt die Regentonne' (1964) und Friedl Hofbauer mit der 'Wippschaukel' (1966) sind von Baumann und Bull, Kruse, Ende und Schnurre schwer zu unterscheiden. Weder das individuelle Profil einzelner Autorinnen und Autoren wie bei Halbey und Borchers schafft also die Vorstellung von einer klar konturierten Strömung noch das profillose Weiterschreiben einer Tradition, nun in den 60er Jahren freilich auf dem Niveau der vergangenen Jahre. 1965 und 1966 bzw. 1966 und 1967 betreten zwei Autoren die Szene, die für das Kindergedicht der 70er Jahre – nun würde man gern sagen – stilbildend wurden, um ein typisches Merkmal literaturwissenschaftlicher Epochengliederung zu haben. Das trifft jedoch weder auf Manz noch auf Spohn zu, noch auf irgendeinen anderen Autor. Auch von Guggenmos wird man es nicht behaupten wollen: Es gibt seit nunmehr 37 Jahren den typischen Guggenmos-Ton, aber es gibt keine Gruppen- oder Schulenbildung um ihn. „Eine Schwalbe macht noch keinen Frühling" – nicht der innovative Einzelne verursacht einen Epocheneinschnitt in der Entwicklung, aber auch nicht die ihm oder einem Muster folgende Gruppe, sondern erst das gemeinsame Ausprobieren neuer Wege, das radikale Umstürzen des Alten, das gegenseitige Sich-Weiterstoßen führt zu einem neuen Paradigma. Das setzt voraus, daß es ein (Streit)Gespräch unter Autoren und Autorinnen gibt, ein Sich-Gegenseitig-Wahrnehmen, eine Streitkultur der Kritiker und Kritikerinnen. Das setzt weiterhin voraus, daß Kinderlyrik den Boden dieser Bundesrepublik und dieser Zeit nicht weit hinter sich läßt und in der Idylle eines Kinderlandes angesiedelt ist. Umstürze in der Geschichte hinterlassen Spuren in der Literatur, nur bei der Kinderliteratur ist das selten der Fall. Sind die beginnenden 70er Jahre tatsächlich einer dieser seltenen Fälle? Beginnen sie wirklich mit dem Einzug in 'Die Stadt der Kinder' aus dem Jahre 1969? Zwischen Stefan Andres und dem Grafiker und Schriftsteller Alfred Zacharias hat Gelberg alle bekannten Namen noch lebender Autoren und Autorinnen versammelt, fast ausschließlich mit unveröffentlichten Arbeiten. Ein paar ganz alte sind dabei: Max Barthel (*1893) und Hans Leip (*1893), Wolfgang Weyrauch (*1907) und Heinrich Maria Denneborg (*1909), aus Anstand ein Kästner, ein Krüss. Es gibt Raum für Neulinge, die nicht unbedingt etwas Neues bringen und er favorisiert eindeutig Baumann mit 13 und Guggenmos mit 37 Texten. Weit abgeschlagen mit je acht Texten folgen Janosch, Manz und ein Autor, der schon 1957 mit 'Ole Bole Bullerjan' debütiert hatte, Friedrich Hoffmann. Zum klassischen Lesebuchbestand sind die vier Jahreszeitengedichte von Ilse Kleberger geworden; sie dokumentieren aber auch (gerade dadurch?), daß ein Durchbruch mit dieser Anthologie noch nicht geschafft wurde. Das läßt sich an dem Schlußgedicht des Bandes zeigen, der berühmten 'Teppichlitanei' von Christa Reinig, zu der sich im 'Sonnigen Jugendland' in der Auflage von 1966 (eventuell schon früher) eine Parallele von Bergengruen findet, ein barock anmutendes Spiel mit Namen.

TEPPICHLITANEI

Chiwa Chotan Samarkand
Afghan und Beludschenland
Taschkent Beschir Buchara
alle aus Turkmenia
...
Hamedan und Ferahan
Serabend wir sind am End

RAUNE; REGEN

Raune, Regen, raune,
rufe die Bohnen am Zaune,
lock die Vogelmieren vor,
Hühnerdarm und Mäuseohr,
Gundermann und Wohlgemut,
Germer und Johannisblut,
Herrgottskraut und Teufelsbiß,
Jakobsstab und Artemis,
Katzenschwanz und Jungfernlauch,
Donnerbart und Hexenstrauch.

Es folgt eine weitere Strophe ohne Aufzählungen. Erstaunlich gering sind in der Anthologie die Wegweiser ins neue Jahrzehnt, das kann man allgemein festhalten: Zwei brave Gedichte von Susanne Kilian, auch Manz ist noch nicht der Manz von 1974, als sein 'Worte kann man drehen' erscheint, Hildegard Wohlgemuth hat ihre Themen noch nicht gefunden und Reding, vor allem Nöstlinger fehlen ganz

'Iba de gaunz oaman kinda' schreibt sie 1974 in Wiener Mundart mit böser Zunge. Da tummeln sich nicht mehr die lieben Kleinen im Kindergedicht, sondern der Krieg zwischen ihnen ist offen ausgebrochen, und die Alten werden kein bißchen in Schutz genommen. Nicht die Mutti ist lieb und nicht der Papi; ihre Verlogenheiten sind kein Tabu mehr. Die Fronten verlaufen kreuz und quer, so daß noch nicht mal die „Antiautoritären" mit der Nöstlinger was anfangen konnten, weil bei ihnen oben und unten klar definiert waren. Ihre hochdeutschen Texte wirken dagegen so brav gekämmt; das merkt man am deutlichsten an einem Übersetzungsversuch, der natürlich „fad" gerät (vgl. in 'Überall und neben dir", S. 202f.). „Das i ned loch!" würde sie mit der Schlußzeile des Gedichts 'Mei radl' sagen. Reding ist kein Gelberg-Autor, und er ist kein Lyriker, aber seine 'Gutentagtexte', ebenfalls aus dem Umbruchjahr 1974, enthalten gute Beispiele zur Analyse der kindlichen Lebensumwelt. Was sich in den Kinder- und

185

Jugendbüchern vor allem an neuen Themen findet, weniger an neuen Formen, das muß man im Kindergedicht mit einiger Mühe suche. Man findet es eher in den 'Jahrbüchern der Kinderliteratur' (ab 1971) bzw. in der Quintessenz, die Gelberg selber in 'Überall und neben dir' 1986 gezogen hat, als in den Buchveröffentlichungen des Jahrzehnts. Dort merkt man nichts von neuen Trends, es geht weiter mit Baumann, Bull und Guggenmos, Bletschacher, Hofbauer und Ferra-Mikura, ein neuer Halbey und eine neue Busta. Nur bei Kilian und Manz lohnt es sich genauer hinzuschauen. Für das 1972 erschienene 'Nein-Buch für Kinder' kann man die zitierte Schwalbe nochmals bemühen, denn die Collage-Technik findet keine Nachfolge. Sie vereint in beeindruckender Weise Sprachliches und Optisches wie aus einem Guß und dennoch nicht in kunstgewerblicher Manier, sondern auf der Höhe der Zeit. Manz hat am konsequentesten der Gefahr widerstanden, die in den 60ern den Nonsense durch Sinnentleerung zur kindischen Sprachspielerei hat verkommen lassen. Nicht Spiel, sondern spielerische Analyse ist sein Verfahren, „gezielt strukturierte Sprachübung" (A.K. Ulrich), deren aufklärerische Funktion immer wieder hervortritt. Vielleicht kann man die Weiterentwicklung bzw. das Festhalten am ernsthaften Nonsense nicht besser erläutern als an zwei Buchtiteln: eine Textsammlung aus der Zeit der Vorschulbewegung und des Frühlesens hieß, den instrumentellen Charakter der Sprache hervorhebend 'Ich sammle Wörter'; Gelberg nennt seinen Sammelband der drei Manz-Bücher 'Die Welt der Wörter. Sprachbuch für Kinder und Neugierige' (1991).

Zielgruppenangaben dieser Art sind üblich in der Branche (und besonders im Kindertheater); wie ernst sind sie in diesem Fall zu nehmen? Die Frage stellt sich abschließend, um zu klären, bei welchen Autoren denn der Wandel des Kindergedichts zu suchen ist, bei Old-Guggenmos oder bei Grass und Mayröcker, um nochmals auf die RTB-Reihe zu kommen, aber auch auf den Vorschlag von Ewers, mit Beginn der 70er Jahre die – wie er sagt – „spezifische Kinderlyrik" sterben zu lassen. Zunächst einmal liegen die Fälle nur scheinbar auf derselben Ebene, denn Manz wendet sich an Kinder, „ in jedem ist eine Ansprache an das aufmerksame, hellhörige Kind impliziert" (A.K. Ulrich). Man sollte den Kindern die Texte also lassen und nicht zu Erwachsenengedichten machen, die sie auch verstehen können oder schlicht die Grenze aufheben. Erwachsenengedichte für Kinder, Kindergedichte für Erwachsene – dieses Problem kann man nicht dadurch lösen, daß man salomonisch erklärt, diesen Unterschied gäbe es nun nicht mehr. Außerdem fällt man ein Qualitätsurteil über 99 % der Kinderlyrik, wo man sich doch sonst bemüht, die Kinderliteratur aus dem Ghetto des Trivialen und Unbeachteten herauszuholen. Sind die Bücher von Guggenmos, der den anderen Lyrikpreis des Jahres 1993 bekam nicht „für Kinder und neugierige" Erwachsene? Unterfordert er die Kinder, warum schreibt er nicht, wie Gutzschhahn meint, daß es Kinder auch noch verstehen können? Schöpft er die oberen Grenzen kindlichen Aufnahmevermögens nicht aus?

Nehmen wir zum Vergleich noch einen anderen Autor, wieder einen Gelberg-Autor: 1987 debütiert Franz Wittkamp, sozusagen ohne Vorlauf in den Jahrbüchern mit 'Ich glaube, daß du ein Vogel bist'. Mit Sicherheit erhält die Kinderlyrikszene mit ihm eine neue Facette, aber liegt der Wert der Texte darin, daß sie auch Erwachsenen einen intellektuellen Spaß bereiten? In der Tat hat sich Wittkamp wohl (im Unterschied zu Guggenmos und Manz) keine Gedanken darüber gemacht, wer seine Gedichte einmal lesen sollte. Dafür gibt es ein untrügliches Zeichen. Der Verlagsleiter hat nämlich, als ihm der Maler und Graphiker seine gefüllten Schubladen öffnete, zwei Bücher gemacht, eins für Kinder und eins für alle, das drei Jahre später unter dem Titel 'Alle Tage wieder. Kalendermerkbuch mit Versen' erschien. Wenn also auch einiges dafür zu sprechen scheint, Wittkamp als weiteren Beleg für die Einheit von Kinder- und Erwachsenenliteratur zu nehmen, ja sogar (neben Kilian, Manz und Nöstlinger) als Überwinder der jahrhundertealten Tradition der „spezifischen Kinderlyrik", so ist dem entgegenzuhalten: Sonderfälle können nicht als Maßstäbe einer Epochengliederung dienen. Was in der übrigen Kinderliteratur um 1970 in neuen Themen und Formen, in einem neuen Verständnis vom Kind sich Bahn bricht, findet in der Kinderlyrik keine Entsprechung. Wirft man einen Blick auf die gesamte Entwicklung nach 1945, so ist der Einschnitt in der Mitte der 50er Jahre als gravierender einzuschätzen, aber es findet sich grundsätzlich eher das Nebeneinander einiger profilierter Autoren und Autorinnen, die z.T. über viele Jahre hin ohne Alterungserscheinungen das Bild prägen, als das Nacheinander klar erkennbarer Entwicklungsschübe. Die Zeit erscheint wie eine Wiese mit ein paar erlesenen Blumen, viel Gras und einigem Unkraut.

KINDERGEDICHTE ab 1950 chronologisch

1950   HILLE-BRANDTS: Seht mich an, ich bin die Suse
1951
1952
1953
1954   BAUMANN: Der Mutter zulieb ...
1955
1956   GUGGENMOS: Lustige Verse für kleine Leute
        HEIMERAN: Der schwarze Schimmel
        HACKS: Das Windloch
        SICHELSCHMIDT: Kunterbunte Welt

1957 GUGGENMOS: Ich mache große Schritte
     HACKS: Wir spielen durch das Jahr
     HOFFMANN,Friedrich:Ole Bole Bullerjan
1958 GUGGENMOS: Immerwährender Kalender
1959 BUSTA: Die Sternenmühle
1960
1961 GUGGENMOS: Mutzebutz
     KRÜSS: Der wohltemperierte Leierkasten
1962 GUGGENMOS: Das kunterbunte Kinderbuch
     KRÜSS: Die kleinen Pferde heißen Fohlen
1963
1964 EHMCKE: Der Reimallein
     FERRA-MIKURA: Lustig singt die Regentonne
     BAUMANN: In meinem Haus
1965 BORCHERS: Und oben schwimmt die Sonne davon
     HACKS: Der Flohmarkt
     HALBEY: Pampelmusensalat
     KRÜSS: James' Tierleben
     MANZ: Lügenverse
1966 BAUMANN: Wer Flügel hat, kann fliegen
     BULL: Verskinder
     HOFBAUER: Die Wippschaukel
     MANZ: Die dreißig Hüte
     SÜSSMANN: Hier Kinderlandhausen
     SPOHN: Der Spielbaum
1967 BULL: Aus dem Kinderwunderland
     GUGGENMOS: Was denkt die Maus am Donnerstag
     SCHNURRE: Die Zwengel
     SPOHN: Eledil und Krokofant
1968 BAUMANN: Der Kindermond
     BULL: Aus dem Kinderwunderland
     GUGGENMOS: Ein Elefant marschiert durchs Land
     KRUSE: Windkinder
1969 BULL: Wenn die Tante Annegret
     HOFBAUER: Der Brummkreisel
     ENDE: Das Schnurpsenbuch
1970
1971 GUGGENMOS: Gorilla, ärgere dich nicht
1972 KILIAN: Nein-Buch für Kinder
     LENZEN: Hasen hoppeln über Roggenstoppeln (Bibu)

LOBE: Das kleine Ich bin ich
STEMPEL/RIPKENS: Purzelbaum
1973 BLETSCHACHER: Krokodilslieder
HOFBAUER: Im Lande Schnipitzel
1974 MANZ: Worte kann man drehen
NÖSTLINGER: Iba de gaunz oaman kinda
REDING: Gutentagtexte
1975 BAUMANN: 1:0 für uns Kinder
FERRA-MIKURA: Meine Kuh trägt himmelblaue Socken
GERNHARDT: Ich höre was ,was du nicht siehst
1976 GERNHARDT: Mit dir sind wir vier
REDING: Ach und Krach Texte
1977 BAUMANN: Das große A-B-Cebra Buch
BODDEN: Da blies der Hund den Dudelsack
HALBEY: Es wollt ein Tänzer ...
1978 MANZ: Kopfstehn macht stark
RUCK-PAUQUET: Sonntagskinder
ZEUCH: Unten steht der Semmelbeiß
1979 BUSTA: Die Zauberin Frau Zappelzeh
1980 HOFBAUER: Der Waschtrommel-Trommler
SPOHN: Drunter & drüber
1981 BYDLINSKI: Der Mond heißt heute Michel
FRANK: Himmel und Erde mit Blutwurst
1982 BLETSCHACHER: Der Mond liegt auf dem Fensterbrett
1983
1984 GUGGENMOS: Sonne, Mond und Luftballon
1985 HOFBAUER: Die große Wippschaukel
1986
1987 AUER: Was niemand wissen kann
WITTKAMP:Ich glaube, daß du ein Vogel bist
1988 MANZ: Lieber heute als morgen
RECHLIN: Träumereien und Schnurrpfeifereien
SPOHN: Hallo, du da
1989 SPOHN: Flausensausen
1990 MICHELS: Ich schenk dir einen Riesenschirm
1991
1992 BYDLINSKI: Die bunte Brücke

Kinderkunst

Richard Dehmels Betrachtungen zur Kunst

„Wenn du für die Jugend schreiben willst, so darfst du nicht für die Jugend schreiben." Dieser Satz des Lyrikers und Novellenautors Theodor Storm vom Ende des 19. Jahrhunderts wurde zum Leitmotiv der Jugendschriftenbewegung, die bis an die Schwelle des III. Reichs und bis in die Nachkriegszeit mit ihrem Wortführer Wolgast forderte: „Die Jugendschrift in dichterischer Form muß ein Kunstwerk sein." Es gibt heute Schriftsteller und Wissenschaftler, die die Kinder- und Jugendliteratur aus ihrem Ghetto herausholen möchten und sich dabei derselben Argumente bedienen: die besten Kinderbücher sind jene, die Erwachsene ebenso mit Gewinn und Interesse lesen wie die Kinder; da gibt es keinen Unterschied und keine Grenze.

Es ist sicher kein Zufall, daß gerade in der Zeit der Jugendschriftenbewegung, also um die Jahrhundertwende, einige Autoren sowohl für Erwachsene wie für Kinder schreiben. Wer anders sollte die geforderte Jugendliteratur schaffen als der Künstler, der seine Qualifikation bereits erwiesen hat? So lädt Richard Dehmel (ohne Erfolg zwar) Thomas Mann, Rilke und Gerhart Hauptmann zur Mitarbeit an seiner Kinder-Anthologie *Der Buntscheck* (1904) ein; von anderen, heute weniger bekannten Autoren erhält er Beiträge (Mombert, Scheerbart, Wassermann, Robert Walser).

Es ist sicher kein Zufall, daß zwei der bedeutendsten Lyriker jener Zeit (aus der Sicht jener Zeit – so muß man freilich hinzufügen) sich auf das Gebiet des Kindergedichts begeben haben: Gustav Falke und Richard Dehmel – und zwei weitere, die heute wesentlich bekannter sind: Joachim Ringelnatz und Christian Morgenstern. Die letzteren haben beide in ihrem Werk für Erwachsene einen unübersehbaren Hang zum Nonsense und zur Groteske. Ringelnatz verbindet mit Dehmel seine Liebe fürs Kabarett; beide haben ihre Kabarettlyrik selbst vorgetragen. Einen großen Unterschied gibt es: Falke und Dehmel sind nur als Autoren für Kinder lebendig geblieben, Ringelnatz und Morgenstern nur als Autoren für Erwachsene, mit „Kutteldaddeldu" und „Palmström," dem Seemann und dem Sonderling.

Selten scheinen sich die Zeitgenossen bei der Beurteilung eines Autors so geirrt zu haben wie bei Dehmel. Zum 50. Geburtstag im Jahre 1914 gratulierte Frank Wedekind: „Herzlichen Glückwunsch dem größten deutschen Dichter." Nicht minder begeistert klingt eine andere Prophezeiung: „Von uns lebenden Künstlern des Verses wird keiner auf die Nachwelt kommen. Nur ein einziger:

Richard Dehmel." Und der bekannte Goethe-Biograph Emil Ludwig läßt sein Dehmel-Buch von 1913 in dem Slogan gipfeln: „In 50 Jahren heißt es nur noch: Nietzsche philosophus, Dehmel poeta." Mit seinem Tod 1920 verblaßte sein Ruhm ganz plötzlich; zu der zehnbändigen Ausgabe (1906 – 1909) war noch eine dreibändige von 1913 gekommen, eine zweibändige Briefausgabe drei Jahre nach seinem Tod – dann war es still bis zu der knappen Auswahl, die er zur Erinnerung an den 100. Geburtstag geschenkt bekam. Auch die Wissenschaft schwieg: nur noch eine Biographie von 1926 (Bab) und eine Dissertation von 1969. Ein paar Nachdrucke der Kinderbücher hat es noch gegeben, aber nicht der Texte, sondern der Illustrationen wegen, nicht für die Kinder, sondern für die Sammler der wieder in Mode gekommenen Kunst des Jugendstils.

Läßt sich eine Erklärung finden für die große Diskrepanz zwischen der euphorischen Begeisterung der Zeitgenossen und dem völligen Verschwinden seiner Bücher in den Bibliotheken und seiner Biographie in Literaturgeschichten und Lexika?

Zunächst muß auf zwei Ausnahmen aufmerksam gemacht werden: Kein geringerer als James Krüss hat in seiner epochemachenden Anthologie *So viele Tage wie das Jahr hat* (1959) daran erinnert, daß Richard und seine erste Frau Paula Dehmel die „Erneuerer des deutschen Kindergedichts" waren. 'Frecher Bengel' von Richard Dehmel sei „das Manifest des emanzipierten Kindes."

Frecher Bengel

Ich bin ein kleiner Junge,
ich bin ein großer Lump,
ich habe eine Zunge
und keinen Strump.

Ihr braucht mir keinen schenken,
dann reiß ich mir kein Loch.
Ihr könnt euch ruhig denken:
Jottedoch!

Die 3. Strophe hält Krüss wenige Jahre, bevor Neills Summerhill – Experiment die Pädagogik revolutionierte, für so provokativ, daß er sie nur im Nachwort seiner Gedichtsammlung abdruckt:

Ich denk von euch dasselbe.
Ich kuck euch durch den Lack.
Ich spuck euch aufs Gewölbe.
Pack!

Nicht im berühmten *Fitzebutze* von 1900 steht dieser Angriff auf die Autorität der Eltern und damit auf die Autorität schlechthin, die von Kirche und Kaiser, sondern in Dehmels zweiter Veröffentlichung *Aber die Liebe. Ein Ehemanns- und Menschenbuch* (1893) Schon in seinem Erstling *Erlösungen. Eine Seelenwandlung in Gedichten und Sprüchen* (1891) formuliert er unter der Überschrift 'Grundsatz' die Eckdaten seiner Ästhetik, in deren Rahmen er auch den 'Frechen Bengel' stellt:

Nicht zum Guten, nicht zum Bösen
wollen wir die Welt erlösen,
nur zum Willen, der da schafft;
Dichterkraft ist Gotteskraft.

Eine zweite Gruppe von Gedichten ist nicht vergessen worden, ebenso klein wie die der Kindergedichte im Verhältnis zum Gesamtwerk; auch sie beleuchtet eine spezifische Seite seiner Persönlichkeit. In Lesebüchern und Anthologien für die Schule lebt jene Handvoll Texte weiter, die sein sozialkritisches Engagement dokumentiert: 'Der Arbeitsmann', das 'Maifeierlied' und das wohl bekannteste, das 'Erntelied', mit den Schlußzeilen, in denen die Mühlen zum Symbol der Revolution werden:

Es fegt der Sturm die Felder rein,
es wird kein Mensch mehr Hunger schrein.
Mahle, Mühle, mahle!

Sie gehörten zum festen Repertoire der Arbeiterveranstaltungen; Dehmel wurde ihretwegen, vielleicht etwas vorschnell, als Parteigänger des Sozialismus verunglimpft oder vereinnahmt. Johannes R. Becher, der spätere Minister für Kultur der DDR und Autor ihrer Nationalhymne, las merkwürdigerweise über diese Gedichte hinweg; er berichtet dagegen von der Faszination, die von dem 'Lied an meinen Sohn' ausging, von den Zeilen:

Und wenn dir einst von Sohnespflicht,
mein Sohn, dein alter Vater spricht,
gehorch ihm nicht, gehorch ihm nicht.

Dehmel berichtet von der Entstehung des Gedichts (1894): „... das ich für eines meiner stärksten Gedichte halte.", weil es so präzis den Geist der Zeit spiegele, mit Nietzsches Worten: „Man muß die Moral vernichten, um das Leben zu befreien." Das ist der zentrale Begriff der Zeit: Leben. Im 'Lied an meinen Sohn' formuliert er den cantus firmus seines Lebens und seiner Kunst: „Sei du, sei du!" Dehmel wird zum Wortführer einer ganzen Generation: alle Dichter der Zeit sprechen von der „Wende", wähnen das Volk hinter sich: „Wir wittern Gewitterwind, wir Volk". Hier ist die Antwort auf die Diskrepanz zwischen Hochschätzung und Vergessen; außerdem liebt das wilhelminische Zeitalter die großen Worte. Auch Dehmels Pathos ist heute schwer erträglich. Anerkannte Autorität ist er und sitzt dennoch zwischen allen Stühlen. Zwei Jahre vor seinem Tod schreibt er resümierend im sozialdemokratischen 'Vorwärts': „Ich habe ja doch seit meiner Jugend für freies Menschentum gekämpft; mein ganzes Dichten, nicht bloß das soziale, auch das erotische und religiöse, war ein fortwährender Protest gegen jegliche Gewaltherrschaft zwischen Menschen ... die sozialistischen Rezensenten behandelten mich genauso schlecht wie die Stabstrompeter der Bourgeoisie."

Die Jahrhundertwende soll die Wende zum „freien Menschentum" bringen auf sozialem, erotischem und religiösem Gebiet; vom Verfall zum Triumph, wie es Becher im Blick auf Dehmel erläutert hatte, vom Zustand der wilhelminischen Gesellschaft zu einer neuen Jugend, vom Stillstand zur Jugend"bewegung". Der Chiliasmus soll das Epigonentum der Gründerjahre ablösen, d.h. der Ruf nach den Führern ins Tausendjährige Reich, nach geistigen Führern wohlgemerkt gegen den Materialismus der Industrialisierung, erschallt mit zunehmender Lautstärke bis zum Beginn des III. Reiches. Der Dichter fühlt sich zum Führer berufen: „Dichterkraft ist Gotteskraft". In mehreren Artikeln über Dehmel kann Moeller van den Bruck, der zu den wichtigsten ideologischen Wegbereitern des Nationalsozialismus gehörte, dem zustimmen. Die kulthafte Vergottung des Lebens, die pantheistische Lebensbejahung ist ziellos und läßt sich deshalb im 1. Weltkrieg, an dem Dehmel als 51jähriger freiwillig teilnimmt, zum Töten und Getötetwerden mißbrauchen: „Schlacht und Krieg muß doch der höchste Männerrausch sein." Auch Religion und Eros sind Selbstzweck geworden, die Wirklichkeit gerät im Jugendstil zum Ornament: ihnen fehlt das Du, die Transzendenz. Die Liebesbeziehung zwischen den Geschlechtern wird zum Sinnbild der Einswerdung mit dem All; Erlösung in einer Liebesutopie zielt auf kosmische Harmonie. Gott ist tot und ist zum Fitzebutze geworden, zum Hampelmann.

Dieser Mann mit diesen Ideen in dieser Zeit schreibt Texte für Kinder. Unter dem Titel *Kindergarten* füllen gut drei Dutzend Gedichte, die 22 Vierstropher „Der kleine Held", ein paar Geschichten, das Traumspiel *Fitzebutze* und ein Weihnachtsspiel den 6. Band der Gesammelten Werke. *Fitzebutze*, eine Sammlung von 25 Gedichten mit den berühmt gewordenen Jugendstilillustrationen von Ernst Kreidolf, wird Weihnachten 1900 als Geschenk von Paula und Richard Dehmel dem neuen Jahrhundert dargebracht, eines der wenigen Werke mit einer Doppelautorschaft, Ergebnis einer Symbiose von Mann und Frau. Fitzebutze war schon einige Jahre früher als Kunstfigur aus dem Kinderalltag heraus entstanden. Im Tagebuch notiert Richard über seine fünfjährige Tochter Vera, die sich in ihrer Kindersprache Detta genannt hatte: es sei „psychische Phylogenie ...‟, als sie vor ihrer Puppe einen religiösen Tanz nach Art der Götzenanbeter aufführte.‟ ('Bekenntnisse' 34) Das Kind führt einen drolligen Dialog in kunstvoll stilisierter Kindersprache mit dem fürchterlichen, menschenfressenden Gott Vitzlibutzli, dessen Name ihm von irgendwoher zugeflogen ist. Für Dehmel ist es ein Beweis für die Richtigkeit des biogenetischen Gesetzes, mit dem sein Zeitgenosse Haeckel in darwinistischer Manier die Entwicklung des Individuums als Wiederholung der Entwicklung der Spezies beschrieb. Vor allem aber „entzückt er sich an der schrankenlosen Traumkraft des Kindes‟, wie sein Biograph Bab schreibt. „Er blickt um so tiefer und zärtlicher in die freie Kinderseele, je seltener es ihm selbst vergönnt ist, völlig in diesem Zustand der reinen Phantasie zu ruhen, die zweckbefreit jedes Ding zum Gleichnis jeden anderen zu erheben vermag.‟ (BAB 1926/158) Das ist der Traum von der verlorenen Kindheit, der immer wieder Autoren für Kinder schreiben läßt; hier ist er aber begründet aus Dehmels Konzept von der Harmonie allen Seins. (Heine hat im Ersten Buch seines 'Romanzero' einer Gedichtfolge den Titel „Vitzliputzli‟ gegeben; darin wird eine entstellte Form des indianischen Namens Huitzlilopochtli gesehen, des Kriegs- und Sonnengottes der Azteken).

Es entbehrt nicht einer gewissen Paradoxie, daß in seinem Leben die Symbiose mit Paula bereits zerbrochen war, daß er seine Utopie mit Ida Auerbach, der Ehefrau eines Berliner Konsuls, verwirklichen wollte; die beiden wurden zu einem der großen Liebespaare der europäischen Kulturgeschichte stilisiert, wenn auch *Zwei Menschen* (1903), das sich im Untertitel „Roman in Romanzen‟ nennt, aus heutiger Sicht nicht als autobiographischer Reflex gelesen werden darf, sondern dem kunsttheoretischen Konzept der damaligen Zeit gemäß eher als ästhetisches Modell, dem das Leben zu folgen habe. Im Reich der Kunst ist offenbar auch die Gemeinsamkeit mit Paula noch erhalten: „denn das Buch (*Fitzebutze*) ist wirklich ebenso sehr ihre wie meine Leistung‟, schreibt er an Johannes Schlaf (13.11.1900) und gießt sein Ideal in die Zeilen: "Das Leben läßt sich stets nur stückweis fassen/ Kunst will ein Ganzes ahnen lassen.‟

Der *Fitzebutze* ist „ein Ganzes‟; man könnte die einzelnen Texte nicht Paula oder Richard zuordnen, obwohl aus späteren getrennten Veröffentlichungen ersichtlich wird, daß nur 7 Gedichte mit gemeinsamer Autorschaft übrigbleiben. Alle haben sie Themen des Kinderalltags zum Inhalt: die Kinderküche, den

Kaufladen, Katze und Hund, Schaukel und Schaukelpferd. Formal orientieren sie sich an Kinderreimen, Abzählreimen mit ihren Sprach- und Klangspielen.

Mückebold

Mückchen, Mückchen, Dünnebein,
Mückchen, laß das Stechen sein,
Stechen thut ja weh!

Mückchen, Mückchen, weißt du was:
beiß doch in das grüne Gras,
beiß doch in den Klee!

Die Anspielung auf die Redewendung „ins Gras beißen" für „sterben" werden Kinder nicht merken. Der Text unterscheidet sich in der kunstvollen Reimgliederung und Zeilenfüllung von den klappernden Rhythmen vieler Kindergedichte; es fehlt ihm generell der übliche Anspruch, Kinder mit Gedichten in den moralischen und religiösen Tugenden zu unterweisen. Nur in ironischer Brechung ist an anderer Stelle von ihnen die Rede:

Nein, sagt Mutta, Dott ist dut,
wenn man a'tig beten thut.

Es liegt nahe, daß viele Theologen Blasphemie witterten, sittenverderbenden Einfluß auf die Kinder, hatte sich Dehmel doch gerade vor dem Königlichen Amtsgericht wegen einiger Gedichte verantworten müssen, weil er „dem menschlichen Geist die Augen über seine tierischen Triebe öffnen" wollte, wie er in einem Offenen Brief schreibt. Zwar gibt es keine direkten Entsprechungen in den Kindergedichten für solch gottlose Ideen wie die folgenden: „Die Philosophie unserer Liebe ist Religion! ... Wir sind einander mehr als wohlschmeckende Lehmklöße ... Wir sind schon jetzt verklärte Geister und feiern mit unsern sterblichen Leibern ein unaufhörliches Fronleichnamsfest" (nach BAB 1926/ 260), aber die „Herren Pastoren" reagieren übernervös. Im *Fitzebutze* hat Dehmel zwei Gedichte aus Stevensons *A Child's Garden of Verses* bearbeitet. 'My Shadow' ist fast unverändert; das andere – ein krankes Kind spielt mit seinen Soldaten im Bett – bekommt zwei Vorderstrophen und den Titel 'Lazarus'. In einem Brief an Wolgast muß er den Verdacht ausräumen, auf einem beigegebenen Bild sei ein ertrinkender Pfaffe zu sehen und nicht nur ein dicker schwarzer Fettkloß; einigen Freunden habe er das Buch mit dem Vers gewidmet „Gott zu Nutze, / Götzen zu Trutze" (26.02.07). Hat sich darauf die Evangelische Kirchenzeitung bezogen mit einem Aufsatz „Fitzebutze, ein Götze moderner Pädagogik"? Der Widerstand gegen den *Fitzebutze* kam aber noch aus einer anderen Richtung. Seit 1901 lebt Dehmel in Hamburg und hat enge Kontakte mit den Führern der Jugendschriftenbewegung Wolgast und Köster und der Kunsterziehungsbewegung. Die heftige Diskussion um das Thema „Kind und Kunst" wird im wesentlichen von Lehrern geführt, Dehmel ist einer der wenigen Künstler. Er hat sich mit dem *Fitzebutze* gegen Wolgast gestellt, auf die Seite des Pädagogen Berthold Otto und der Dichter um die Zeitschrift „Charon". Die Bedeutung der Altersmundart, der Sprache der kleinen Detta für die Erziehung einerseits, für die Kunst andererseits läßt sich ablesen an dem Leitsatz: „Ein Kind, das unbeeinflußt und ganz in seiner Sprache spricht, spricht die schönste Poesie." Selbst wenn Wolgast später den *Fitzebutze* von seiner prinzipiellen Regel ausnimmt, Dichtung dürfe nicht für Kinder geschrieben werden, so hält Dehmel das für Schulmeisterei. Er schreibt ihm 1906: Daß Kunst für Kinder „auch für Erwachsene genießbar ist, liegt eben daran, daß der echte Dichter nur solche Stoffe fürs Kind zurichtet, deren volle Lebensfülle (und die eben interessiert den Erwachsenen) durch diese Zurichtung erst zum Vorschein kommt." Aus der Beschäftigung mit Kindern und mit der Kunst für Kinder zieht er (wenigstens theoretisch) Konsequenzen für seine Kunst generell. Einem anderen Mitstreiter in der Jugendschriftenbewegung erläutert er die Bedingungen für ein richtiges Kindergedicht: mit künstlerischem Bewußtsein habe er gewisse höhere Motive auf ihre Eignung hin behorcht, „mit denen sich die meisten Kinderseelen viel angelegentlicher beschäftigen, als die meisten Erwachsenen ahnen, die diese Beschäftigung längst verlernt haben." Diese Motive nähmen in der kindlichen Ausdrucksweise viel konkretere Formen an als in der abstrakteren Sprache des Bildungsmenschen. (an Lichtenberger 4.6.05) In diesem Sinne hat er Paulas Gedichte beurteilt, an ihnen mitgearbeitet, wie wir aus Briefen wissen. An ihrem „Osterlied" moniert er die „bedenkliche Fingerfertigkeit". Das ist was für 'gebildete' Kinder zum Auswendiglernen, nicht aber der unmittelbare Ausdruck kindlichen Naturells. Du solltest nicht darauf ausgehen, Gedichte zu machen, damit „Alles drin ist, was die Kleinsten angeht", sondern den poetischen Augenblick abwarten und dann prüfen, ob er dir ein originales Gefühls-Motiv oder nur eine Reminiszenz-Stimmung beschert hat." (28.3.01) Für viele junge Dichter wie für Becher ist Dehmel zum Anreger und beratenden Freund geworden, zum „Corrector Germaniae". Sie schätzen ihn wegen seiner Gesprächsfähigkeit, aber auch, weil er ein Gespür für die Tendenzen der Zeit hat. Rudolf Alexander Schröder bzw. dem Insel-Verlag überreicht er den *Fitzebutze* als Buch, das den *Struwwelpeter* aus dem Feld schlagen soll, weil „der Ruf nach echter künstlerischer Geistesnahrung für unsere Kleinen täglich lauter wird ... Kunst für Künstler wird schon genug gemacht – was uns nothtut, ist Kunst fürs Leben." (12.9.99)

Wie anstößig der *Fitzebutze* noch 10 Jahre nach seinem Erscheinen gewesen sein muß, geht aus einem geharnischten Brief an Köster hervor: das Buch war aus der Empfehlungsliste für die Schulen gestrichen worden mit der Begründung: „zwar nicht gefährlich, aber wertlos". (11.2.11)

Ausführlich, abgesehen von brieflichen Mitteilungen, hat sich Dehmel mit der Kunst der Kinder in dem Aufsatz „Schulbuch und Kinderseele" auseinandergesetzt, der in der Sammlung *Betrachtungen* (1903) abgedruckt ist mit dem für unsere Ohren kuriosen Untertitel 'Kunst, Gott und die Welt'. Da die Kunst für ihn wesentlicher Bestandteil sittlicher Erziehung ist, empfangen Kinder durch die Fibel unauslöschliche Eindrücke fürs ganze Leben; „ihr ganzes Wahrheits- und Schönheitsgefühl, ihre ganze Lebens- und Weltbetrachtung empfängt da maßgebende Grundlagen". (110) Er entlarvt die Forderungen vieler Pädagogen nach Einfachheit der Texte als ästhetische Barbarei, als Vehikel zum Abtöten der Phantasie. Schlechte Gedichte hätten nicht die Kraft, „die rebellischen Herzen der Kinder zu erwärmen." (119) Sein Protest gegen die epigonale Lyrik der Gründerzeit bezieht sich also auch auf die Kinderliteratur. Kunst soll nicht mehr Natur kopieren wie im Naturalismus, sondern einen Zuwachs von Vorstellungen bringen, Utopien entwickeln, wie es im heutigen Sprachgebrauch hieße. Das hat die Neubewertung des künstlerischen Ichs zur Folge: der Dichter wird zum Pädagogen – und umgekehrt: viele Pädagogen haben für ihre Schüler gedichtet! Dehmel beklagt die Folgen der Sprachverlotterung für die kindliche Geisteswelt; das Sprachgefühl müsse gefestigt werden und mit ihm der ganze Charakter. Alle erfolgreiche Pädagogik laufe auf praktische Ästhetik hinaus. Kinderkunst steht in einem kulturpolitischen Horizont; deswegen resümiert er: „In einem 'Kulturmilieu', wo man bei jeder Gelegenheit, bei der es offizielle Toaste zu schwingen gilt – von der Kindtaufe bis zum Leichenschmaus, vom Schützenfest bis zur Schillerfeier – schlechte Verse für grade gut genug hält, das verlogene 'Hochgefühl' einzukleiden, da begegnet die Wahrheit wohl tauben Ohren." (124) Spricht aus diesen Zeilen einerseits ein Elitedenken, wie es sich auch in Dehmels Geschmacksstrenge in buchkünstlerischen Fragen, etwa bei der Illustration der Kinderbücher äußert, so möchte er andererseits eine der Glanzleistungen des Jugendstils, die Zeitschrift 'Pan", jedermann zugänglich machen, mehr noch: jedermann zur Mitarbeit einladen. Der Kult des Dilettanten, die ästhetische Sensibilisierung des Volkes durch kunstschöpferische Tätigkeit, liegt im Trend der Zeit und begründet nochmals die Verwandtschaft von erziehendem Dichter und dichtendem Erzieher.

Wie bedenklich es ist, heutige Konzeptionen kultureller Jugend- oder Erwachsenenbildung zum Vergleich heranzuziehen, das wird in dem Essay 'Kunst und Volk' schnell klar. Seine 1. These lautet: „Die Kunst besteht in den Kunstwerken, die nicht fürs Volk geschaffen sind, sondern für Gott und die Welt, für die Seele der Menschheit oder auch der Blumen auf dem Felde, für Alle und Keinen, fürs ewige Leben oder für sonst eine grenzenlose Größe." (192) „Gott und die Welt" – durchaus erst gemeint, ist das Bild für eine alldurchwaltende Kraft, die nicht nur Alles, sondern auch das Nichts umgreift. In der Erläuterung der These heißt es u.a.: „Solche Kunst schafft nur der Künstler, der fürs Volk ein ewiges Rätsel bleibt ... Er ahnt nur ein Ziel: der menschlichen Bildung: die Gestaltung eines vollkommen Wesens." (193) Der Irrationalismus wird noch weiter getrieben, die 5. These liest sich nachträglich wie eine ästhetische Begründung für die Lust am Untergang im unbegreiflichen Abenteuer des 1. Weltkriegs: „Der Kunstgenuß jeder Art Volkes besteht in der Begeisterung durch das Unbegreifliche, in der Ehrfurcht vor dem Unerforschlichen, in der Lust und Liebe zum Abenteuerlichen: in Glauben, Traum und Übermut." (198)

Schauen wir auf diesem Hintergrund abschließend auf zwei Texte, über deren Zielgruppe Uneinigkeit herrscht. Die Gedichtfolge *Der kleine Held* nennt Dehmel selbst „eine erzieherische Dichtung für große Jungen", und als Inhaltsangabe setzt er voran: „Wie ein ganz armer Junge sich sagt, was er alles werden kann." (II 310) Neben den gängigen Handwerkern stehen Maschinenbauer und Eisenbahner, König und Tierbändiger, Goldgräber und Bergführer, als Weltreisender trifft er auf ein Volk mit dem Fitzebutze. Alle Berufe werden in der Phantasie durchgespielt mit dem Ziel, jeder wirkliche Beruf stehe im Mittelpunkt der Welt und mit jedem lasse sich die vollste Entfaltung des Menschentums erreichen. (nach BAB 1926/ 262) Das klingt etwas bombastisch für einen Zyklus, der so ganz der sozialen Realität verhaftet zu sein scheint. Die letzten drei „Berufe" zeigen dann aber den Dehmel, der hinter allen sozialen Themen die ästhetischen und ethischen Dimensionen sieht, zeigen nicht den Politiker, sondern den Kosmiker: der Luftschiffer schwebt in die blaue Welt hinein

> *Wer weiß wohin – ade, ade -*
> *der Himmel wiegt mich ein.*

Dann folgt

> *Ich kann ein Dichtersmann werden,*
> *ich weiß schon, was das heißt;*
> *das ist ein Mensch auf Erden*
> *mit einem himmlischen Geist,*
> *und der auf Leben und Tod pfeift.*

Und schließlich – man wundert sich nicht mehr – kann der arme Junge ein Engel werden. Das hat in Dehmels Weltbild keinen christlichen Hintergrund, sondern das sind die Rilke'schen Engel der Kunst und Philosophie der Jahrhundertwende.

> *Dann jagt wohl mit Wolkenpferden,*
> *die wir nicht sehn auf Erden,*
> *meine Kraft durchs Luftmeer hin.*
> *...*
> *mich treibt ein Geist zur Tat,*
> *der braucht wohl meine Kraft.*

Diese vitalistisch verstandene Lebenskraft mißverstehen wir heute leicht als emanzipatorische Kraft. Das ist nicht der klassenkämpferische Ton der Arbeiterbewegung, in deren Massenveranstaltungen Dehmel sich gern badete, sondern wie das Schlußgedicht zeigt: das ist wieder der hymnische Gesang vom Rausch des Lebens, in dem der Jüngling die Welt verändert oder untergeht. Um ein großer Held zu werden

> *... gehört nicht Reichtum*
> *noch lange Lebensfrist.*
> *Mir hat mein Dichtersmann gesagt:*
> *jedes Kind auf Erden ist*
> *ein kleiner Welteroberer.*

Fazit: Dehmel neigt sich nicht hinab, nicht zu Kindern oder Jugendlichen und nicht zum Volk; sie verkörpern ihm nur das Leben gegenüber den Philistern und Moralpredigern in Schule und Kirche; bei ihnen findet er die Kraft zur „Wende". Das gilt auch für *Das Märchen vom Maulwurf*, eine der 10 Geschichten aus dem 'Kindergarten' von 1908, schon 1896 wie ein Motto der Gedichtsammlung *Weib und Welt* vorangestellt. Der einflußreiche Severin Rüttgers meinte 1914 ('Die Dichtung in der Volksschule'), es sei für Kinder völlig ungeeignet, und viele Lehrer werden ihm geglaubt haben. Ein Zwergenkönig ist mit den edelsteingeschmückten Höhlen nicht mehr zufrieden; aus Sehnsucht zum Licht gräbt er sich in Jahrtausenden an die Erdoberfläche und wird blind, wird zum Maulwurf, als er den Himmel sieht. Keine Frage, daß Kinder das verstehen und ebenso keine Frage, daß dahinter das Denkmodell von der Antinomie Geist – Leben steht – im Bild von Hell und Dunkel, von Kosmischem und Irdischem, die Menschen „wie Fledermäuse zwischen Licht und Dunkel" (Briefe I 375). Für Dehmel ist es auch ein Bild der Antinomie der Geschlechter. Die Frau ist dem dunklen Erdbezirk zugeordnet, der Welt des Vegetativen und Pflanzlichen. Aus der erotischen Spannung der Gegensätze erwächst dem Mann die Möglichkeit zur Läuterung der Triebe, zur gemeinsamen Höherentwicklung, zum Ausgleich der feindlichen Kräfte.

Das Märchen vom Maulwurf wird somit zu einem geglückten Beispiel dafür, daß Kinder und Erwachsene auf verschiedenen Ebenen lesen dürfen und beide ihr Vergnügen haben. Immer noch dürfen wir Dehmel mehr trauen als dem „Schulmann" Rüttgers: „Das sei allen Christen ins Ohr gesagt, die das 'ahnungslose Kinderherz' vor den teuflischen Verführungskünsten der poetischen Phantasie glauben schützen zu müssen." (Betrachtungen 114)

Nicht nur seine Freunde haben Richard Dehmel einen Platz im Pantheon der Kunst eingeräumt, auch er selbst hat sich eine Auferstehung prophezeit. Die Kunstverständigen könnten entscheiden, ob ein Werk für absehbare Zeit den Kennern des Handwerk genügt. „Ein vollkommenes Kunstwerk kann Jahrhunderte lang ein wertloses totes Unding sein: „und auf einmal ist es nur scheintot gewesen und belebt tausend Geister zu neuem Gefühl, zu neuem Schaffen und neuem Genuß." (Betrachtungen 197) Ist die Zeit gekommen? Das geistige Klima ist günstig: Anthroposophie und Psychoanalyse, Kinder der Dehmel-Zeit, haben Konjunktur wie Mythen und Märchen, Kosmogonien und fernöstliche Religionen; die Computerisierung der Gesellschaft bewegt das öffentliche Bewußtsein wie damals die Industrialisierung; der Wunsch nach dem Leben im Einklang mit der Natur scheint eine Neuauflage der Reformbewegungen der Jahrhundertwende; Jugendkult und Suche nach neuen Bindungen zeigen Parallelen. Erwachsene vertiefen sich in phantastische Kinderbücher, nicht nur wegen der Illustrationen, *Der kleine Held* hat alle Chancen, der „neue Held" zu werden – und *Fitzebutze* reitet auf der „New Wave".

Literatur

Dehmel, Paula und Richard: Fitzebutze. Allerhand Schnickschnack für Kinder, mit Bildern von Ernst Kreidolf. – Leipzig: Insel 1900 (Reprint Leipzig 1968, Frankfurt 1976)

Dehmel, Richard (Herausgeber): Der Buntscheck. Ein Sammelbuch herzhafter Kunst für Ohr und Auge deutscher Kinder. – Köln: Schaffstein 1904 (Nachdruck Frankfurt: Insel 1985)

Dehmel, Richard: Der Kindergarten. Gedichte, Spiele und Geschichten für Kinder und Eltern jeder Art. – Berlin: Fischer 1908 (=Gesammelte Werke Band 6)

Dehmel, Richard: Betrachtungen über Kunst, Gott und die Welt. – Berlin: Fischer 1909 (=Gesammelte Werke Band 8)

Dehmel, Richard: Gesammelte Werk, 3 Bände. – Berlin: Fischer 1913

Dehmel, Richard: Ausgewählte Briefe, 2 Bände. – Berlin: Fischer 1922/23
Dehmel, Richard: Bekenntnisse. – Berlin: Fischer 1926
Dehmel, Richard: Dichtungen. Briefe. Dokumente. Hrsg.: Paul Johannes
    Schindler.- Hamburg: Hoffmann & Campe 1963
Dehmel, Richard: Gedichte. Hrsg.:Jürgen Viering.- Stuttgart: Reclam 1990 (mit
    umfangreichem Nachwort)

Bab, Julius: Richard Dehmel. Die Geschichte eines Lebens-Werkes. – Leipzig:
    Haessel 1926
Becher, Johannes R.: Rede über Richard Dehmel.- München: Bachmaier 1912
Fritz, Horst: Literarischer Jugendstil und Expressionismus. Zur Kunsttheorie,
    Dichtung und Wirkung Richard Dehmels. – Stuttgart: Metzler 1969.
Gelbrich, Dorothea: Richard Dehmels Gedichte für Kinder.- Weimarer Beiträge
    33(1987) 1004 -1019
Schuster, Peter Klaus: Leben wie ein Dichter. Richard Dehmel und die bildenden
    Künste, in: Ekkehard Mai u.a. (Hrsg.): Ideengeschichte und Kunstwissen-
    schaft. Philosophie und bildenden Kunst im Kaiserreich. – Berlin: Mann
    1983, Seite 181 -221

"Wem nie die Drossel sang" –

Didaktische Überlegungen zum Gedicht in der Grundschule

Die Drossel singt

Wenn ich sage: DIE DROSSEL SINGT,
So will das nicht viel sagen
Für den, der nicht weiß, wie der Drosselsang klingt.
Er kann nicht übertragen,
Was an meinen Worten wirklich ist.
Ihm fehlen Bilder und Töne.
Nur wenn man sie an Erfahrungen mißt,
Verwandeln sich Worte ins schöne
Gefühl. Man erweitert sie
Um Zeiten und um Welten.
Wem nie die Drossel sang märzmorgenfrüh,
Dem kann mein Wort nicht gelten.

Eva Strittmatter

Verschämt stehen ein paar Bände auf dem sonst leeren Regalbrett; alles ausge-liehen? Nein, auch die Leihzettel fast blütenweiß. So sieht es nicht nur unter der Rubrik "Gedichte" in der Kinderbücherei aus; bei den Großen ist es nicht anders. Wenn es nicht Kindergarten und Schule gäbe – und die Dichter und Verleger, die sie bedienen, könnte man auf diese Literaturgattung wohl ganz verzichten. Gerade jene, die immer mal wieder vor der Verschulung der Kinderliteratur warnen, sollten sich fragen, wie es wohl um sie bestellt wäre, wenn sich die Schule nicht um ihre Vermittlung bemühte. Das betrifft in extremem Ausmaß die Kinderlyrik Dieser Besonderheit sollte man sich bewußt sein, wenn das von Lehrplänen und Lesebüchern so hofierte Gedicht sich in die Gesellschaft der an-deren Formen und Probleme begibt, die im Rahmen eines Bandes "Literatur in der Grundschule" begegnen. Ein Nebeneinander von Schullektüre und Privatlek-türe, und sei es auch nur in Form von Hörkassetten oder Fernsehfilmen, wie es für die Prosaliteratur typisch ist, gibt es nicht. Kinder erfahren Literatur als er-zählte Geschichten, als dialogisierte Geschichten; auch Bilderbücher mit gereim-ten Texten bieten in der Regel fortlaufende Handlungen und keine Gedichte. Man muß sich also fragen, wo Kinder in ihrem kulturellen Alltag überhaupt dieser Pflanze begegnen: in Schlagern und anderen schablonenhaften Ergüssen der Unterhaltungsindustrie, in Werbespots (eher immer seltener), in Abzählreimen, in den Schlachtrufen der Fans in den Stadien. Die formalen Merkmale Klang, Reim, Rhythmus sind sicher vorhanden, aber wie weit sind Texte dieser Art von dem entfernt, was der Lehrplan Deutsch Grundschule Rheinland-Pfalz (1984) sich darunter vorstellt: "Gedichte sind wegen ihrer sprachlichen Verdichtung, Kürze, Überschaubarkeit und sprachlichen Vorbildwirkung von besonderer Bedeutung." (19)

Vergegenwärtigt man sich diese Diskrepanz, dann sollte es eigentlich naheliegen, in didaktischen Begründungen vorsichtiger die sog. angeborenen poetischen "Antennen" des Kindes vorauszusetzen, vielmehr naive Vorstellungen von einer natürlichen Symbiose von Kind und Lyrik zunächst einmal auf ihre Berechtigung hin zu prüfen. (Vgl. Kliewer 1996) Vielleicht besteht die Aufgabe der Schule ja gerade darin, dieser Utopie sich zu nähern, sie wieder herstellen zu können, Kindern die verschüttete (oder nie vorhandene) Harmonie zu eröffnen. Mit welchen Texten ist das möglich und wie ist das möglich? Versteht man Didaktik als die Achse des Unterrichtsgeschehens, um die sich Lernobjekte und Lernsubjekte drehen, dann hat sie ihre Reflexionen in beide Richtungen zu lenken. Sie fragt nach der Bedeutsamkeit der Texte für den soeben erläuterten Selbstfindungsprozeß einerseits; die Literaturwissenschaft hat die Texte bereitzustellen und in ihrer historischen und systematischen Dimension zu beschreiben, aber auch im Blick auf verschiedene Verwendungsweisen zu analysieren und zu beurteilen. Didaktik wählt aus dem Baukasten an literarischen Formen und Inhalten, an ethischen und den psychischen Haushalt regulierenden Angeboten die für eine bestimmte Erziehungsabsicht geeigneten Beispiele aus und begründet dies. Sie fragt andererseits nach der Effektivität der verschiedenen unterrichtsmethodischen Verfahren, die ebenfalls in einem Baukasten verfügbar sind. Leider wird zwischen Didaktik als Wissenschaft vom Unterrichten oder allgemeiner vom Vermitteln von Kenntnissen und Fähigkeiten, Didaktik als reflektierendem und beurteilendem Beobachten von Lernprozessen auf der einen Seite und Methodik als dem Handwerk vom Lehren auf der andern kein Unterschied gemacht, sehr zum Nachteil der ersteren. Das schlechte Image der Fachdidaktiken in der Wissenschaftslandschaft hat zum Teil seine Ursache in dieser Verwischung der Arbeitsgebiete, darin, daß sie bisher ihren autonomen Platz zwischen Wissenschaft und Praxis nicht klar genug präzisieren kann. Für die Ausbildung der LehrerInnen heißt das: neben der Fachkompetenz und der Methodenkompetenz, zu der die kommunikative Kompetenz gehört, muß eine didaktische Kompetenz entwickelt werden. *Lehrer zwischen Text und Schüler* hieß mein Aufsatz in der Zeitschrift „Diskussion Deutsch" 1981, in dem das duale

Modell der Kommunikationswissenschaft (Sender – Medium – Empfänger) durch die wichtige didaktische Instanz des Vermittlers erweitert wurde. Schauen wir in die beiden Baukästen, die für die Entscheidungsprozesse der Didaktik bereit gehalten werden. Weder sind im einen die Unterschiede der Gattungen oder Textcorpora so gravierend noch im andern die Verfahren so auf verschiedene Texte spezialisiert, daß es gerechtfertigt wäre, von verschiedenen Didaktiken zu sprechen, eine Romandidaktik von einer Lesebuchdidaktik zu trennen, eine Lyrikdidaktik von einer Balladendidaktik abzugrenzen oder eine eigene Didaktik der Kinder- und Jugendliteratur zu proklamieren. Die Autorität der Fachwissenschaft schlägt offenbar durch auf die Didaktik! Das hindert nicht daran, die gesamte Vielfalt der Textangebote zu prüfen und für den Unterricht zuzulassen. In aller Kürze sollen Trends in neuen Lesebüchern markiert werden sowie in den Anthologien, speziell jenen, die für den Schulgebrauch angeboten werden (I). Einem Blick auf gegenwärtige fachdidaktische Konzepte (II) folgt schließlich eine Übersicht des heutigen methodischen Repertoires (III).

I.

Dem guten Brauch folgend, die besseren Texte immer im nicht eingeführten Lesebuch zu vermuten, begibt man sich also auf die Suche in anderen Lesebüchern. Um auf der Höhe der Zeit zu sein, greift man also zunächst nach den neuesten und muß feststellen: es gibt sie eigentlich gar nicht. Selbst wenn sie in der Schulbuchliste, also dem in den jeweiligen Bundesländern zugelassenen Bestand mit aktuellen Erscheinungsjahren auftreten, handelt es sich meist um zehn Jahre alte Bücher. Und macht man sich die Mühe, die Textauswahl genauer zu betrachten, dann wird man bei den Gedichten von einem Stillstand überrascht, der im Vergleich zu den Themen, den Prosatexten und auch dem Layout augenfällig ist. Nicht daß in allen Lesebüchern bestimmte Klassiker auftauchen, ist erstaunlich, denn die Traditionspflege ist Aufgabe des Deutschunterrichts und speziell des Lesebuchs, sondern daß neben der Naturlyrik mit ihren Monats- und Jahreszeitengedichten und ein paar Evergreens des komischen Kindergedichts kaum ein Neuling begegnet. Wenn es herbstet, finden sich Hebbel (*Herbsbild*) und Britting (*Goldene Welt*), wenn es Winter wird, stellen sich Weinheber (*Dezember*) und immer noch die Kögels ein (*Der Bratapfel*), Storm (*Knecht Ruprecht*) und Claudius (*Ein Lied, hinterm Ofen zu singen*) ... und – man glaubt es kaum – der eine und einzige Vorzeige – Brecht (*Die Vögel warten im Winter vor dem Fenster*). Fast völlig verschwunden ist die ausdrücklich für Kinder geschriebene Lyrik des 19. Jahrhunderts: Robert Reinick und Heinrich Seidel, Hoffmann von Fallersleben oder gar Hey; sporadisch stößt man auf Gülls *Will sehen, was ich weiß vom Büblein auf dem Eis.* Sie findet man in der zum Klassiker gewordenen Anthologie, in *So viele Tage wie das Jahr hat,* 1959 von James Krüss herausgegeben, als die Kinderlyrik der Nachkriegszeit zu laufen begann. Wenn man schon meint, Goethe habe auch den Kindern etwas zu sagen, muß es dann immer wieder *Gefunden* sein, zudem in einem Kapitel "Natur schützen"? Dann sollte man lieber den Mut haben und Lutz Görner (Hörkassette *Goethe für Kinder*) oder Peter Härtling folgen (*Ich bin so guter Dinge. Goethe für Kinder*), seine Balladen als spannende Geschichten lesen oder hören lassen, auch wenn sie damit nicht "ausgeschöpft" wären. Man stelle sich einmal vor, unsere Lesebücher würden bei der Auswahl der Erzähltexte ebenso antiquiert verfahren! Auch wenn nicht übersehen werden darf, daß auch neuere Texte wie die Monatsgedichte aus *Und oben schwimmt die Sonne davon* von Elisabeth Borchers (1965) zum klassischen Bestand geworden sind, sucht man in der Anthologie *Gefunden* von 1997, einer gründlich umgearbeiteten Fassung von 1985 vergebens nach Neuheiten. Das Quellenverzeichnis offenbart, daß nach der Anthologie *Überall und neben dir* von 1989 unter den 130 Texten zwei aus den 90er Jahren stammen. Auch die Wende hat bekanntermaßen keine neuen Impulse gebracht; jedenfalls hat *Gefunden* außer den bekannten Gedichten von Hacks und Brecht nur je einen Text von den DDR-Autoren Herold, Könner und Rathenow aufgespürt.

Vielleicht muß man gerechterweise zugeben, daß es die LesebuchmacherInnen schwer haben: Lyrik läßt sich heute noch schwerer verkaufen als immer schon, und die *Jahrbücher der Kinderliteratur* bei Beltz & Gelberg, die Neuheitenbörse der 70er und 80er Jahre, erscheinen immer unregelmäßiger und in immer größeren Abständen – aus eben diesem Grund (*Was für ein Glück. 9. Jahrbuch der Kinderliteratur* 1993, *Oder die Entdeckung der Welt. 10. Jahrbuch der Kinderliteratur* 1997). Wo sind die jungen Talente, wer soll nach Manz (1993) und Wittkamp (1995) und Guggenmos (1997) den Österreichischen Staatspreis für Kinderlyrik bekommen? Erfreulicherweise haben Manz, der 1974 mit seinen "Sprachbüchern" einen neuen Ton in die Kinderlyrik brachte, und Wittkamp, dessen *Ich glaube, daß du ein Vogel bist* seit 1987 auf den Eintrag in Lesebücher wartet, wenigstens in den Anthologien ihren festen Platz. Offenbar heißt Traditionspflege aber auch immer noch Zeigefinger-Lyrik; wie anders ist sonst zu verstehen, daß ausgerechnet sein *Warum sich Raben streiten* in die Anthologien gerät statt einige der 365 pfiffigen Vierzeiler aus *Alle Tage, immer wieder. Kalendermerkbuch* (1990), und wer daran nicht genug hat, findet weitere im 9. Jahrbuch. Robert Gernhardt findet nur zögerlich Aufnahme, Bydlinski leider zu wenig, immer wieder mit dem erziehlichen *Wann Freunde wichtig sind.* Die neueren Anthologien (vgl. Literaturverzeichnis) sind entweder stark historisch orientiert oder wollen den Kanon tradieren; nur *Im Pfirsich wohnt der Pfirsichkern* bietet neben bekannten österreichischen AutorInnen eine Fülle von Originalbeiträgen, unter denen Gerald Jatzek hervorsticht.

Anthologien, selbst jene, die nicht speziell für den Schulgebrauch gemacht werden, beruhen auf didaktischen Entscheidungen, auf der vermuteten Aufnahmefähigkeit und Ansprechbarkeit von Kindern. Sieht man von den relativ seltenen Sammlungen ab, die sich an Erwachsene und ihre nostalgischen Kindheitserinnerungen wenden (z.B. *Kommt, Kinder, wischt die Augen aus, es gibt hier was zu sehen* von Heckmann/ Krüger, seit 1974, teils unter anderem Titel immer wieder aufgelegt), tendieren sie eher zu Unterforderungen; immer wieder tauchen auch neue Kindergedichte auf dem Markt auf, die Kinder mit dümmlichem und läppischem Quasi-Nonsense bedienen wollen. Daneben gab es interessante Versuche, geeignete Texte aus dem Bestand der Erwachsenenlyrik Kindern zugänglich zu machen: in den zehn Bänden der Reihe "RTB Gedichte" durchforstete Gutzschhahn (ohne Resonanz in den Lesebüchern) ab 1988 die Werke von Erich Fried, Günter Grass und Oskar Pastior, Christa Reinig, Friederike Mayröcker u.a. AutorInnen. Ute Andresen, erfahren im Gespräch mit Kindern über Gedichte, hat ihnen mit *Im Mondlicht wächst das Gras* (1991) vor allem die Bereiche der Naturlyrik erschlossen.

Selbstverständlich gibt es Unterschiede zwischen der Lyrik für Erwachsene und jener für Kinder (vgl. Kliewer 1995), aber unter didaktischem Aspekt, also unter der Fragestellung: was ist geeignet für den Unterricht, ist die Definition irrelevant, etwa in der Form von James Krüss: "Leider ist es nötig, Gedichte für Kinder und Kindergedichte voneinander zu unterscheiden, das heißt: erstens Gedichte, die nicht nur für Kinder geschrieben wurden, die sie jedoch begreifen und schätzen, und zweitens Gedichte, die eigens für Kinder verfaßt worden sind." (*So viele Tage* S.284) Letztere pflegt man heute manchmal "spezifische Kinderlyrik" zu nennen, selbst wenn es oft schwierig ist, in den Biographien der Autoren Hinweise zu finden bzw. mit Blick auf den Verlag eindeutige Zuordnungen zu treffen. Sicher ist es verfehlt, bei der Kinderlyrik von "Vorformen" der Lyrik zu sprechen; was das Nebeneinander der Begriffe "Kindergedicht" und "Kinderlyrik" betrifft, so kann man sich auf den jüngsten Versuch einer Gegenstandsbeschreibung beziehen, die formalistische und sich explizit gegen die ontologischen und psychologisierenden Analysen Staigers gerichtete Aussage Lampings: ein Gedicht ist eine „Einzelrede in Versen". Der Begriff „Einzelrede" verweist auf das Monologische, nicht in einem Redezusammenhang stehende Sprechen. Der Vers sei „das Segment, das durch zwei aufeinander folgende Pausen geschaffen wird." Das lyrische Gedicht schließlich läßt sich mit klar faßbaren Kategorien vom epischen Gedicht (Ballade und Epos) und vom dramatischen Gedicht (klassisches Drama) trennen. Während in der literaturwissenschaftlichen Diskussion vor allem das Ausgrenzen von visueller und akustischer Poesie be-

207

mängelt wird, die dem Kriterium der Versgliederung nicht genügen, ist für die schulische Situation das Abtrennen der Ballade nicht akzeptabel, beides aus der Systematik Lampings aber folgerichtig. (Lamping 1993)

In der Sekundarstufe fällt es immer noch schwer, sich der Frage zu verweigern: "Was will der Dichter damit sagen?" statt sie an den Fragenden zurückzugeben: "Was hast du zu dem Text zu sagen?"; die Übermacht der Sekundärinformationen über den Autor, die Epoche, die Gattung, die Formelemente, die in Musterinterpretationen gerinnen, verbauen oder behindern eigene Zugangsweisen. In der Grundschule dagegen scheinen sich alle diese Fragen zu erübrigen. Alles ist so einfach und selbstverständlich: über den Autor gibt es nichts zu sagen, was weiß man schon von Spohn oder Bletschacher, die Entstehungszeit ist völlig irrelevant, Qualitätskategorien aus der Erwachsenenlyrik scheinen nicht übertragbar – und Interpretationen sucht man eh vergebens. Die vornehmste Aufgabe des Literaturunterrichts – und es ist in der Tat eine vornehmliche Aufgabe, die über das Fach hinaus weist – ist es, die SchülerInnen zu befähigen, sich ihrer Erfahrungen und ihrer Erfahrungen mit Texten bewußt zu werden, sie artikulieren zu können und sich mit den Urteilen anderer und deren Bedingungen auseinandersetzen zu können. Das hat nichts mit Beliebigkeit zu tun, wenn eine Voraussetzung hinzukommt: natürlich muß der Lesende zunächst bereit sein, sich mit Aufmerksamkeit dem Text zu stellen, sich auf ihn einzulassen, seine Botschaft verstehen zu wollen. Verstehen muß in diesem Reibungsprozeß zwischen Fremdem und Eigenem sich entwickeln.

Der Satz aus dem oben genannten Grundschullehrplan von 1984 hat seine Berechtigung trotz neuerer Unterrichtsmethoden nicht verloren: "Dem Lehrer ist bei der Planung des Unterrichts aufgetragen, eine fundierte Textanalyse vorzunehmen, um Ziele und Methoden einer Texterschließung angemessen ableiten zu können." Am Beispiel eines Gedichts, das sich zur produktionsorientierten Behandlung geradezu anbietet, sei die Notwendigkeit einer genauen Beschreibung demonstriert.

Kinderkram

Taschenmesser, Luftballon,
Trillerpfeife, Kaubonbon,
Bahnsteigkarte, Sheriffstern,
Kuchenkrümel, Pflaumenkern,
Bleistiftstummel, Kupferdraht,
Kronenkorken, Zinnsoldat,
ja, sogar die Zündholzdose
findet Platz in Peters Hose.

Nur das saubre Tacshentuch
findet nicht mehr Platz genug.

Hans Stempel/Martin Ripkens

Will man es nicht dabei bewenden lassen, in der "Dichterwerkstatt" nach dem Muster *Was denkt die Maus am Donnerstag* "kreativ" abwandeln zu lassen zu *Was denkt die Katz am Dienstag* (vgl. Heinrich/ Holverscheid 1991), dann reicht einerseits die Zielsetzung nicht aus, Kinder sollen motiviert werden und Spaß haben, sondern dann muß andererseits auch klar sein, daß der Arbeitsauftrag "Schreibe weiter, was noch in Peters Hose sein könnte" zwar sachgerecht sein mag, nur mit dem Gedicht nichts zu tun hat. Selbst wenn die didaktischen Überlegungen zu dem Ergebnis führen, daß nur geringe Anteile der Textbeschreibung den Kindern "weitergereicht" werden, so muß zunächst einmal eine Basis vorhanden sein, von der aus solche Überlegungen angestellt werden können, ja die Sachanalyse kann eventuell dazu führen, das Gedicht gar nicht in den Unterricht zu bringen, wenn der Anspruch des Textes selbst nicht beachtet werden kann. Was das ist, der "Anspruch des Textes selbst"? Einer, und nicht der geringste, ist seine poetische Struktur, die ihn erst zum Gedicht macht. Wenn es nur um die Hosentasche geht, dann braucht man nicht Stempel/ Ripkens zu bemühen. Das Sammelsurium ist nämlich hoch künstlerisch ausgewählt. Nicht nur sind in jeder der paarig gereimten Zeilen 1 – 6 jeweils zwei Fundstücke, sondern sie müssen auch noch rhythmisch passen; das erste endet mit einer Senkung, das zweite mit der Hebung. Man muß sich bewußt machen, daß eine Aufzählung noch kein Gedicht ausmacht, sondern jedes Gedicht zu einem Ende kommen muß, bei Kindergedichten möglichst mit einem Gag, daß mit den letzten vier Zeilen sozusagen der Sack zugebunden wird, daß die Auswahl der Gegenstände nicht einem Sachprinzip folgt, die Kinder also nicht nach Sachen suchen dürfen, sondern nach geeigneten Wörtern. Die Binsenweisheit, daß Gedichte Kunstwerke aus Sprache sind, wird in der Schule allzu schnell vergessen.

Auch eine andere Selbstverständlichkeit gerät häufig aus dem Blick: Gedichte arbeiten mit Bildern, aber mit Bildern verschiedener Art, mit "Sehbildern" und mit "Denkbildern" oder sprachlichen Bildern. *Der Pflaumenbaum* von Brecht hat zwar nichts mehr mit den Fabelgedichten des Pfarrers Hey von 1833 zu tun, aber das Spiel mit den zwei Bedeutungen beherrscht er perfekt. Wer das Denken auf zwei Ebenen, der 1. Bildebene des Baums im Hof und der 2. Bildebene, der metaphorischen, die die vielfältigen und offenen Deutungen erlaubt, nicht anbahnt, sondern verhindert mit dem Auftrag: "Malt ein Bild dazu", der verfehlt das richtige Lesen von Literatur. Wie wenig durchdacht das Risiko des Illustrierens von Gedichten ist, zeigt auch die Neuauflage der Anthologie *Gefunden*, wo diesmal farbig und mit Feldsteinen statt mit Ziegeln Kinder auf der ersten Verstehens-ebene festgehalten werden. Das Problem liegt einfach darin, daß im Deutschen nur der eine Begriff "Bild" für beides existiert, aber das ist nicht neu!

Manchmal werden Gedichte *von* Kindern ebenfalls zu den Kindergedichten gezählt; nur in seltenen Fällen finden sie den Weg auf den Buchmarkt, können jedoch innerhalb der Klasse, der Schule oder bei Schulpartnerschaften als Text-vorlagen zum Gespräch dienen. Ebenso selten sind noch Kassetten mit Kinder-gedichten (vgl. Literaturverzeichnis); das könnte sich jedoch bei dem Boom auf dem Hörbuch-Markt bald ändern. Es geht weniger darum, daß der Gedichtvor-trag einem Profi überlassen wird, als vielmehr um den besonderen Reiz, den Produktionen nach dem Muster der bekannten Einspielungen "Lyrik und Jazz" bzw. "Poesie und Musik" für den Unterricht haben können. Auf alte und neue Kinderlieder soll hier nicht näher eingegangen werden. Interessanter dürfte der schon erwähnte Zusammenhang von Gedichten und Illustrationen sein bzw. die Impulse, die von gereimten Bilderbuchgeschichten für das fächerübergreifende Lernen ausgehen können.

Elisabeth Borchers: Und oben schwimmt die Sonne davon. Illustriert von Dietlind Blech.-München: Ellermann 1965
Hans Adolf Halbey: Pampelmusensalat. Illustriert von Günther Stiller.-Weinheim: Beltz 1965
Reiner Kunze: Wohin der Schlaf sich schlafen legt. Gedichte für Kinder. Illustriert von Karel Franta.-Frankfurt: Fischer 1991
Kurt Baumann: Der Sterngrauch Nimmersatt. Illustriert von Stasys Eidri-gevicius.-Gossau: Nord-Süd 1993

Schließlich sei auch für die Grundschule der Blick auf Kindergedichte ande-rer Länder gerichtet; in den Lesebüchern und Anthologien finden sich nur weni-ge, inzwischen bekannte Beispiele: *Die Lokomotive* des Polen Julian Tuwim, das eine oder andere Gedicht aus *The Child's Garden of Verses* von Robert Louis Stevenson in den Übersetzungen von Guggenmos oder Krüss, sehr selten ein Text aus dem von Kurt Baumann gesammelten *Ein Reigen um die Welt* (1965). Ein Glücksfund ist Silvia Hüslers *Al fin Serafin. Kinderverse aus vielen Ländern* (1993), das den jeweiligen Originaltext einer in lateinischen Buchstaben gesetz-ten Fassung und einer Übersetzung gegenüberstellt – und schließlich eine Kas-sette mit dem Originalklang anbietet.

II.

Auf die grundlegenden didaktischen Fragestellungen nach Begründungen und Zielen für den Lerngegenstand, nach Auswahl und Anordnung, nach Lernaufgaben und Lernkontrollen versuchen Lehrpläne Antwort zu geben, auf dem Hintergrund der zur Entstehungszeit weitgehend akzeptierten didaktischen Konzepte. Diese sind die Essenz aus der fachdidaktischen Forschungsliteratur, dem Erkenntnis- und Erfahrungsstand der an der Lehrplanarbeit beteiligten LehrerInnen und SeminarleiterInnen der zweiten Ausbildungsphase und den Ergebnissen der Diskussionen in den Herausgebergremien der Lehrbücher. Auf allen diesen drei Ebenen ist in den letzten zehn bis fünfzehn Jahren eine Stagnation zu beobachten, teilweise als Reaktion auf die lebhaften und experimentierfreudigen 70er Jahre, wohl auch als Folge wirtschaftlicher Restriktionen im Bildungsbereich. Das gilt nicht für die Ausfächerung des Methodenangebots und die damit einhergehende Flut an Unterrichtsmaterialien, die sich an die Stelle der als zu schwierig empfundenen Lesebücher geschoben haben, vor allem aber engmaschige und für die Formen des Offenen Unterrichts aufbereitete Vorschläge anbieten. Auskünfte über didaktische Begründungen sucht man vergebens. Warum sollen sich Kinder mit Gedichten "beschäftigen" oder "auseinandersetzen", sie mögen oder gar auswendig lernen? Worin liegt das Spezifische, das sie nur an Gedichten lernen können?

An allen literarischen Texten, und das gilt sogar für Trivialtexte, können Kinder erfahren, daß sie unterhalten können, daß sie Stimmungen bestätigen oder korrigieren können, daß sie nicht nur über den Kopf wirken. Das ist von Vorstellungen weit entfernt, Kunst könne Gefühle und Haltungen veredeln; das kulturelle Umfeld vieler Kinder läßt das gar nicht zu. Schule überfordert sich, wenn sie die alltägliche Realität aus dem Blick verliert. Wenn das Hören von Gedichten Aufmerksamkeit erregt oder Spaß vermittelt, den Wunsch, wieder Gedichte zu hören, dann ist bereits ein, wenn auch noch so kleines Ziel erreicht.

Vor allem an Gedichten kann die Differenz zum "normalen" Sprachgebrauch beobachtet werden. Sie liegt auf ganz verschiedenen Ebenen: der Rhythmisierung, der besonderen klanglichen Gestaltung, der Verknappung und Konzentration des sprachlichen Materials, der Wahl spezifischer Themen, der oben genannten "Doppelbödigkeit" bzw. Offenheit für Deutungen. Das Überschreiten von Realität in die beiden Richtungen von Flucht einerseits und kreativem Ausprobieren von Alternativen andererseits muß Kindern eröffnet, aber auch zur Wahl überlassen bleiben. Je weiter sich Kunst von ihrem Alltag entfernt, desto schwerer werden sie sie als Hilfe annehmen zur Lösung ihrer Fragen, existentieller Fragen manchmal. Auch Spiel mit Sprache und literarischen Formen verlangt Sicherheit, aus der man sich heraustrauen kann. Da die Vorstellung von der Allmacht des Autors und der Ohnmacht des Lesers so manifest ist, muß man fast tiefgreifende Ursachen in der Persönlichkeitsstruktur vermuten – oder sind es einfach tradierte Rollenmuster im Lernprozeß; dem „Zögling" müsse gesagt werden, was er von einem Text zu halten habe bzw. er erwarte, daß man es ihm sagt? Wie soll aber einem Schüler/ einer Schülerin klar gemacht werden, ausgerechnet im Literaturunterricht klar gemacht werden, daß sie eigene Rechte wahrzunehmen haben. Wie sollen sie einsehen, sonst (vor allem in den anderen Fächern) an die Autorität von Fakten gewöhnt, daß sie als LeserInnen in der Auseinandersetzung mit der Autorität des Textes nun die Autorität sein sollen, sehr häufig mit den Schwierigkeiten verbunden, den nicht eindeutigen Interpretationen standhalten zu sollen. Solche und ähnliche Bedenken könnten immun machen gegen den Allmachtsanspruch didaktischer Sonntagsreden.

Zwischen den sehr offenen Lernzielen in den Präambeln der Lehrpläne und den rigiden Katalogen des Lernstoffs z.B. "Literarische Grundbegriffe kennen und anwenden: Strophe/ Zeile/ Vers/ Reim; Gedicht" klaffen Welten. Die Praxis geht eventuell einen dritten Weg: sie vermittelt Inhalte statt Einsicht in Sprache und ihre Ausdrucksqualitäten. Die Lesebücher legen diesen Ausweg seit jeher nahe, denn sie ordnen Gedichte den Themenbereichen zu: Die Familie/ Von großen und kleinen Tieren/ Es wächst, blüht und gedeiht/ Streiten und sich vertragen o.ä. Warum diese Inhalte mal mit randvollen Zeilen und mal mit viel weißem Rand behandelt werden, ist nicht relevant. Der Frage nach dem Lernfortschritt und einer möglichen Systematisierung der Schritte ist man seit den poetologisch orientierten Konzepten von Steffens u.a. (1973) und Kliewer (1974) immer ausgewichen. Es war versucht worden, Elemente und Formen der Lyrik (Klang, Reim, Rhythmus, Formen der Bildlichkeit, Gedichtformen) in aufsteigender Schwierigkeit an ausgewählten Texten auf die vier Grundschuljahre zu verteilen und didaktisch zu begründen. Von der Konzeption Günter Waldmanns (*Produktiver Umgang mit Lyrik* 1988/1998), auf die man sich so gern beruft, wenn es um die Legitimation des produktionsorientierten Literaturunterrichts geht, nimmt man immer nur *eine* Hälfte zur Kenntnis; es handelt sich um eine "systematische Einführung in die Lyrik", was geflissentlich übersehen wird. Es kann nicht angehen, daß neben der natürlich notwendigen inhaltlichen Anordnung, wo das Gedicht als Information zum Thema "Herbst" steht, kein Zusammenhang zwischen den Gedichten verschiedener Themenblöcke existiert. Es wird Gedicht an Gedicht gereiht, ohne daß klar ist, was überhaupt über Gedichte gelernt werden soll. Selbst ein ganzheitlicher, lernbereichs- und fächerübergreifender Ansatz darf nicht darüber hinwegtäuschen, daß thematische Zusammenhänge kein Gedichtcurriculum begründen können. Auch für Kaspar H. Spinner (*Umgang mit Lyrik* 1997), der in seiner didaktischen Grundlegung eher die Merkmale von Lyrik beschreibt und in einem knappen Abriß nur auf entwicklungspsychologische Aspekte eingeht, "ist heute in der Regel das thematische Prinzip bestimmend für die Stoffgliederung im Literaturunterricht" und als Begründung nennt er: "Die thematische Sequenzbildung beruht auf der Überzeugung, daß Literatur für den Menschen ein Medium der Welterschließung und Ichfindung ist." (Spinner 1997:3 f.) Da lyrisches Sprechen aber auch seine eigene Gesetzmäßigkeit hat, läßt er die Frage offen, wie und wann diese zur Geltung kommen soll.

- Ästhetische Sensibilisierung als Lernziel verbindet Inhalt und Form, denn Ästhetik behandelt gerade die Beziehungen beider zueinander, und das Lernziel bleibt nicht bei der Beschreibung von Objekten stehen, sondern bezieht sich auf Fähigkeiten, die Kinder erwerben sollen. In diesem Rahmen erhalten beide Seiten literarischer Texte ihre Berechtigung und sollten also auch als gleich wichtige Kategorien die Auswahl und Anordnung der Texte bestimmen. Es dürfte unbestritten sein, daß nicht nur für die Themen exemplarische Texte angeboten werden, sondern sich auch für die Vermittlung gattungstypischer Merkmale bestimmte Texte besonders eignen. Neben der thematischen Sequenz sollte also an diesen ausgewählten Beispielen eine andere einherlaufen, die die Inhalte natürlich nicht vernachlässigt, aber die Gestaltelemente in den Vordergrund stellt. So könnte im Laufe des Schuljahres/ der Grundschulzeit ein Instrumentarium aufgebaut werden, das beim Besprechen anderer Gedichte aufschließende Funktionen übernehmen kann.
- Ästhetische Sensibilisierung setzt voraus, daß in der Flut der auf die Kinder einstürzenden Wörter zunächst eine Nische der Ruhe, Aufmerksamkeit und Konzentration entsteht, daß Bereitschaft angebahnt werden muß, sich auch auf komplizierte und womöglich nicht vollständig verstehbare Texte einzulassen. Dabei kann für Kinder einerseits der Rätselcharakter der in Bildern und Sprachbildern verborgenen Mitteilung motivierend sein, andererseits darf nicht die Erwartung befriedigt werden, es handle sich bei Gedichten um Rätsel, für die es nur eine richtige Lösung gibt.
- Ästhetische Sensibilisierung als Lernziel muß außer den entwicklungspsychologischen Voraussetzungen auch das kulturelle Umfeld der Kinder beachten, das "Klima" in der Klasse, vor allem auch die Fähigkeiten und Einstellungen der LehrerInnen. Zunehmende Leseunlust der GermanistikstudentInnen kann nicht spurlos am Deutschunterricht vorbeigehen.

III.

Stürzt man sich auch deshalb so schnell auf die Texterschließungsmethoden? Was sich im Moment auf dem Didaktikmarkt, genauer Methodikmarkt tummelt, ist blinder Praktizismus d.h. ist nicht reflektierte Praxis, sondern Kochbuch – Mentalität nach dem Rezept: man nehme einen Text, Kleister und Schere und bastle einen anderen, nicht neuen. (vgl. meine Rezension zu einigen Arbeitsmaterialien 1995) Es wäre aber ebenso kurzsichtig, die Ursachen für dieses Verfahren allein bei den Lehrenden zu suchen. Motivation und Interesse an literarischen Texten zu finden oder zu schaffen wird immer schwieriger. Beim Hantieren kommen viele Kinder zur Ruhe, sind mit Freude bei der Sache (fragt sich nur, bei welcher) und haben am Ende der Stunde ein sichtbares Ergebnis: Zufriedenheit, die die Lehrerin als Unterrichtserfolg wahrnimmt. Vielleicht sollte man die therapeutischen Aspekte dieses Umgangs mit Texten deutlicher als solche benennen!

Bevor wir uns dem inzwischen breit ausgefächerten Repertoire an "Umgangsformen" zuwenden, ist es nicht müßig, neben der Phase der "Erschließung" auch die anderen Unterrichtsschritte zu prüfen, wie sie Hassenstein (1998) traditionsgemäß mit den etwas altbackenen Termini aufführt: Hinführung, Darbietung, Erschließung, Lernkontrolle.

- Versteht man die Eingangsphase nicht nur als inhaltliche Vorbereitung oder Anknüpfung an die voraufgegangenen Texte der Sequenz, als Verständnis fördernde Vorweginformation, sondern als Anbahnung der Konzentration bei der Textaufnahme, dann könnten sich meditative Formen zur Beruhigung anbieten. Damit ist nicht die herkömmliche Einstimmung auf konkrete Gedichtinhalte gemeint, sondern eine pädagogische Maßnahme. War man zuweilen der Meinung, auf jegliche Vorwegnahmen verzichten zu können, wollte den Text unmittelbar "sprechen" lassen, so haben sich auch Einstiege bewährt, Kinder an der Aufgabenstellung und der Zielfindung zu beteiligen, sie nicht blind in die Stunde hineinzuschicken.
- Bei Gedichten als Klanggebilden scheint das Sprechen und Hören die einzig richtige Form der Vermittlung zu sein. Es ist jedoch zu bedenken, daß damit die Klanggestalt und auch eine Interpretation vorgegeben wird. Hier und da könnte außerdem versucht werden, die alltägliche Form des stillen Lesens auch bei Gedichten zu üben und verschiedene sprecherische Varianten erproben zu lassen. Nur in Ausnahmefällen wird man Kindern den Erstvortrag überlassen können; Rezitationen von Kassetten dürften eher als Vergleich zu Sprechgestaltungen der Kinder von Bedeutung sein.

Ein besonders heikles Thema im gesamten Literaturunterricht ist die Lernkontrolle. Deutschnoten basieren auf den schriftlichen Leistungen Diktat und Aufsatz, nur abrundend kommen mündliche Leistungen zur Geltung – und gerade sie sind schwer evaluierbar. Das Auswendiglernen (warum eigentlich nur von Gedichten?) behält seine Berechtigung; damit jedoch die Fähigkeit messen zu wollen, mit Gedichten umgehen zu können, ist nicht einsehbar. Es muß hier wiederholt werden: erst wenn geklärt ist, was gelernt werden soll und welche Lernfortschritte erwartet werden, kann man auch beurteilen und benoten. Bei jedem methodischen Erschließungsverfahren wird diese Frage zu stellen sein.

Kaspar H. Spinner und Gudrun Schulz breiten die ganze farbige Palette an Möglichkeiten aus und ergänzen sie mit konkreten Unterrichtsmodellen an ausgewählten Texten. Beides will ich nicht referieren, sondern nur die Strukturen vorstellen.

Da in Rheinland – Pfalz soeben der Lehrplanentwurf Deutsch für die Klassen 5 – 9/10 den Schulen zugeleitet wurde, ist die Frage berechtigt, wie weit die Fachdidaktik wenigstens in den Lehrplan vorgedrungen ist; das heißt ja noch lange nicht, daß sie in der Schule angekommen ist! Im Lernbereich „Erzählende Texte/ Texte in gebundener Sprache/ Verstehen dialogisch-szenischer Texte", denen übrigens die Sachtexte vorangehen, heißt es u.a.: "Die Schülerinnen und Schüler sollen ...kreativ und produktiv (bildlich, musikalisch, spielerisch darstellend) auf einen Text reagieren ..." Das normale und bisher übliche *sprachliche* Reagieren wird gar nicht genannt, beherrscht dann aber total den folgenden Text: "...und einen handlungsorientierten Umgang mit Texten kennenlernen, indem sie z.B. einen Text umgestalten, ergänzen, in eine andere Textsorte oder ein anderes Medium umsetzen ..." Es folgen nicht weniger als zwanzig der bekannten Arbeitsaufträge, für das Gedicht „mit vorgegebenen Reimwörtern ein eigenes Gedicht schreiben" (eine mehr als fragwürdige Kreativität angesichts der Tatsache, daß die Vorstellung nicht auszurotten ist, ein Gedicht habe sich zu reimen) und „Montagegedichte gestalten". Spinner war da 1984, als sein Buch erstmals erschien, schon erheblich weiter.

Nicht ganz glücklich heißt seine erste Kategorie der methodischen Verfahren „Aufgabenstellungen zur Texterschließung", denn auch die andern dienen ja der Texterschließung. Er nennt als Beispiele: Erste Eindrücke nennen und diskutieren, Analogien aus der eigenen Erfahrungswelt finden u.a. Es folgen die „operativ-kreativen Möglichkeiten des Umgangs mit Gedichten"; also etwa Collagen aus Gedichten basteln, Erwartungen zur Gedichtüberschrift entwickeln, ein Gedicht aus seinen Teilen zusammensetzen. Schließlich helfen auch szenisches Interpretieren und vor allem das Textsprechen beim Verstehensprozeß, ganz zu schweigen von seinem letzten, bisher immer dem ersten Komplex, der Verslehre.

Zwei Vorschläge sollen den Katalog noch erweitern: zum Sprechen und Spielen eignen sich einerseits solche herrlichen Klangkompositionen wie die schon genannte *Lokomotive* von Tuwim, in der kongenialen Nachdichtung von James Krüss, aber auch Texte, in denen nicht Inhalte umgesetzt werden müssen, sondern (nahezu) inhaltsfreie Reime zum freien klanglichen Gestalten animieren.

Dabei können alle Register der Stimme und des Orffschen Schulwerks gezogen werden, fugische Experimente können neben dem Wechselspiel von Soli und Tutti stehen usw. Solche Reime lassen sich dann sogar gestisch gestalten; freie rhythmische Bewegungen müssen in der Gruppe erfunden und koordiniert werden.

Liselina dick und fett
liegt in ihrem Federbett,
denkt nicht hott,
denkt nicht hü,
hat mit Denken keine Müh.
Ach wie gut, wenn niemand wüßt,
daß sie heut zur Schule müßt. (1)

Adele, Adele
hat eine schwarze Seele.
Die wird gewaschen und gekämmt,
damit man sich mit ihr nicht schämt.
Wie gut steht der Adele
die saubere Sonntagsseele! (1)

Meister Koch Koch Koch
fiel ins Loch Loch Loch
aber tief tief tief
und er rief rief rief:

Ilse bilse
keiner will' se
kam der Koch
nahm sie doch
weil sie so nach Zwiebeln roch

Schickle Scheckle
Bohnensteckle
Schnellebelle
Trillebille
Gnuppe, Knolle, Knopf.

Herr Basilius Friedhelm Kogel,
hat im Kopf 'nen großen Vogel
der legt jedes Jahr im Mai
das berühmte Kogel-Ei,
welches, wenn man daran schrubbt,
sich als Mogel-Ei entpuppt.
Folglich hat Basilius Kogel
einen Kogelmogelvogel. (1)

---

minz den gaawn
bill den baud
minz den gaawn
bill den baud
kittl koo
kittl koo
minz den gaawn
ganz den eschn
ruttl znop (2)

---

la zeechn u bapp
la zeechn u bapp
iileo zunggi
iileo zungii
la zeechn u bapp
la zeechn u bapp
iileo zunggi
safftl (2)

(1) Roswitha Fröhlich/Marie Marcks: Na hör mal! – Ravensburg: Maier 1980
(2) Ernst Jandl: Laut und Luise. – Stuttgart: Reclam 1976 (= RUB 9823)

Die oben angedeuteten Text-Musik-Kombinationen sind besonders interessant, wenn sie nicht nur gehört und analysiert werden können, sondern Kinder sie selbst ausprobieren. Den Texten lassen sich "falsche" und "richtige" Musikstücke (vom Kassettenrekorder) unterlegen; eine Textfolge wird auf Band gesprochen; nachträglich sollen passende Überleitungen selbst eingespielt oder vom Band eingefügt werden. Dieses Sich-Bewußtmachen von Stimmungen geschieht sozusagen innerhalb des künstlerischen Spektrums, also womöglich auch mit Bildern.

Tatsächlich unverschulter Umgang mit Gedichten hieße, und er kommt weder im Lehrplan noch in den didaktischen Arbeiten vor, und er kommt nicht von alleine: SchülerInnen lesen Gedichte wie sie erzählende Literatur lesen, in der Leseecke und privat. Vielleicht ist nur in der Sondersituation Ute Andresens möglich, daß Kinder eines 2. Schuljahrs sich in Anthologien der Erwachsenenlyrik vertiefen und ihre Lieblinge heraussuchen: *An die Mitternacht* von Herder, *Kirschblüte bei Nacht* von Brockes, *Sonnenuntergang* von Hölderlin. Sie hat mit literarisch überdurchschnittlich leistungsfähigen Kindern im Bayerischen Rundfunk Gespräche über Gedichte von Eichendorff, Droste-Hülshoff, Kaschnitz, Loerke u.a. geführt, wobei ihr Ziel: *Versteh mich nicht so schnell* (1992) ein wichtiges und richtiges didaktisches Konzept verfolgt. Auch Spinner empfiehlt diesen selbständigen Zugang, ist aber eher skeptisch; er bietet den Kindern eine begrenzte Auswahl an, um dann die Favoriten begründen zu lassen. Allzu selten werden Gedichte einfach vorgelesen – oder kommt diese Form der Begegnung nur deshalb in der Didaktik nicht vor, weil der Lehrer nichts anderes will, als daß die Kinder mit Interesse und Spaß zuhören, sonst nichts? Ist das nichts?

Wem nie die Drossel sang – wer die Erfahrungen in der Realität nicht gemacht hat, so behauptet Eva Strittmatter, könne mit Dichtung nichts anfangen, er sei für sie nicht erreichbar. Lyrik hat mit Recht die Aura des Besonderen, die sie von den Kindern fernrückt, sie muß andererseits Gebrauchsgegenstand im wörtlichen Sinne bleiben, ohne daß sie sich verbrauchen läßt, ihre besondere Fähigkeit einbüßt, den "Vorschein" des noch nicht Erfahrenen sehen zu lassen. Zwischen diesen beiden Utopien hat der Unterricht seinen Weg zu finden.

Anthologien

Das Jahreszeiten-Reimebuch. Hrsg. von Ilse Walter. Ill. von Maria Blazejovsky.-
   Wien: Herder 1992
Die Stadt der Kinder. Gedichte für Kinder in 13 Bezirken. Hrsg. von Hans-
   Joachim Gelberg. Ill. von Werner Bloebst.-Recklinghausen: Bitter 1969

Die Wundertüte. Alte und neue Gedichte für Kinder. Hrsg. von Heinz-Jürgen Kliewer.- Stuttgart: Reclam 1989

Ich bin so guter Dinge. Goethe für Kinder. Ausgewählt von Peter Härtling. Ill. von Hans Traxler.- Frankfurt: Insel 1998

Im Mondlicht wächst das Gras. Gedichte für Kinder und alle im Haus. Hrsg. von Ute Andresen. Ill. von Dieter Wiesmüller.- Ravensburg: Maier 1991

Im Pfirsich wohnt der Pfirsichkern. Gedichte für Kinder. Hrsg. von Wolf Harranth. Ill. von Christine Sormann.- Mödling: St. Gabriel 1994

Kinderzeit im Festtagskleid. Gedichte für besondere Anlässe. Hrsg. von Ilse Walter. Ill. von Maria Blazejovsky.- Wien: Herder 1993

Schöne alte Kindergedichte. Von Martin Luther bis Christian Morgenstern. Hrsg. und mit Erläuterungen versehen von Heinrich Pleticha.- Würzburg: Stürtz 1997

So viele Tage wie das Jahr hat. 365 Gedichte für Kinder und Kenner. Hrsg. von James Krüss. Ill. von Eberhard Binder-Staßfurt.- München: Bertelsmann 1959

Überall und neben dir. Gedichte für Kinder in sieben Abteilungen. Hrsg. von hans-Joachim Gelberg.- Weinheim: Beltz & Gelberg 1986

Wenn die weißen Riesenhasen abends übern Rasen rasen. Kindergedichte aus vier Jahrhunderten. Hrsg. von Ursula Zakis. Ill. von Cornelia von Seidlein.- Zürich: Sanssouci 1998

Anthologien für die Schule (1999 im Buchhandel)

Das Flügelpferd. Gedichte für die Grundschule. Hannover: Schroedel (erscheint 1999)

Frühmorgens bis Silvester. Gedichte für Kinder. Hrsg. von Baumgärtner/ Coldewey.- Bochum: Kamp 1993

Gefunden. Gedichte für die Grundschule. Hrsg. von Mascha Kleinschmidt u. Margarete Kolbe. Ill. von Pia Eisenbarth u.a.- Frankfurt: Diesterweg 1997

Wann Freunde wichtig sind. Gedichte für die Grundschule. Hrsg. von Klaus Lindner. Ill. von Heinz Schindele.- Leipzig: Klett 1996

Hörkassetten

Al fin Serafin. Kinderverse aus vielen Ländern Hrsg. von Silvia Hüsler.- Zürich: Atlantis/ Pro Juventute/ UNICEF 1993 (dort auch das zugehörige Buch)

Balladen für Kinder 1 und 2. Sprecher: Lutz Görner.- Köln: VGS

Fez & Firlefanz aus der Spielkiste von Günter Saalmann & Helmut "Joe" Sachse.- Hamburg: Polygram 1992

Gedichte für Kinder 1 und 2. Sprecher: Lutz Görner.- Köln: VGS
Gefunden. Gedichte für die Grundschule. Auswahl. – Frankfurt: Diesterweg o.J
Goethe für Kinder. Sprecher: Lutz Görner.- Köln: VGS
Überall und neben dir. Sprecher: Hans-Joachim Gelberg.- Hamburg: Polygram
1994

Literatur

Andresen, Ute: Versteh mich nicht so schnell. Gedichte lesen mit Kindern.-
    Weinheim: Beltz 1992
Forytta, Claus/ Eva Hanke: Lyrik für Kinder – gestalten und aneignen.- Frank-
    furt: Arbeitskreis Grundschule 1989 (=Beiträge zur Reform der Grundschule
    76)
Franz, Kurt: Kinderlyrik. Struktur, Rezeption, Didaktik.- München: Fink 1979
Franz, Kurt/ Hans Gärtner (Hrsg.): Kinderlyrik zwischen Tradition und Moder-
    ne.- Baltmannsweiler: Schneider 1996 (= Schriftenreihe der Deutschen Aka-
    demie für Kinder- und Jugendliteratur Volkach 17)
Hassenstein, Friedrich: Gedichte im Unterricht *in*: Günter Lange u.a. (Hrsg.):
    Taschenbuch des Deutschunterrichts. – Baltmannsweiler: Schneider Hohen-
    gehren 6. vollst. überarb. Auflage 1998, Band 2, S. 621 – 646
Heinrich, Karin/ Rita Holverscheid: Lyrik für Kinder. Die Dichterwerkstatt.-
    Mülheim: Verlag an der Ruhr 1991
Kliewer, Heinz-Jürgen: Elemente und Formen der Lyrik. Ein Curriculum für die
    Primarstufe.- Hohengehren: Burgbücherei 1974
Kliewer, Heinz-Jürgen: Lehrer zwischen Text und Schüler.- Diskussion Deutsch
    57 (1981) 64 – 75
Kliewer, Heinz-Jürgen: Ein Schmetterling ist ein Schmetterling oder Gibt es eine
    Naturlyrik für Kinder? *in:* Ulrich Nassen (Hrsg.): Naturkind, Landkind,
    Stadtkind. Literarische Bilderwelten kindlicher Umwelt.- München: Fink
    1995, S.163 – 175
Kliewer, Heinz-Jürgen: Literaturunterricht mit Kartei und Arbeitsblättern.- Bei-
    träge Jugendliteratur und Medien 4/1995, S. 229 – 230
Kliewer, Heinz-Jürgen: Quellenverz. (S. 221) Nr. 12
Lamping, Dieter: Das lyrische Gedicht. Definitionen zu Theorie und Geschichte
    der Gattung.- Göttingen: Vandenhoeck & Ruprecht 2. Auflage 1993
*Schulz, Gudrun:*Umgang mit Gedichten. Didaktische Überlegungen, Beispiele
    zu vielen Themen, Methoden im Überblick.- Berlin: Cornelsen 1997
Spinner, Kaspar H.: Umgang mit Lyrik in der Sekundarstufe I.- Baltmannswei-
    ler: Schneider 1984, 3. Auflage 1997

Steffens, Wilhelm u.a.: Das Gedicht in der Grundschule. Strukturanalysen, Lernziele, Experimente.- Frankfurt: Hirschgraben 1973

Quellenverzeichnis

1. Stimmungen nicht gefragt? Überlegungen zum Weihnachtsgedicht in der Grundschule.- Pädagogische Welt 29 (1975) 746 – 754

2. "Die Wundertüte. Alte und neue Gedichte für Kinder" (Nachwort).- Stuttgart: Reclam 1989

3. Deutsche Kinderlyrik des 20. Jahrhunderts zwischen Pädagogik und Ästhetik *in:* Ewers/ Lypp/ Nassen (Hrsg): Kinderliteratur und Moderne.- Weinheim: Juventa 1990, S. 39 – 54 (auch Grundschule 21, 1989, Heft 11)

4. Brechts „Vögel" und das Schweigen im Walde. Von der Rezeption der DDR-Kinderlyrik in der BRD.- JuLit 2/1990, S. 55-63

5. Vermittlung von Kinderlyrik.- Fundevogel 87 (1991) 7f.

6. Lyrik für Kinder in didaktischer Sicht.- Grundschule 23 (1991) Heft 10, S. 10 – 13

7. "Spaß for fun" – die Vierzeiler von Janosch und Wittkamp.- Wissenschaftliche Zeitschrift der Pädagogischen Hochschule Erfurt/ Mühlhausen, Geisteswissenschaftliche Reihe 28 (1991) Heft 2, S. 84 – 89

8. Drei Dutzend Jahre westdeutsche Kinderlyrik.- Deutschunterricht Berlin 45 (1992) 282 – 290; auch *in:* Malte Dahrendorf (Hrsg.): Kinder- und Jugendliteratur. Material.- Berlin: Volk und Wissen 1995, S. 191 – 198

9. "...aber vielleicht kann man auch mit der Sprache schweigen". Zu den Tiergedichten von Josef Guggenmos *in:* Nikolaus Hofen (Hrsg): Und immer ist es die Sprache. Festschrift für Oswald Beck.- Baltmannsweiler: Schneider Hohengehren 1993, 157 – 167

10. "Und so" – Zur Kinderlyrik Jürgen Spohns *in:* Jens Thiele (Hrsg): Jürgen Spohn. Drunter & drüber.- Oldenburg: Bibliotheks- und Informationszentrum... 1994,75-99

11. Ein Schmetterling ist ein Schmetterling oder: Gibt es eine Naturlyrik für Kinder? *in:* Ulrich Nassen (Hrsg.): Naturkind, Landkind, Stadtkind. Literarische Bilderwelten kindlicher Umwelt.- München: Fink 1995, S.163 – 175

12. Kinder brauchen Gedichte – brauchen Kinder Gedichte? Primar. Zeitschrift für Deutsch als Fremdsprache im Primarschulbereich Heft 12 (5. Jahrgang) März 1996, S. 49 – 54

13. Metaphorisches Sprechen im neueren Kindergedicht *in:* Inge Pohl (Hrsg.) Interdisziplinarität und Methodenpluralismus in der Semantikforschung.- Frankfurt: Lang (= Sprache. System und Tätigkeit, Bd. 29), 1999, S. 263 – 279

14. Überlegungen zur Epochengliederung der westdeutschen Kinderlyrik nach 1945 (unveröffentlicht)
15. Kinderkunst. Richard Dehmels Betrachungen zur Kunst (unveröffentlicht)
16. "Wem nie die Drossel sang" – Didaktische Überlegungen zum Gedicht in der Grundschule *in*: Claus Forytta (Hrsg.): Literatur in der Grundschule.- Frankfurt: Arbeitskreis Grundschule (im Druck)

Kinder- und Jugendkultur, -literatur und -medien.
Theorie – Geschichte – Didaktik

Herausgeber: Prof. Dr. Hans-Heino Ewers, Prof. Dr. Christine Garbe,
Prof. Dr. Bernhard Rank und Prof. Dr. Rüdiger Steinlein

Peter Lang · Europäischer Verlag der Wissenschaften

Heinrich Detering / Herbert Krämer (Hrsg.)

Kulturelle Identitäten in der deutschen Literatur des 20. Jahrhunderts

Frankfurt/M., Berlin, Bern, New York, Paris, Wien, 1998. 181 S.
Osloer Beiträge zur Germanistik. Bd. 19
Verantwortlicher Herausgeber: John Ole Askedal
ISBN 3-631-32023-X · br. DM 65.–*

Dieser Band geht der Frage nach, welche Konzepte kultureller Identitäten in Texten der deutschen Literatur vom Anbruch der Moderne bis in die unmittelbare Gegenwart entworfen werden. Die Beiträge erörtern literarhistorische, literatursoziologische und theoretische Grundfragen zum Begriff „kultureller Identität" und bieten Fallstudien zu Texten des dänisch-deutschen Grenzgängers Karl Gjellerup, zu Jean Améry, Bertolt Brecht, Thomas Mann und anderen deutschsprachigen Autoren im Exil, zu literarischen Selbst- und Fremdbildern der beiden deutschen Nachkriegs-Staaten, zu autobiographischen und fiktionalen Identitäten im Werk Stefan Heyms, zu weiblichen Identitätsentwürfen in Texten Ingeborg Bachmanns und Christa Wolfs, zu ost-westlichen Identitäten bei Christa Wolf und Uwe Johnson, zur neuen Auseinandersetzung mit Nationalsozialismus, Krieg und Holocaust in der deutschsprachigen Gegenwartsliteratur, zu Konstruktion und Unterwanderung individueller und kollektiver Identitäten in Wolfgang Koeppens später Prosa und schließlich zum Selbstverständnis neuerer Literatur in der deutschsprachigen Schweiz. Der Band geht zurück auf eine Tagung norwegischer und deutscher Germanisten an der Universität Kiel 1996.

Frankfurt/M · Berlin · Bern · New York · Paris · Wien
Auslieferung: Verlag Peter Lang AG
Jupiterstr. 15, CH-3000 Bern 15
Telefax (004131) 9402131
*inklusive Mehrwertsteuer
Preisänderungen vorbehalten